近世の山科

京都近郊天皇領の記録

山科の近世

中山 清 著

Kiyoshi Nakayama

文理閣

はじめに

著者の所属する「ふるさとの良さをいかしたまちづくりを進める会」（略称ふるさとの会）（会については「やましな」（市民新聞山科区版）二〇一二年一二月一五日号参照）はいろいろな活動を展開し、本年（二〇一七年）で十年目を迎えた。活動の中には会員有志が活動を呼びかける「この指とまれ企画」がある。この間に活動の企画数もだんだん増えたが、「古文書学習部会」もその一つである。

学習会は原則として月一回、古文書《こもんじょ》のコピーをテキストにして学習を重ねてきた。読み終えた古文書はそう多くはないが、読む予定で集めたコピーもだいぶたまってきた。その中から「おもしろそう」なものを部会員以外にも紹介しようということで、会報（「ふるさと通信」）の付録のかたちで、「近世の山科・山科の近世」と題して掲載したものが本書の骨格をなしている。本書のタイトルもそこから名づけた。

以下は掲載第一回の文章の概要であるが、掲載開始後に読者からいろいろな示唆を与えられ、考える機会を得た。第五目標を付け加えたのはその結果である。

毎回の文章は体系的な研究の成果ではない。当然ながら古文書にもとづいて紹介するが、「おもしろそう」の中身も厳密には定義せず、いわば思いつくままでいこう。

それにしても始めるにあたってはいくつかの前提を確かめておきたい。

第一は時代（時期）。私たちが手にできる古文書のコピーは圧倒的に近世の、それも「偉いさん」でなくて庶民が作成したものである。対象時期はおのずから近世に限定される。近世とはいつからいつまでかについてはいろいろ議論があるだろうが、とりあえず秀吉の検地から明治初年までの、その中でもいわゆる江戸時代を中心とした時期としたい。

第二は地域。山科が対象であることはいうまでもないが、では山科の範囲はとなるとこれまた議論があるであろう。ここでは近世に天皇領であった地域（の村々）を中心にしたい。ご承知のように江戸時代には幕府領・大名領が大半で、天皇領はきわめて限られていた。そのことが山科の近世にどのように影響したのかを考えながら史料を見ていくことが必要だと考えられる。

第三は対象。天皇領だからといって天皇や公家ではない。上にふれたように、古文書の作成者やそこに登場する人々、ごく普通の庶民である。この人たちこそ私たちに連なる直接の先人ではないだろうか。

第四は方法。古文書学習部会は崩し字などで書かれた原文書を読みこなそうということを目指して始まり、いまでも続けている。原文書そのもののコピーを読むのは無理としても、ここでも徹底して文書を引用し、面倒でもそれを読んでいきたい。どこまで引用するか、どう読み下すかなどいろいろと試行錯誤することになるだろう。

第五は目標。近世の山科について活字になっている史料もある。それらも含めてできるだけ多くの古文書を紹介し、山科を考える材料にしたい。はじめは「おもしろそう」なものをと考えていたが、いろいろな出来事に、また寺院・神社や人名などに触れていくうちに、それらもできるだけ多く紹介して材料提供や記録の役割を果たしたいと考えるようになった。後からの思いつきだが付け加えておきたい。

これから紹介していくのは比留田《ひるた》家文書（京都市歴史資料館所蔵の写真版紙焼きによる。以下、諸家の文書もとくに断らないかぎり同じ）などである。比留田家は山科郷の惣頭（触頭、史料によっては大年寄なども）であったが、残された古文書にさまざまな事柄が出てくる。理解を助ける参考文献としてとりあえず『京都の歴史』、『資料京都の歴史』一一・山科区編をあげておこう。

前置きが長くなったが、読まれた方のなかで、家《うち》にも古文書がある、古文書のあるところを知っているという方がおられたら、ぜひお知らせを。解読のお手伝いをさせていただきたい。

目次

はじめに
一　山科郷の戸数・人口と家族構成……5
二　天正の太閤検地……13
三　天皇領の村々と年貢（一）……23
四　天皇領の村々と年貢（二）……31
五　寛文五年の名寄帳——村民の存在状況……40
六　村とは何か——近世の村概観のために……49
七　村明細帳にみる村のありさま（一）……53
八　村明細帳にみる村のありさま（二）……59
九　村明細帳にみる村のありさま（三）……66
一〇　威し鉄砲と村の戸口……76
一一　酒造業、請酒業の展開……83
一二　各種商売・稼ぎの展開……92

一三　竹と山科・京都……105
一四　天皇（朝廷）との関係（一）――定式負担の概要……113
一五　天皇（朝廷）との関係（二）――御所炎上と天皇即位……128
一六　近世中後期の年貢と定免をめぐる動き……150
一七　水害・旱害と水利――農業経営の諸相……170
一八　神社と寺院――所在とその推移……182
一九　村方騒動――年寄役をめぐって……191
二〇　郷入用・村入用と村財政――年貢未納をめぐって……199
二一　山科郷士の成立と展開……210
二二　幕末・明治初年の郷士と百姓……229
二三　東山科への道……269
二四　近世から近代へ……286
おわりに

一　山科郷の戸数・人口と家族構成

山科はどんなところだろうか。こう漠然と聞かれても答えようがない。地図をみると京都盆地の東側に、京都盆地を小さくしたような、もう一つの盆地がくっついている。これが山科だが、何か考えるよりどころというか基準がほしい。

とりあえず行政的な区分の変遷をみよう。一七世紀初頭から一九世紀半ば過ぎまで山科を形成していたのは山城国宇治郡内のいくつかの村々である。その中に天皇領の一七カ村が含まれている。以下これを山科郷と呼ぶ。近代になると明治五・六年の大小区制の下で宇治郡第一・二区に編成され、さらに明治一二年以降は宇治郡第一・二組になる。これとほぼ平行して第一・二番学区という小学校区にも編成された。明治二二（一八八九）年の町村制により二四カ村が合併して山科村が成立し、江戸時代以来の村は大字《おおあざ》と呼び方が変わる。以後大正一〇（一九二一）年山科町となり、昭和六（一九三一）年には京都市東山区に編入される。さらに山科区へと分離するのは昭和五一（一九七六）年だが、これまでの間に戸数・人口が緩急の差はありながら増加していき最高一三万人余になって、現在はやや落ち着いてきている。

山科の近現代史の指標の一つは人口の動向であるといえるが、それでは本書が対象とする近世ではどうだったか。明治初めころにはかっての天皇領山科郷一七カ村は八〇〇余軒・三〇〇〇人余と意識されていたようである。この数値は後でも取り上げるが、これを出発点として江戸時代にさかのぼっていこう。

比留田家文書・安政二（一八五五）年卯四月「博奕取調一件《ばくえきとりしらべいっけん》」が史料である。博打《ばくち》の取り調べがなぜ戸口と関係するのだろうか。よく「癸丑《きちゅう》以後」というが、嘉永六（一八五三）年ペリーが浦賀に来航して以後の日本の政治、社会の変動の高まりはご存知のことであろう。幕府は社会の安定をはかって質素倹約・風俗矯正などを試み、それを受けて京都代官が山科に出役《しゅつやく》（出張すること）し、賭博の取り締まりを行い、西野・大宅・四宮村の三人ら（一六〇年前のこととはいえ、プライバシーにかかわるかもしれないから、名前は伏せる）を厳重に調べた。また、郷内に「申渡《もうしわたし》」を出し、各村から「請書《うけしょ》」を提出させる。天皇領なのに幕府代官がという問題もあるし、「申渡」の内容自体もおもしろい。ただし、それらは別にみることにして、ここでは請書に署名した戸主の数に注目し、山科郷各村の戸数を推定する手がかりとしたい。

領主は領地の住民（の数や状態）を支配の基礎として必ず調べた。結果は村ごとにまとめられた。キリスト教禁止に名を借りた住民全員の記録ということはご存知だろう。名称はいろいろだが、一般に宗門人別《しゅうもんにんべつ》改帳《あらためちょう》と呼んでいる。現在の戸籍にあたる。重要なものだから毎年作成されたが、これが山科ではなかなか見つからない。現在のところ山科に関して最大の文書群とみられる比留田家文書にもない。比留田家は天皇領山科郷の惣頭の地位・役職を世襲した。個々の村ではなく、郷全体にかかわる役目といえる。戸口に関する事柄もいろいろあったと考えられるが、文書としては残っていない。

それでは村別の宗門帳はどの村のものが残っているか。現在のところ大宅村しか確かめられない（沢野井（清）家文書）。天保四年〜安政三年の「宗門寺請家数人別《しゅうもんてらうけいえかずにんべつ》牛《ぎゅう》馬《ば》員数帳《いんずうちょう》」と「宗門御改《しゅうもんおんあらため》ニ付家数人別寄帳《つきいえかずにんべつよせちょう》」である。大宅村に限らずどの村でも作成されたはずだが残っていない。後でふれるように西野山村のものが少しみつかっている。ほかにもまだどこかに埋もれているのではないだろうか。

話を安政二年に戻そう。「申渡」の末尾に書かれている村民と庄屋・年寄・惣代の署名数をまとめると表1のようになる。多くの村についてみようとするとどうしても表にまとめることになる。これからも表が多く出てくるが了承いただきたい。

各村の署名数はほかに史料がないから一応全戸に近いとみておくと、町場や栗栖野を含めた合計は八二八戸、それらを除いた一七カ村の合計は七六一戸になる。ただし、例えば大宅村の七五人を七五戸とみると翌安政三年の家数人別寄帳の六八戸と違う。理由はわからないが史料の違いもあり、安易な推定は慎まなければならないということであろう。そういいながらも人口については全く史料がないから推定を試みるしかない。大宅村六八戸には男女三二三人がいた。一戸平均四・七五人。仮にこの数値をあてはめると、全体では三九三三人、一七カ村では三六一五人になる。

明治初年にはどうであったか。史料の一つは京都府立京都学・歴彩館蔵の明治四年「宇治郡明細誌」である。村の区分が一致していないから厳密な比較はできないが、人口の判明する史料としてあげた。もう一つは明治五年「改正京都府管轄便覧」（『京都府統計史料集』一所収）の数値である。

表１　幕末・明治初年の戸口

村名	安政２	明治４		明治５
	戸主数	戸数	人口	戸数
	人	戸	人	戸
上花山	19	16	67	21
北花山	31	33	165	38
厨子奥	22	10	38	25
御陵	57	66	304	99
竹鼻	45	28	150	45
四宮	42	38	190	57
小山	63	50	241	73
音羽	65	58	287	77
大塚	52	36	174	57
大宅	75	47	233	70
椥辻	39	34	202	42
東野	50	41	184	57
西野	62	65	306	76
西野山	53	50	239	70
日岡	27	53	206	54
上野	9	10	17	10
川田	50	54	248	60
髭茶屋	13	12	40	12
八軒	11	13	48	13
行燈	8	6	27	
栗栖野	13	14	76	14
六軒	12			
九体	10			
小計	828	734	3373	970
神無森		5	25	
安朱		60	310	72
安祥寺		14	76	
小計		79	411	
合計	828	813	3784	1042

典拠は本文参照

これらをみると安政から明治初年の間に戸数は増加し、それにともなって人口も増加したようにみえる。正確な数値を知りたいものである。

安政からさらにさかのぼるとどうか。戸口のわかる宗門帳などの史料が残っていないことは先にふれた。別の史料を探さなくてはならない。安政二年から三〇年ほどさかのぼった文政七（一八二四）年におもしろい報告が作られている。「…村飢人老若《うえにんろうにゃく》仕《し》訳帳《わけちょう》」（比留田家文書）で、まとめると表2のようになる。

同（女）				計	村高（石、合）
～3	～14	～60	61～		
3 5	④ 24	56	4	116 84	276.849
7 1	21	50	5	102 77	368.747
2 5	22	41	2	71 70	196.031
5 6	21	52	5	82 84	617.466
12 7	32	81	6	173 126	703.260
8 4	20	44	5	122 73	227.102
13 10	31	88	13	174 142	513.250
1 1	2	11	3	15 17	37.995
8 5	23	76	8	134 112	819.969
60 44	196	499	51	1774 790	3760.669
0	19	62	3	84	560.060
0	6	26	6	38	101.514
7	20	52	4	83	310.838
8	35	89	7	139	631.395
3	8	23	2	36	161.404
2	13	39	3	57	306.709
10	21	72	5	93	227.920
3	30	70	7	110	295.953
0	2	7	1	10	18.689
0	4	18	1	23	8.372
1	3	10	1	15	4.095
0	3	11	2	16	
1	5	10	1	17	
2	3	17	0	22	8.900
81	359	1020	96	1556	2635.849
125	555	1519	147	2346	6396.518

表２　文政４年の人口と人口構成

					飢人の年齢別構成（男）				計
村名		総人数(人)	才覚者	飢え人	～３歳	～14	～60	61～	
大塚	①	247	2	245	2	28	96	5	131
	②	240	52	192	8	33	63	4	108
竹鼻		238	3	235	3	40	81	9	133
		214	41	173	2	23	68	3	96
日岡		157	0	157	5	24	50	7	86
		143	8	135	4	14	44	3	65
東野		202	0	202	2	20	93	5	120
		194	26	168	2	21	52	9	84
西野		340	4	336	10	37	97	19	163
		336	75	261	8	31	91	5	135
四宮		236	0	236	5	23	74	12	114
		171	26	145	3	14	51	4	72
音羽		330	0	330	15	32	94	15	156
		355	41	314	6	52	105	9	172
上野		39	0	39	2	3	17	2	24
		29	0	29	0	1	10	1	12
西野山		296	4	292	7	44	94	13	158
		293	47	246	3	38	83	10	134
小計		2085	13	2072	51	251	696	87	1085
		1981	316	1664	36	227	567	48	878
御陵	③	262	87	175	8	22	60	1	91
厨子奥		88	14	74	2	8	24	2	36
椥辻		222	35	187	7	27	63	7	104
大宅		373	84	289	11	37	88	7	143
上花山		101	24	77	0	12	25	4	41
北花山		136	20	116	5	13	36	5	59
小山		300	93	207	8	18	71	2	99
川田		263	29	234	3	2	82	5	118
行燈		29	9	20	0	4	6	2	12
髭茶屋		56	9	47	0	9	15	0	24
八軒		36	6	30	0	4	10	1	15
六軒		38	14	24	1	2	4	1	16
九体		34	8	26	1	1	7	1	9
栗栖野		70	25	45	2	5	14	2	23
小計		2008	457	1551	73	415	1079	37	1659
合計		3989	773	3215	109	642	1646	85	2537

注　①上段「仕訳帳」②下段「村下調」③以下「村下調」④原文書に記載がない

この年、山科は干ばつで大変な不作だった。各村から年貢減免願いや夫食代銀拝借願《ぶじきだいぎんはいしゃくねがい》が代官所に提出されている。年貢を少しにしてほしい、食料を買う銀を借りたいという願いである。代官所もほっておけなかったのであろう。援助することになるが、そのためには飢人《うえにん》（援助対象となる食料不足者）がどのくらいいるのか調べなくてはならない。また援助量は性別・年齢別で異なるから、飢人の内訳も報告させた。抜け目なく「夫食才覚者《ぶじきさいかくしゃ》」（自分で食料を確保出来る者）も調べさせている。飢人の史料を「おもしろい」というのはいささか不謹慎かもしれないが、まとめると前頁の表2のようになる。ただし九カ村分しかない。でも、さらに探すと代官所への報告の基になったとみられる文書が残されていた。表題はないから仮に「村下調べ」としておくが、それをまとめると表2の各欄下段の数値と、傍線以下（御陵村～栗栖野）のようになる。参考までに村高もあげておこう。

大塚村～西野山村の九カ村について「仕訳帳」と「村下調べ」を比較してみよう。九カ村の才覚者合計はわずか一三人で、総人数の〇・六二％にすぎない。ずいぶん貧しい地域のように見える。しかし、下調べでは三一六人で約一六％を占めている。援助をもらうために村の調査結果を才覚者では圧縮し、逆に飢人では大幅に膨らませたのではないか。

山科郷全体の村下調べはやや作為的な数値のきらいがあるが郷の総人口が、約四〇〇〇人であることを知らせてくれる。その内訳は数値がやや合わないが史料の区分によれば、三歳以下（男一〇九人・女一二五人）、四～一五歳（男六四二人・女五五五人）、一六～六〇歳（男一六四六人・女一五一九人）、六一歳以上（男八五人・女一四七人）である。ただし戸数はわからない。材料がそれしかないから仮に安政の大宅村の平均一戸当たり人数をあてはめれば八四〇戸ほどになる。

文政七年と安政二年の戸数と人口について推定を重ねた。推定ついでに文政と安政の間の流れをみれば、戸数・人口とも幕末期に向けて減少傾向にあったということになる。現在のところ文政期からさらにさかのぼった時期の郷全体の戸口はわからない。この先も史料をみつける努力を続けたい。

表3　大宅村戸口の推移

年次	戸数（戸）	人数（人）	男	女	典拠
寛保3（1743）	96	438	227	221	村明細帳
天保4（1833）	70	358	183	175	家数人別寄帳
同6	70	354	179	175	〃
同10	71	312	159	153	〃
安政3（1856）	68	323	165	158	〃
慶応元（1865）	71				間数取調之帳
同3	72	349	165	184	村明細帳
明治9（1876）	85	431	218	213	「統計表」

最後に大宅村の戸口の推移をみておこう（表3）。おおよその動向は次のようにいえるであろう。一八世紀前半には寺・僧を除いて九六戸・四三八人であった。その後変化の様子はわからないが戸口は減少していき、九〇年後の天保初期には二三％減になっている。以後幕末期にはほぼ変動はなく、明治初期にやや増加に転じたといえる。この動向は部分的には右の推定を裏付けているといえるが、他の村々についても確かめる必要があろう。

戸数や人数の推移をみてきたが、この人々が作り上げている家族構成はどのようだったのだろうか。わずかの事例しかわからないがみていこう。一つは天保九（一八三八）年の大宅村の事例である。「宗門御改寺請家数人別牛馬員数帳」によれば寺を除いて七一戸・三二二人が住んでいた（無高借地の二戸が家族あげて大津・大阪へ引越している。実質は六九戸と考えられる）。持高と家族構成は厳密な相関を示しているわけではないが、六〇石所持の大高持を筆頭に一〇石以上所持が一七戸、一〇石以下は二一戸で、この層でもっとも多いのは夫婦とその子供で構成されている家族（単婚家族）二三戸、父母や孫を含む三世代家族一五戸などである。一方無高（所持地なし）三三戸の中には家族が解体しかかっているとみられる単身戸や事実上それに近い戸が一〇戸含まれている。一応一〇歳きざみの人数をあげておこう。一〇歳以下（男二一・女二九人）、～二〇歳（男三一・女三四人）、～三〇歳（男三六・女二四人）、～四〇歳（男一〇・女二四人）、～五〇歳（男一八・女一九人）、～六〇歳（男九・女一四人）、六〇歳以上（男一〇・女一四人）である。人数が合わないのは引越戸の家族の扱いによると考えられる。

もう一つ、嘉永五（一八五二）年の「西野山村宗門御改寺請並家別人別帳」（山科神社文書）をみよう。この史料には寺などを除いて四六戸が記載されている。しかし武家奉公などで出て行って実質的には村に住んでいないとみられる家が五戸ある。「所住人《ところじゅうにん》ニ候得共《そうらえども》、松平安芸守様《まつだいらあきのかみさま》ニ奉公《ほうこう》仕《つかまつり》罷在候《まかりありそうろう》、尤《もっとも》人別外《にんべつがい》ニ御座候得《ござそうらえ》共高持百姓《どもたかもちひゃくしょう》ニ御座候故《ござそうろうゆえ》、前々《まえまえ》より如此《かくのごとく》ニ相認《あいしたた》メ御断《おことわり》奉申上《もうしあげたてまつ》」るとか、「勝手《かって》ニ付伏見醍醐屋方《つきふしみだいごやかた》へ家内不残引越参《かないのこらずひっこしまい》り株絶《かぶたえ》仕候《つかまつりそうろう》」と注記されている。残りの四一戸のうち単婚家族が二一戸、父母や孫もいる家族（三世代家族）が六戸、単身家族が四戸、寡婦などの家族五戸、その他五戸である。基本的な家族構成は単婚家族であるといえる。西野山村は五〜一〇石所持（一四戸）・一〇〜二〇石所持（九戸）が中核となっているが、無高も七戸あり、単身や寡婦家族は無高や零細所持が多い傾向にある。年齢別の構成は〜一〇歳（男二三・女一七人）、〜二〇歳（男二〇・女二五人）、〜三〇歳（男一六・女一二人）、〜四〇歳（男一五・女一四人）、〜五〇歳（男一五・女一三人）、〜六〇歳（男五・女九人）、〜七〇歳（男七・女八人）、〜八〇歳（男一・女五人）。五〇歳をこえると急速に減少していることがわかる。最高齢は男七六歳、女七五歳である。

二　天正の太閤検地

前項の表のように山科郷には村高の異なる一七の村といくつかの町とよばれる街道沿いの集落があった（石高のない蹴上六軒町・同九体町は日岡村分）。村高とは村の石高のことである。石高で表す仕組みは江戸時代の基本原則の一つで、石高（あるいは単に高とも）はこれからも頻繁に出てくるであろう。村高がどのように決まったかは後で確かめるが、まず、問い合わせがあったので、それに答えるかたちで天皇領における山科郷の特徴を確かめておこう。

近世の天皇領は本御料（徳川家康が慶長六年に献上した約一万石）、新御料（秀忠が元和九年に一万石）、増御料（綱吉が宝永二年に約一万石）で構成されていた。合計約三万石だがその大半は山城国にあったから、山城国各村領主別石高表（『資料京都の歴史』三所収）を整理してみよう（表4）。表で天皇領だけの村数をあげたのは、山城国の村々には相給《あいきゅう》（複数の領主の領地になっている）村が多いからである。例えば現在左京区の田中村（村高九四七石余）には三六石余の天皇領（本御料）があるが、それ以外は公家・門跡・寺社など三三もの領主の領地である。天皇領があるからといってもこのような村が天皇領を考えるにふさわしい対象であるとはいえないであろう。また、石高のうえでは相楽郡が多いが、その多くは新・増御料である。それにたいし山科郷一七カ村はすべてが天皇領のみで、しかもすべてが本御料で中世以来の関係がうかがわれる。天皇領を考察する好対象といえるであろう。なお、山科郷北部には安朱村（二三五石余・毘沙門堂領）があり、ほかに十禅寺領三六石余、安祥寺領一〇石があった。山科郷よりさらに南側で、現山科区内の小野村（二六七石余）は随身院領や醍醐寺領、勧修寺村（八三七石余）は勧修寺領三一二石、および醍醐寺三宝院門跡その他醍醐寺関係領であった（二松家文書「覚」）。

表4　山城国における天皇領の分布

郡名	天皇領のある村	天皇領のみの村数	天皇領の石高（石／合）	そのうち本御領	新御領	増御領
愛宕	18	4	2854.631	1977.825	150.837	726.232
葛野	4	0	1350.194	0	1000	350.194
乙訓	8	0	686.334	570.324	116.010	
紀伊	2	0	57.910	57.910		
宇治	21	19	7039.275	6528.125		511.160
うち山科郷	17	17	6272.866	6272.866		
久世	0	0	0			
綴喜	22	17	6018.512	0	4533.099	1485.473
相楽	33	21	9992.501	1455.041	3637.319	4900.051
計	125	78	34272.220	16862.090	9437.265	7973.110

話を元に戻そう。先に使用した『宇治郡明細誌』は京都府の官僚（虫明氏）の忘備録的な史料ではなかったかと考えられるが、そこに「小山村音羽村立合神無森」が出てくる。人家はあったようだが独立した村ではない。「右ハ元禄六酉年より桝屋仁兵衛開発地　当時音羽村支配」と朱書されている。江戸時代になって開発され、開発者は桝屋だというのである。元禄六年と年次まで書いているから、なんらかの江戸時代の記録をみたと考えられる。

ところで「神無森」は中世の記録に出てくる。『資料京都の歴史』山科区編から孫引きさせてもらうと、「二十一日、今日神なしもりニ関立、七郷ものの也」（『山科家礼記』文明九年一一月条）とある。応仁の乱の後に関所が設けられた場所であることがわかる。そこが「小山村と余古（横）木村との間、大津路南、追分村東に在り。今は森なく、芝あり」（『山城名勝志』）となる。近世に入って様子が変わってきている。この例でもわかるように、山科郷の村々は中世には確実に存在し、変化しながら近世に引き続いていく。中世での状況については上記の資料編などをみていただくとして、近世の村についてみていこう。

これまでにみてきた村の状況、たとえば文政の飢人を貧しさの、才覚人を豊かさの象徴としてみれば、どの村が豊かでどの村が貧しいということができるだろうか。もちろんそんなに単純には決められず、村々はさまざまな表情を持っているとしかいいようがないが、そのような村々でも共通していることの一つは石高で把握できるということである。

領主は領地と領民を調べ、掌握しようとした。領民の掌握については宗門人別改帳の作成を紹介したが、領地とそれに関係する領民は検地によって把握した。豊臣秀吉が行った太閤検地が有名である。その政策は江戸時代にも引き継がれた。太閤検地についてはとりあえず次のように理解しておこう。

検地は村ごとにおこなわれ、村の範囲が定まった（「村切り」）。田畑など土地の種類（地目）を決め、統一した基準で測量し（六尺三寸＝一間）、面積を町・反・畝・歩の単位であらわした。また田畑の品等（上・中・下・下下）ごとに一反あたりの標準収穫米量（「斗代《とだい》」）を定め、それを基準に一つ（一筆）一つの土地の石高を決定（「石盛《こくもり》」）、石・斗・升・合の単位であらわした。さらに土地の所持者＝年貢負担者（「名請人《なうけにん》」）を一つの土地に一人ずつ定めた（一地一作人の原則）。検地の結果すべての土地が米（玄米）の生産（収穫）量で把握された（石高制）。

山科郷も秀吉によって検地された。検地されたことは間違いないが、検地の結果をまとめた検地帳は残っていない。しかし、比留田家文書のなかに「天正拾七年十月吉日　山城国宇治郡山科郷上花山村御検地帳」という表紙の文書がある。その一ページ目は以下のようである。

喜兵衛　　上花山村

井ノしり
一、中畠　　三畝二十二歩　　四斗四升
同
一、上畠　　二畝二十四歩　　三斗六升四合
同
一、中畠　　二畝　　二斗二升
小一しんかい
一、上田　　一反四畝十二歩　　弐石一升六合

一、上畠　　二十歩　　　　八升七合
一、上畠《こしまい》　　二畝十六歩　　　三斗二升八合

「井ノしり」「小一しんかい」「こしまい」というのは村内の小ブロックの名称、いわゆる小名である。ほかに「又二郎はたけ」「めう志ゆんはたけ」「かいとのくち」「宮の北」「六反田」「竹か原」「山ノたう屋敷」「せんほう田」「小田」などが出てくる。現在もあるだろうか。

一行に品等・地目・面積・石高（分米《ぶんまい》ともいう）が書かれているから、一筆ごとに測量し、石盛りした結果であることがわかる。ただし、一筆の名請人の名前は書かれていない。上田一反四畝一二歩の収穫米が二石一升六合だから、上田一反あたりの標準収穫量は一石四斗であることがわかる。他の地目・品等も計算されたい。上田が一石四斗だと中田は一石二斗と二斗下がりであることが普通である。

このような記述が七頁目に入った、最初から数えて四三行目に「合《あわせ》　四十一石二斗三升四合」とあり、喜兵衛分の合計がおこなわれている。一行ほど間を開けて次は「又二郎分」とあり、その次の行からはまた一筆ごとの記述が始まる。

以上のような記載方法から、喜兵衛が名請した土地だけを検地帳から抜き出して、その石高を合計したことがわかる。このような土地所持者の石高（持高）を集計する作業を名寄《なよせ》という。この文書は表紙には検地帳とあるが検地帳そのものではなく、むしろ「名寄帳」と呼ぶべき文書である。

文書の最終頁の最終行には「都合百六拾壱石四斗四合」とある。この数字に見覚えがあるだろうか。まさに上花山村の村高である（表2参照）。村高は検地によって決定されたことがわかる。これが年貢賦課の基礎になる。年貢は村単位でかかってきたが、実際の年貢負担者は持高のある高持《たかもち》農だから、村全体の年貢を負担者個人個人

の年貢額に分けなければならない。その基礎となる持高の確定作業を村でする必要があった。その結果が名寄帳であるといえるであろう。以上でこの史料が検地帳そのものではないけれども、天正一七年の検地帳を元に村で作成されたものであることがわかった。内容をみていこう。

地目は田と畑のみである。その周辺には竹藪や野原などもあったに違いない。そう考える理由は上記最終行の一つ前の行「一つ　下田八反二十六歩　八石八升八合　永荒芝原《えいあれ》」である。これは検地では下田に登録されたがやがて田ではなく芝原になってしまった土地である。検地帳に登録されていても事実として収穫はない土地として名寄帳には出てきたのであろう。なお屋敷（地）は畑の中に含まれていると考えられる。

田は一〇七筆が記載されている。原本には面積合計は書かれていないが、集計すると一〇町六反六畝七歩である。畑は四六筆・二町一反八畝一〇歩である。田が八三％を占めている。上花山村は田が圧倒的に多い村であったといえる。

畔《あぜ》で囲まれた一筆の面積は田畑ともにさまざまであったであろう。とりあえず一筆＝一反（約一アール）を基準として調べてみよう。田は一反以上四八筆・一反以下五九、畑は一反以上五・一反以下四一である。畑は四六筆中一畝～三畝一五筆、三畝～五畝一四筆で六三％を占めている。小さな畑が多かったのであろう。一方、田は一反以上が四五％である。具体的な測量方法はわからないが、かなり大づかみの測量であったことを示しているのかもしれない。もしそうなら実際の面積と検地帳上の面積は一致しない可能性がある。いわゆる歩延びである。ただ山科郷はその後江戸時代になってからも検地されることはなかったから確かめようがない。その実態の一端が明らかになるのは明治の地租改正の時だからはるかに後の話になる。

次に品等は上・中・下の三つである。各品等の標準石高は先に計算していただいた。それに基づいた村全体の石高すなわち村高が一六一石四斗四合であることは先に確かめた。ところが一筆ごとの高を集計すると一八二石余になってしまう。先の「永荒芝原」八石余を除いても公式の村高より一〇石以上多くなる。そろばんでの集計では不安なので計算機をたたいたが結果は変わらない。公式の村高を上回る石高が村が作成した帳面に出ている。ということは検地では把握されなかった部分があって、それが村で用いる帳面ではっきりしたという可能性が考えられる。上花山村では検地帳がないから比較できないが、検地帳と名寄帳の記載内容が一致しない事例は他の地域・村で確かめられている。このことが何を意味しているか、上花山村に即して考えてみよう。

表5　上花山村田畑の構成比率

	面積比		石高比	
	田	畑	田	畑
上	50.1	74.3	57.0	75.8
中	24.2	19.0	24.2	21.9
下	25.7	6.7	18.8	2.3
計	100	100	100	100

田畑の品等別構成比は表5のようである。一見して上田、上畑の比率が高いことがわかる。上花山村が地味豊かな村であったことの反映であろうが、それにしても村の耕地の半ばまでというのはどうであろうか。私には上田・上畠を多くして年貢を多く取ろうという秀吉の意図が働いているようにも思える。

史料に登場する人々は上花山村一七名、北花山村四名、川田村二名である。村切りにより上花山村の土地は上花山村民が所持していることが基本であるが、若干の例外はあちこちでみられる。村切りの進行過程での現象といえるであろう。この史料が検地帳そのものではないため、登場人物が検地帳にも必ず出てきたかどうかは現在のところ確かめようがない。逆に検地帳には出ているがこの史料（名寄帳）には出てこない人がいるかどうかもわからない。ただし、検地ではとらえきれなかった土地所持の実態が、村が作成したからこそこの史料に正直に示されているとも考えられる。これらを念頭において村民の所持状況を見ていこう（表6）。

喜兵衛が抜きんでて大規模な高持であることが目につく。彼はどのような存在だったのか。そのほかの高持の多くは五石前後だがどのような農民だったのか。おそらく表6の一七名は検地帳にも登場していたと考えられるが、そのほかにも村民がいたかどうかはわからない。なぜこんなことを問題にするのか、少し時代をさかのぼってみよう。

室町から戦国時代にかけて山科は山科七郷惣郷を形成する人々が「自治的」活動を展開したところとして知られている。山科七郷とは野村（近世の東野・西野）、大宅里（大宅）・南木辻（椥辻）、西山（西野山）・大塚、上・下・北花山（上花山・北花山）、御陵・厨子奥、安祥寺・上野・四宮河原（四宮）、音羽・小山・竹鼻の七グループのことである。近世に存在する村々がすでに全部出ている。領主は公家や寺院だったが、郷全体としては朝廷の内蔵寮の頭を世襲した公家山科家と関係が深かったようである。各郷の代表が惣郷を形成し、寄合《よりあい》を開いて関所を置くとか、徳政一揆に参加するとか、守護勢力の入郷を阻止するとかの行動を決定していた。各郷は「おとな（乙名など）」と呼ばれる有力階層と、「地下《じげ》の者」と総称される一般郷民とで構成されていた。いずれも農業に従事するとともに「商人」でもあったようである。文明九（一四七七）年に山科家が営業許可証とみられる「札」を発行している。

表6 村民の土地名寄状況

所持者名	田	畑	計
	石 合		
喜兵衛	30.410	10.744	41.154
清左衛門	11.608	1.459	13.067
藤兵衛	12.411		12.411
甚二郎	4.415	3.502	7.917
又二郎	4.799	2.777	7.576
平左衛門	6.583	0.939	7.522
彦九郎	5.276	2.013	7.289
勝竹	5.023	1.273	6.296
栄竹	6.205		6.205
市蔵	3.008	2.274	5.282
新兵衛	4.796		4.796
源介	4.204	0.572	4.776
甚三郎	4.134	0.520	4.654
与三	3.181	0.715	3.896
与三左衛門	2.965		2.965
太郎右衛門	2.002	0.123	2.125
久介	2.000		2.000

上花山村民のみ表示。天正17年「検地帳」による

七郷の存在を示す『山科家礼記』応永二（一三九五）年の記事には上花山の「下司《げし》ヒルタ」とある。比留田家系図には近世初頭に比留田喜兵衛種定が出てくる。表6の喜兵衛は突出した大規模な高持であり、村の代表さらには郷全体の代表にふさわしい存在といえる。喜兵衛は「ヒルタ」の子孫とみていいであろう。上記の「札」は花山全体で四四枚だったが、札をもらった人の名前はわからないから、この中に表6の高持の先祖が含まれていたかどうかは確か

められない。ただし、検地によっていきなり高持になったわけではなく、前の時代から引き続いての存在であったと推定される。『礼記』に出てくる人名を任意にあげると、太郎左衛門・五十嵐方・三郎二郎・二郎九郎・新三郎・道秀・竹鼻彦三郎・井本などである。これが比留田家文書のなかで最古とみられる天正一二年「中定条々」の大塚村惣代になると、久西・政所・長後・種彦となる。これらと表6の高持の名前とを比べてみよう。いわゆる農民らしい名前になっていくように思えるがいかがだろうか。

ところで検地は支配される「農」身分の人々と、支配する「兵」身分の人々を区分していく。単に身分を分けただけではなく、住むところが農村と城下町などと空間的にも分かれていく。いわゆる兵農分離である。山科郷からも出て行って「兵」になった者もいたかもしれないが、比留田氏は残った。郷内、村内に大きな力を維持しつつ残ったと考えられる。一方で、検地の際に土地を持っていないため検地帳に出てこない村民が上花山村にいたのであろうか。現在のところ確かめようがないが、仮にいたとすると、彼らと大高持の比留田氏とはどのような関係にあったと考えられるか。そのことは検地帳に登録された高持農の在り方とも関係するであろう。今後とも考えるべき課題である。

村の住人にこだわったのは突出した位置を占める喜兵衛（比留田氏）との関係を考える手掛かりを得たかったからである。上花山村は小規模ながら独立した村である。もし村を動かしている村人と村人との間の主要な関係が、土豪と彼に「隷属」する村人との関係であったとすれば、それは村の在り方、性格を決める役割を持ったと考えられる。一方、史料に登場した一七名を土地所持規模別にみれば、中核を占めるのは持高一〇石以下の村人である。彼らが村の動きを決めていたとすれば、これまた村の在り方、性格にかかわると考えられる。

現在のところどちらなのか、あるいはさらに別の在り方が考えられるのか何ともいえない。考える手掛かりが上花山村のみで、他の村々についてはわからないから。たとえば比留田家とともに惣頭を務めた土橋家はどうだったのか、同家が居住した東野村のあり様はどうだったのだろうか。後で西野村の高のうち四〇石が本願寺に与えられたことが出てくる。中世の山科郷にとって山科本願寺は無視することのできない存在であったことは御存知のとおりである。その焼き討ちの後の地域との関係はどうなったのであろうか。そもそも寺の跡地などは検地でどう扱われたのであろうか。

現時点ではわからないことが多くあるが、これから進んでいく江戸時代（初期）について理解を助けるためにも、信長・秀吉時代の山科郷について明らかにされているところを確かめておこう。以下は後藤　靖・田端泰子編『洛東探訪—山科の歴史と文化』（平成一四年一〇月、淡交社刊）によっている。

足利義昭とともに入京した信長が支配した時期、山科郷で人足、牛馬の継替《つぎかえ》を行うようにという命令が出ている（元亀二（一五七一）年、沢野井家文書）。人と物の動きが盛んになっていて、それまでのいろいろな権利、しきたりが変動しつつあるなかで、山科郷が持っていた荷物運送の権限を維持しようとしたのであろう。室町幕府滅亡後には家臣の柴田勝家（森　長近・飯尾尚清）を通じて命令が出ている。天正二（一五七四）年一一月七日付けの沢野井家文書によれば、山科七郷の従前からの諸万雑公事《しょまんぞうくじ》・陣詰夫役《じんつめぶやく》など免除の特権を認め、今後も竹木や臨時課役などを免除し、朝廷への奉仕（禁裏警固役《きんりけいごやく》）を務めよというものである。中世以来の朝廷との関係が続いていることがわかる。

信長が本能寺の変で倒れたのち、秀吉の時代になる。山科郷も秀吉の支配下に入り、天正一七年には検地が行われた。次いで翌一八年五月、山科郷の年貢米は三五〇〇石の定請《じょううけ》とし、山役と竹木納入を免除するという朱印状を出している（吉井家文書）。定請とは年貢を一定額に固定するということで、「毎年水干損なく運上《うんじょう》致すべし」と命じている。水害、日照りの害に関係なく、毎年三五〇〇石を納めよということで、山科郷の年貢について目安となる数値である。『洛東探訪』はこの額について、禁裏警固役を務めてきた山科郷の特殊性が背景にあって、「随分軽い」とみている。

御承知のように秀吉は文禄元（一五九二）年から朝鮮に出兵する。肥前名護屋にいる彼に山科郷は帷子《かたびら》五つを陣中見舞いとして送った。秀吉との関係の深まりが伺えるが、六月二九日に秀吉から礼状が来ている（比留田家文書）。「山科惣中」に宛てた秀吉朱印状の写真が『洛東探訪』や『資料京都の歴史　山科区』に載っている。読み下し文は後者にある。

信長・秀吉の時代を通じて旧来の荘園領主などは姿を消していくが、代わって誰が新たな領主になったかは確定が難しいようである。当面私たちの関心は山科郷がいつから天皇領になったかにあるが、関ヶ原の戦いの時にははっきりと天皇領になっていた。慶長五（一六〇〇）年、戦いにあたって、長束正家・増田長盛・前田玄以の三奉行が軍勢・放火・山林竹木伐採の三項を禁ずる制札を出している。その宛先は「内裏御料所山科七郷」であった。戦いの翌年には徳川家康が一万石余を天皇に献上し、山科七郷がその中に一括して入っていたことは先にふれた。『洛東探訪』はこの「山科郷が一括して禁裏御領となったことは大きな意味を持っている」と評価している。「禁裏御領という紐帯のもとに、行政的にも日常的な生活の営みの上においても強いまとまりを持ちつづけていく」ことになったからである。山科の近世を規定する要因の一つと考えられる。同書はさらに「領主が天皇であるという事実は、山科郷民に一種の優越意識を持たせた」としているが、これはどうだろうか。どんな時、どんなふうに「優越意識」が現《み》られるのか、検証を必要としていると思われる。

三　天皇領の村々と年貢（一）

時代は江戸時代に入る。『資料京都の歴史　山科区』は「（前の時代からの）もっとも大きな変化は「山科七郷」から「山科十七カ村」の成立である」としている。主役となった村々についてみていこう。まず慶長一七（一六一二）年の「西野村郷帳」（比留田家文書）で村高と年貢の関係を確かめておきたい。

この史料は西野村から「御代官様」へ宛てた年貢納入の証明書とでもいえる文書の控えである。村高の田畑別内訳（屋敷は畠の中に含まれている）を確かめたうえで、「此取」すなわち前年＝亥年（慶長一六年）の年貢を「御蔵」に納めたとしている。

高七百参石弐斗六升　　田畑屋敷共ニ
　此内
四百五拾石弐斗四升五合　　田方
弐百拾壱石壱升五合　　畠方
　四俵被進（但書略）　　本願寺分
以上七百参石弐斗六升
此取　参百八拾五石九斗（但書略）
右亥年分ハ如此御蔵へ納申候

この史料からどんなことがわかるか。西野村の土地（年貢対象地）が田畑屋敷からなり、その石高は七〇三石二斗六升であること、この村高に賦課される年貢は三八五石九斗であることがわかる。年貢額を村高で割り算し

表7　村高の推移と田畑の比率　単位：石、合

	慶長18	明和7	幕末	田	畠	比率%	
上花山	161.404	161.404	161.404	125.816	35.588	78.0	22.0
北花山	306.709	306.709	306.709	151.709	55.000	49.5	50.5
厨子奥	101.514	101.514	101.514	49.080	52.434	48.3	51.7
御陵	570.040	560.040	560.040	441.335	128.725	77.4	22.6
上野	37.995	37.995	37.995	32.208	4.787	87.4	12.6
日岡	168.525	168.525	169.331	147.002	21.523	87.2	12.8
安朱	249.334	249.334	235.159	218.048	31.286	85.1	14.9
四宮	263.854	227.012	231.512	227.854	36.000	86.6	13.4
竹鼻	297.390	368.747	368.747	150.695	146.695	50.7	49.3
音羽	513.260	513.250	513.250	375.886	137.364	72.2	27.8
小山	227.920	227.920	227.920	198.885	29.034	87.3	12.7
大塚	276.849	276.849	276.849	178.008	90.841	64.3	35.7
大宅	631.395	631.395	631.395	364.194	267.201	57.7	42.3
椥辻	310.838	310.838	310.838	204.731	106.107	65.9	34.1
東野	617.466	617.466	617.466	203.475	413.991	32.0	67.0
西野	703.260	703.260	723.260	471.245	211.015	29.2	70.8
西野山	819.969	819.969	819.969	495.194	324.775	39.6	60.4
川田	298.951	295.953	295.953	205.048	90.805	69.3	30.7
髭茶屋		8.372	8.372				
提灯		4.836	4.836				
八軒		18.824	18.824				
計	6556.670	6610.212	6621.343	4240.413	2183.171		

注　典拠　慶長18年「御前帳覚」（比留田家文書）、明和7年「寅年免定留〆帳」（土橋家文書）『資料京都の歴史　山科区』より引用。誤植とおもわれるところは訂正した。
幕末は明治4年「宇治郡明細誌」（京都府立京都学・歴彩館蔵）

てみると、〇・五四八七余になる。五四・八七％余ということでこれが免《めん》（税率）である。一〇％を「一つ」と表わしたから五つ四分八厘七毛余となる。これで村高と年貢の関係や年貢が村に懸ってくることがわかった。なお「四《よん》俵《ひょう》被進《すすめらる》」の脇に付記された但書きは省略したが、「右之高ノ内ニテ納申本願寺へ入」とあり、西野村の村高（に懸る年貢）の一部が本願寺に与えられたことを示している。

それでは西野村も含む山科郷全体はどうだったのか。比留田家文書、慶長一八年三月一二日「御前《ごぜん》帳覚」をまとめてみよう（表7）。御前帳とは領主に御目にかけるために

領主の前に提出した帳面というほどの意味かとおもうが、その帳面作成のため村に残された覚え書きがこの史料である。山科郷一七カ村のはずなのに表に一八カ村がでてくるのは、安朱村がまだ毘沙門堂領になっていないからである。

山科郷の村々は大小さまざまであり、西野村では「内四十石ハ本願寺高ニ入」と但し書がある。それにしても一五〇余年ほど後年の村高や明治初年の史料による村高と、若干の端数は別として、竹鼻村以外はほぼ一致している村の多いことが注目される。四宮村も少し違うが多分十禅寺領が除かれたからと考えられる。なお髭茶屋・提灯・八軒町の年貢は当初は銀で納められており、安永六（一七七七）年に高が決まったことを付け加えておこう。

竹鼻村の違いの理由ははっきりしている。土橋家文書の中に「右《みぎ》正徳《しょうとく》五《ご》未年《ひつじどし》、高《たか》七拾壱石《ななじゅういっこく》三斗《さんと》五升《ごしょう》七合《ななごう》、新田《しんでん》御高入《おんたかいり》ニ相成《あいなり》申《もうし》候《そうろう》」とあり（『資料京都の歴史　山科区』の一三八頁、史料二四）、村高の増加がわかる。正徳五年は西暦一七一五年である。慶長から正徳の約一〇〇年ほどの間に「新田」が開発され、それが領主に認定されて、村高に組み入れられたのである。竹鼻村の場合は村高の二四％近くが増加したのであるから、新田開発の状況（いつ頃、どんなふうに、誰によって、村内のどこをなど）は村にとって重要な問題であり今後検討すべき課題であろう。

上記のように竹鼻村以外の村々の村高が近世の初頭以来幕末まで変化していないのはどうしてだろうか。山科盆地には早くから人が住みつき、開発を進めた。そのため土木技術が発達した江戸時代でも新たに開発する余地はなかったのかもしれない。この点は栗栖野新田（寛政六年高入り、八石九斗）以外には「……新田」という新たな村が生まれていないことで示されている。しかし、面積の大小はあっただろうが、長い江戸時代を通じて田畑の新開発がまったくなかったとは考えられない。新開発の具体的様相を明らかにしていく必要がある。それとともに開発の成果が村高に組み入れられなかったことの意味を考えなければならない。近世初頭以来村高が変化しないということが山科の近世を考える前提の一つになっているといえるであろう。

さて、「御前帳覚」には「山科七郷之高　田畠之しわけ」が書き加えられている。田高と畠高が判明するから、各村の田畑別構成をみよう（表7）。山科郷はおおよそ三グループに分けられそうである。一つは田畑がほぼ半々の村々―北花山・厨子奥・竹鼻・大宅、一つは畠が多い村々―東野・西野・西野山、一つは田が多い村々―上野・安朱・日岡・四宮・小山（村高のうち田の比率が八〇％以上）、御陵・上花山・音羽（同七〇％台）、椥辻・大塚・川田（同六〇％台）である。石高による比率だから田の多い村で田の比率が高くなる傾向はあるが、山科盆地の周辺と中央部の地形と対応しているようにみえる。近世初頭のこの様相がその後変化したのかどうかは今後の検討課題である。村高は変化していない。それは領主側の認識であって、実態はどのようであったかを明らかにしたいものである。

また「御前帳覚」には余白に、別筆で「卯年免《うどしめん》」が書き込まれている。慶長一八年に近い卯年は元和元（一六一五）年だからその年の年貢額をメモしたのであろう。ただ写真の写り、したがってコピーの具合が悪く判読しづらい。数値を確定できない村もある。それでも村により免の差があることはわかる。領主が村ごとにその年の収穫を調べて（これを検見《けみ》という）免を決定しているからである。だから年貢については一カ年の数値だけで重い、軽いを判断するのではなく、どのように推移したかを見ていかないと実態はわからない。

「山城国《やましろのくに》宇治《うじ》郡《ごおり》山科郷《やましなごう》毎年《まいとし》免割帳《めんわりちょう》」（比留田家文書）は山科郷各村の元和五（一六一九）年から寛永八（一六三一）年までの年貢がわかる貴重な史料である。まず郷全体の年貢高と免の推移をみよう。表7でわかるように、郷全体の石高は約六五六〇石弱である。それに対し元和五年の年貢高は三六〇八石余だから、免は五五・一％になる。よく「五公五民」とか「四公六民」とかいわれるが、山科の場合はそれを上回っている。ただしいつもそうだったわけではなく、元和七年、寛永三、四、六年は五〇％を下回っている（表8－1）。この郷全体の動向を念頭において各村の年貢高と免の推移をみていこう。ただし一八カ村の一三年分の数値を全部表にすると数字ばかりの大きい表になるから、史料初出の元和五年、郷全体の免が最高だった寛永元年、逆に最低だった寛永三年、史料最終年の寛永八年の四カ年分をまとめてみよう（表8－2）。

試みに表8－2を村高の大きい順に並べ替えてみよう。村の順位はどの年も同じというわけではない。村高の大小や年貢額の多少は免と比例しているわけではないことがわかる。

元和五年に免が七〇％以上の村は安朱・四宮・小山の三カ村だが、高免の村の代表は安朱村で、一三年間常に郷のトップである。小山村は寛永三年の落ち込みが激しく、回復も緩やかである。六〇％台は日岡と御陵村だが、日岡村のほうがやや高免で推移している。五〇％台後半は厨子奥・上野・竹鼻村である。厨子奥が寛永三年は別として比較的安定的に推移しているのに対し、他の二カ村の動きは激しい。とくに竹鼻村は寛永三年には郷内最低である。先にみたようにこの村は唯一新田高が村高に組み込まれていく村だが、免の推移が暗示する農業生産の条件と新開発の間に何か関係があったのかもしれない。五〇％台前半の村は六カ村あるが、とくに目立った動きはみせない。四〇％台は上花山・音羽・東野・川田の四カ村だが、音羽村が寛永三年に大きく落ち込みながら、その後五〇％台になっているのが注目される。また東野は郷最低ラインだが、表7でみた畠の比率の高さと関係するのだろうか。ただし西野村はさらに畠の比率が高いのに免は東野を上回っている。両者の違いはどこから生まれているのだろうか。

表8－1　年貢高の推移

単位：石、合

年次	年貢高	免％
元和5	3608.530	55.1
〃6	3650.000	55.7
〃7	3190.110	48.7
〃8	3600	54.9
〃9	3650	55.7
寛永元	3781.480	57.7
〃2	3650.280	55.7
〃3	2360.330	36.0
〃4	3145.790	48.0
〃5	3277.620	50.0
〃6	3211.310	49.3
〃7	3473.860	53.0
〃8	3473.450	53.0

近世初期の年貢率の推移をみてきた。まず気づくことは同じ郷内であるのに村によって年貢率に大きな差があることである。トップの安朱村とボトムの東野村の差は寛永八年には二七・三％もある。このような違いがどうして生まれるのか。高免あるいは低免になる条件はなにか。いろいろと究明しなければならないことが多くある。

表8－2　各村の年貢高と免の推移　　単位；石、合

	元和5		寛永元		寛永3		寛永8	
村名	年貢高	免%	年貢高	免%	年貢高	免%	年貢高	免%
上花山	78.850	48.9	85.644	53.1	57.100	35.4	81.201	50.3
北花山	163.800	53.4	170.380	55.6	113.930	37.1	145.362	47.4
厨子奥	59.350	58.5	62.859	62.0	40.380	39.8	55.600	54.8
御陵	363.480	63.8	377.250	66.2	242.300	42.5	344.886	60.5
上野	21.250	55.9	25.897	68.2	5.177	13.6	21.190	55.8
日岡	112.000	66.8	117.832	71.3	79.610	48.2	107.090	64.8
安朱	190.100	76.2	203.753	81.7	147.810	59.3	180.534	72.2
四宮	185.120	70.2	194.395	73.7	95.340	36.1	180.718	68.5
竹鼻	163.910	55.1	164.930	55.5	66.780	22.5	148.695	50.0
音羽	245.920	47.9	269.511	52.5	129.200	25.2	258.495	50.4
小山	165.550	72.6	162.235	71.2	60.390	26.5	144.347	63.3
大塚	150.200	54.3	159.639	57.7	97.020	35.0	137.922	49.8
大宅	335.000	53.1	347.420	55.0	269.460	42.7	321.700	51.0
椥辻	160.500	51.6	161.684	51.7	142.500	45.8	156.420	50.3
東野	281.000	45.5	294.661	47.7	207.900	33.7	277.489	44.9
西野	376.600	53.6	393.640	56	271.810	38.7	388.550	55.2
西野山	419.600	51.2	442.060	53.9	233.400	28.5	392.600	47.9
川田	138.100	46.5	147.560	49.7	99.220	33.4	130.650	44.0

元和5年「山科郷毎年免割帳」により作成

次に気づくのは寛永三年の激しい落ち込みである。どの村も例外なくこの年の年貢額は大幅に減少している。後にみるように年貢の本質から考えて、領主が積極的に年貢負担を軽くしてあげたからなどという理由はありえない。減免（年貢率を下げる）せざるをえなかったからで、直接の原因はこの年の凶作であろう。江戸時代の三大飢饉というと享保・天明・天保を思い浮かべるが、寛永の飢饉も大変な飢饉だったようである。

寛永の飢饉については江戸時代でも初めの古い時期のことであまり記録、史料が残っていない。そのため実態がつかみにくい。山科郷についても同様である。残念ながらその有様を具体的に知らせてくれる史料は現在のところみあたらない。しかし山科郷でも全部の村が率の大小はあっても年貢を減らしていて、それが偶然ではなかったことを示している。もちろん自然環境の

影響はあったであろうが、影響に耐えられない社会が寛永三年の状況を必然的に生み出したのではないかと考えられる。

江戸時代の仕組みを幕藩（体）制と表現するが、それは武士（幕府・藩）が支配する、自立した農民を基盤とした政治・社会体制と言えるのではないか。とすると疑問も浮ぶ。自立した、すなわち誰の世話にもならず自分の土地で、自分（達）の責任で、生産・生活を営むことのできる農民からどうして武士は年貢をとれるのか。農民が安心して農業を営めるように武士が守ってやっているからとかいろいろ考えられるであろうが、それが正しいのかどうか私にはわからない。先輩に質問したら「おまえ、年貢と税金の違いを考えたことがあるか」と逆に聞かれた。年貢は「とられる」もの、税金は「おさめる」ものという違いぐらいしか考えつかない。

武士は支配を貫徹するためにいろいろやった。家康は「（百姓を）生かさぬよう、殺さぬよう」支配せよといったと伝えられているが、家康の側近であった本多佐渡守正信の言葉（といわれている）を紹介しよう。「さて、一年の入用作食《さくじき》をつもらせて、百姓は、財の余らぬやう、不足なきやうに治る事、道なり」。彼の著作だという『本佐録』という本に出てくる。これは後年（享保期）に幕府勘定吟味役神尾春央が言ったという「百姓と胡麻の油は搾れば搾るほど出る」と比べるとどうだろうか。本多は一見あたりまえのことを言っているようだが、余りは全部取る、余りは農民に残さないのだから、農民は毎年同じように過ごすしかない。（年貢を）取っても、取っても全部取ったかどうか自信がないのよりある意味ではるかに冷徹である。この状態が続いたらちょっとした不作でも飢饉になるであろう。寛永三年の状況はその具体的な現れであったのではないであろうか。

先にもいったように、寛永期の状況を示してくれる史料はいまのところ見当たらない。それより四〇年ほど後だが、無理に年貢を取ろうとすればどうなるかをおもわせるような史料があるから紹介しておこう（寛文八（一六六八）年三月二〇日「及餓死《がしにおよぶ》之《の》者《もの》書付《かきつけ》指《さし》上《あ》ケ《げ》申《もうし》候《そうろう》」（比留田家文書））。上花山村でのことで、『資料京都の歴史　山科区』（六一六頁、史料九）に全文が載っている。かなり長いので要点だけにしよう。

一四、五年前上花山村に来て農業をしていた又右衛門という農民が病気になり働けなくなった。日雇い仕事もできず、先月末までは雑穀で食いつないでいたが、それもなくなり、最近餓死にいたった。また、この村生まれの仁助は「己《おのれ》壱人のかせき（ぎ）」で女房と一三と八歳の子供を養ってきたが、年をとり、病気になり、雑穀も持っていない。二・三日食べないこともあり、このままでは「四五日中ニかつえ（餓え）」に及ぶであろう。さらに久兵衛ら一二人は一生懸命農業に精を出し、日雇いもして、妻子を養ってきた。しかし最近では日雇い仕事もなく、「野山之草木之若葉をむしり」食べて「一日一日と暮」らす有様である。このままでは今月中に餓死者がでるであろう。

旧暦の三月で食物の端境期だったこともあるかもしれないがすさまじい報告内容である。凶作・飢饉と厳しい年貢の取り立てがどんな状況をもたらすかを想像させるといえるであろう。ただし一枚の提出文書のみで、状況証拠となるあるいは傍証となる史料はない。「日用」は貧農による農耕日雇いだと考えられるが、実態はどんなだったのだろうか。

私はこの一枚の文書に込めた村人の狙いは文書の末尾にある「御慈悲《おじひ》奉仰《あおぎたてまつり》かつめう（渇命）つなき（ぎ）申候ハハ《バ》」にあると考える。領主のお情けで命をつなぐことができればといっているが、これは領主から飢饉手当（米や銀）あるいは年貢の減免を引き出そうということであろう。私たちはすでに文政の不作時の村々の対応を見ている（一項参照）。なお、その時に上花山村は一六～一九戸くらいと想定した。仮に寛文八年も同じような戸数だったとすると、村役人以外はすべて餓死者かその予備軍ということになる。これはさすがにオーバーであろう。私たちの先人がむざむざと餓死を待っていたとは考えられない。いかがだろうか。

四　天皇領の村々と年貢（二）

前項で、江戸時代初期の山科郷全体および各村々の年貢（率）の推移をみた。グラフに描いてみると寛永三年の急落があまりに見事にはっきりみえた。そのためおもわず寛永の飢饉といったが、その後どの村も緩やかに回復している。調べてみると寛永三年は非常な干ばつの年であったらしい。でも、飢饉というからには寛永三年のような状況が数年間連続していたからこそ飢饉といわれるわけで、通常は寛永の飢饉というと寛永一〇年代後半を指す。山科郷についてはそのころの状況を示す史料は残念ながら残っていない。

それでは寛永八年以降の年貢の状況はどうだったか。江戸時代が始まって一〇〇年たった元禄ころまで範囲を広げてみてもはっきりしない。郷全体は無理としても村ならばどうかと、京都市歴史資料館の写真版史料目録をめくったら四カ村だけみつかった。年貢納入は村にとって大事なことで関連史料は納入の証拠書類として保存されたと考えられる。まだどこかに眠っているのではないか。

見つけ出した史料をまとめると表9のようである。わずかな数の村の、しかも連続しないデータだが、とりあえずこれで江戸時代前半の年貢の動向を推定してみよう。西野山村は単年度だからなんともいえないが、他の村々ではわずかずつでも年貢額は減少している。村高は変化していないから年貢額の減少は年貢率の低下を意味する。具体的にみていこう。

東野村は元和～寛永期には年貢額は二六〇石前後、免率平均四二％程度であった。それが二三〇～二四〇石になっている。免率は三七～三八％に低下した。大宅村は三三〇石・五〇％が率でみると一％程度だが低下し、三一〇石前後になっている。上花山村も八〇石・五〇％ほどが、慶安元年には六三石へ、データがやや連続する元

表９　江戸前期の年貢の推移　　単位：石、合　（　）内％

年次＼村名	東野	大宅	上花山	西野山
村高	617.466	631.395	161.404	819.969
正保４（1647）	240.812（39.0）			
慶安元（1648）			63.755（39.5）	
〃２（1649）		312.541（49.5）		
〃４（1651）	234.637（38.0）			
承応３（1654）	228.462（37.0）			
明暦２（1656）	234.637（38.0）	309.084（49.0）		
延宝３（1675）				344.387（42.0）
天和３（1683）			58.105（36.0）	
元禄２（1689）			62.948（39.0）	
〃３（1690）			61.334（38.0）	
〃８（1695）			46.802（29.0）	
〃10（1697）			50.881（31.5）	

典拠　東野村：各年の「御取ケ之事」（土橋家文書）、大宅村：「御取ケ之事」（沢野井（清）家文書）、西野山村：「御請申辰之御年貢之事」（比留田家文書）、上花山村は本文参照

禄期にはいると明らかに低下・減少を続けている。判明するかぎりでは低下傾向が明らかといえる。

この動向は何を意味するのか。前に『本佐録』から「百姓は財の余らぬよう、不足なきよう」という表現を紹介した。そのような年貢の取り方が近世初期の山科郷では実現していた。だから少しの自然現象の変化が年貢の減少を生み、やがて飢饉に連なっていたといえそうである。支配の原則が支配（年貢収奪）を成り立たせないという矛盾にたいし、領主側もいろんな対策を試みる。例えば、山科郷には該当しないが、畿内の幕領では検地をやりなおしている。しかし矛盾は基本的には解消しない。なによりも支配に対して支配される側も抵抗する。中世には住民が徳政一揆に参加した伝統を持つ山科郷だが、近世に入ってからは一揆や強訴は確かめられていない。しかし、前に紹介した上花山村の領主への訴えなどは一種の抵抗の現れではないかと考えられる。要するに余りを全部年貢にとるという支配は続かなくなった。その具体的な現れが年貢の減少だったのではないだろうか。

年貢の量や率に少しこだわりすぎたかもしれない。年貢の賦課から徴収までを具体的にみていこう。年貢が村単位

にかかってきたことは前に指摘した。高持農民が負担する年貢を村が一括して納入する仕組みを村請制というが、それでは誰が納入を命令してきたか。

亥歳御取ケ《おとりか》之事

東野村

一、高六百拾七石四斗六升六合

高ニ三つ九分

此取米《このとりまい》弐百四拾石八斗一升弐合

右御年貢米極月《ごくげつ》十日以前可皆済《かさいすべし》、庄屋年寄小百姓不残立会此下札致披見《のこらずたちあいこのさげふだひけんいたし》、当立毛《たちげ》上中下見分《けんぶん》之通免割《めんわり》仕《つかまつり》、帳ニ加判可仕置《かはんつかまつりおくべし》、依怙贔屓仕免割於相違《えこひいきつかまつりめんわりそういにおいて》は、庄屋年寄可為曲事也《くせごとたるべきなり》

正保四年霜月十三日

五味備前

庄屋百姓

正保四（一六四二）年＝亥年の年貢免状（免定、免相あるいは年貢割付なども、土橋家文書）で、読点は筆者が入れた。「御取ケ《おとりか》」とは年貢のことである。まず年貢徴収の対象としての村高が出てくる。次の「此取《このとり》」がこの年の年貢額である。米の生産量で表示された村高に掛けるから取る年貢も米の量であらわされる。両者の単位はいずれも石・斗・升・合である。「高三つ九分」が免（率）である。取米を村高で割算すれば算出される。

この年貢米を一二月一〇日以前に皆済《かいさい》（完納）せよ。村役人や農民が残らず立ち会ってこの免状をみて、今年の収穫状況を踏まえて知らせたとおり年貢を各人に割り当て、各人の負担年貢額を記入した帳面を作成し、それぞれが承知した旨の判を押させよ。えこひいきして不公平な割り当てをしたら村役人は曲事《くせごと》《きょくじ》に申し付ける。

指定日までに納めさせるため、この免状は一一月一三日に発給（発行）されている。発給者すなわち命令者は五味備前（五味備前守豊直）である。後でまたふれる。彼の名前のはるか左下に小さく「庄屋・百姓」と宛先が書いてある。書式からも封建的な支配・被支配の関係がうかがえる。

上花山村の慶安元年「御取ケ之事」（比留田家文書）も村名・年号・数値が違うだけで書式や文面はまったく同じである。それが天和三年になると書式は同じだが、文面は「右之通庄屋年寄小百姓不残立会、無高下被免割、来ル極月十五日以前、急度《きっと》可皆済者也」と簡略になり、発給者も小堀仁右衛門になる。彼のことも後で出てくる。秋になると領主側がその年の収穫状況を調べて各村の年貢額を決定し、一一月に通知、一二月半ばまでに納入せよと命じていることがわかる。天皇領だが命令は天皇やその家臣ではなく幕府の役人（京都代官）から出ていることに注目したい。通知を受けて村では庄屋年寄が中心になって高持農各人の負担する年貢額を決めていく。年貢を「割付《わりつけ》」たわけで、だれがどれだけの年貢を納めたかを記録した史料が毎年作成されたはずである。

通知された年貢にたいし実際の納入はどうであったか。元禄期の上花山村の事例をみよう。史料は小堀代官からの納入命令に対して村から提出したいわば年貢納入確約証である。元禄二巳（一六八九）年は次のようである。

巳之年御納米払目録《はちいもくろく》

上花山村

一　高百六拾壱石四斗四合　　高二三つ九分

此取六拾弐石九斗四升八合

右払方

五斗者《は》　毎年御下行《げぎょう》　御供米

拾石者　御扶《ふ》持《ち》米　比留田喜兵衛

残り五拾弐石四斗四升八合　御所御蔵詰

右之通巳之年御納米払方如此ニ《かくのごとくに》御座候、若《もし》相違之儀御座候ハヽ、何時成共仕替《しかえ》差上可申候、以上

庄屋　伝右衛門

年寄　五郎助

同　市兵衛

大橋彦助殿

石井左衛門殿

（裏書）表書之通無相違皆済申所如件《くだんのごとし》

大橋彦助　印

（比留田家文書）

はじめの二行は前にみた史料と同じである。次の「払方」は取米の内訳で、五斗は「下行《げぎょう》」すなわち領主がくださる村の神社への供物料、一〇石は惣頭比留田家への役給、それらを引いた残りが実際の納入額で、納入先は天皇の「御所御蔵」である。宛先は小堀代官でない二名だが、彼らについては後でふれる。さらにこの文書の裏面には（裏に書くから「裏書《うらがき》」という）表《おもて》のとおり相違ない旨の一文があり、大橋が署名・捺印している。この史料が納米内訳であると同時に年貢の領収書、納入証明書にもなっていることがわかる。

次に元禄五年をみよう。史料の表題は二年と同じである。

一　高百六拾壱石四斗四合　　山科之内上花山村

内

三石九斗九升弐合　　当水損皆無《とうすいそんかいむ》

残百五拾七石四斗壱升弐合　　毛付《けつけ》

此取六拾壱石三斗三升四合　　高ニ三つ八分

右払方

米五斗　　毎年御下行　御供米

同壱石五斗　　当年御下行　大般若料《だいはんにゃりょう》

同四石四斗九升　御普請扶持

是ハ午ノ洪水普請並びに未ノ春普請両度ニ被下《くだされ》候

同拾石ハ　御扶持米　比留田喜兵衛

同四十四石八斗四升四合　御所御蔵へ入

（中略）

元禄五年申六月　（比留田家文書）

元禄三午年には洪水の被害があり、無収穫で年貢をとれない高を除き、「毛付《けつけ》（収穫）」のある高の三八％が取米である。その内訳が「払方」で、供米と比留田扶持は二年と同じ。新たに中世以来の伝統を引き継いでいると思われる大般若経転読の費用、それに元禄三年（たぶん秋か）と四年春の二度の修復工事費用（領主負担）、それらを引いた残りが「御所御蔵へ入」である。

いつも村高の全部が年貢の対象になったわけではないことや、費用領主負担の工事があること、工事などがあると年貢納入の決済が翌翌年まで延びることがわかる。中略した文言は元禄二年とまったく同じである。宛先は小堀藤三郎様御内の大橋氏と村田半助で、彼らが裏書をしている。なお村役人は二年と同じ。

最後に元禄九年をみよう。

亥之年御物成《ものなり》納《おさめ》払《はらい》御勘定目録

一　高百六拾壱石四斗四合　宇治郡　上花山村

此御取米四拾六石八斗弐合　高ニ弐ツ九分内

内

四石六斗八升　　拾分一大豆納
此代弐百九拾目壱分六厘　　壱石ニ付六拾匁かへ
拾五石六斗弐合　　三分一銀納
此代九百九拾八匁五分三厘　　壱石ニ付六拾四匁かへ
弐拾六石五斗弐升　　米納
内払
九石五斗弐升　　御蔵納
五斗ハ　　宮御供料御下行
壱石五斗ハ　　大般若御下行
拾五（ママ）石ハ　　御扶持米　比留田喜兵衛
外ニ
一　米七斗三升八合　　夫代
此代四十七匁二分三厘　　壱ツニ付六拾四匁かへ
銀〆《しめ》壱貫三百三拾五匁弐厘
米〆弐拾六石五斗弐升
右之通亥之年御物成十分一・三分一銀御納米御勘定如此御座候、若相違之儀御座候ハハ仕直し指上可申《さしあげもうすべく》候、
以上
元禄九年子十一月　上花山村　庄屋伝右衛門
年寄五郎助

同　市郎兵衛

小堀仁右衛門様御内　神保善八郎殿

佐藤安太夫殿

（両名の裏書は前例と同じ、省略）

（比留田家文書）

表題が「物成」になっているが、これも年貢のことで、文書の性格は基本的には変わっていない。しかし年貢の内容はかなり変わってきている。

取米の内訳の第一は「拾分一大豆納」である。これは取米の十分の一を大豆で納入せよというもので、実際には大豆ではなく銀で納める。その銀の額と換算率が書かれている。内訳第二の「三分一銀納」も同様で、取米の三分の一を銀で納めさせる。大豆と米の換算率が少し違うなど芸が細かい。両者を引いた残りが「米納」である。その「内払」項目は前と同じ。最終的に米で納める量は九石五斗二升で、当初の取米の二〇・三％にすぎない。

石高制のもとでは年貢は米で表示され、原則として米で納める。米のかわりに銀などで納めることを石代納《こくだいのう》という。十分一大豆納や三分一銀納は畿内・上方でおこなわれた方法であった。畿内幕領ではもっと早くから行われていたが、天皇領の山科での開始時期は今のところわからない。年貢収奪は変わらないが収奪の仕方は変化することがあり、銀納は農民の変化の契機になったと考えられる。自分で作った米の一部を納める自給自足的な仕組みよりは、作った米の一部を売って銀に替えて納める仕組みのほうが、米価の変動一つとってみても変化の機会が多くなるだろうことは容易に考えられる。

さらに新しく「夫代《ふだい》《ぶだい》」が出てきた。夫とは夫役（労働力で納める負担）のことで、ここでは銀納だけで内容はわからないが、その中に天皇領特有のものがある可能性がある。これについてはいずれとりあげる。

年貢について書式の変化を追いながらみてきたが、最後に出てきた人名についてふれておこう。幕府は京都所司代をおいて朝廷との交渉や統制にあたり、あわせて京都や周辺を支配した。板倉勝重・重宗親子が有名である。

その下にあって代官奉行として活躍した一人が五味豊直（寛永一一年就任、万治三年退任）である。禁裏御用が任務のうちに入っていた。この体制が寛文期にさらに整備される。寛文八年に京都町奉行制がしかれ、代官奉行宮崎重成が京都東町奉行、同じく雨宮正種が西町奉行に就任する。京都市中だけでなく山城国の民政も担当したから、山科郷にも関係する。後で雑色《ぞうしき》がでてくる。

　これより少し先の寛文四年に京都代官ができる。初代は鈴木重辰である。畿内幕領五万石の支配および代官奉行管轄の禁裏御用を引き継いでいる。先の五味氏が二代目で、延宝九年からは小堀氏が世襲した。仁右衛門（三代）―左源太―十右衛門―数馬―縫殿―中務―主税―勝三郎（数馬）と続く。途中の享保期に親戚の玉虫氏が就任している。年貢関係史料に出てきたのは小堀仁右衛門克敬（元禄五年就任・享保四年退任。元禄七年まで藤三郎と称した）である。禁裏・仙洞御料の支配、蔵の管理、畿内近国の幕領支配などにあたった。知行高六〇〇石、役料一〇〇〇俵である。

『京都御役所向大概覚《たいがいおぼえ》帳』には「小堀仁右衛門勤方之事」が三四項目も出てくる。天皇領山科郷とは朝廷の経済面でかかわる。「禁裏御蔵場」について「(五味代官奉行のころから)筋目之家来並びに与《よ》力同心《りきどうしん》付け置き、御物成払仕《はらいつかまつり》、御表向き御払い之儀ハ不及申《もうすにおよばず》、御内証御入用小帳取之、聊《いささか》之儀をも相改め、吟味仕候（中略）今以《いまもって》仁右衛門筋目之家来四人並びに下役付け置き、随分入念大切相勤め申し候」とある。

　以上から大橋・石井・村田・神保・佐藤氏らは小堀代官の家臣であることがわかる。京都代官の家臣（元締《もとじめ》・手代《てだい》など）は現地採用で、京都で作成された武鑑で判明する。いま京都歴史資料館で「京都本」の展示が行われ、そこに「京都武鑑《ぶかん》」が二点だけ出ている。説明によれば「武鑑」でしか名前はわからないそうである。大橋氏以下の人たちはどんな人物だったのか。子孫は続いたのであろうか。

上花山村を事例として年貢の内容・組み立てとその推移をみてきた。実質的な年貢納入額すなわち御所御蔵への納入米は元禄二年五二石余、同五年四四石余、同九年九石余と推移した。九年の大幅減少は年貢の納入形態が変化したためで、米のほかに銀を納めたことも確かめた。翌一〇年には米一八石三斗三升・銀一貫六二五匁五分四厘だった。八年の洪水被害から回復したことで若干増加したのであろう。

次に上花山村の年貢額がわかるのは七〇年近くも後年の明和二（一七六五）年である。この間隔を無視して年貢の動向を追うことは無理で、元禄以降については別のところで、別の史料でみなければならない。江戸初期から元禄までの推移は当初のような年貢の収奪は困難になっていったことを示している。このことを改めて確認しておこう。そのうえでこの状況を年貢を負担する農民の在り方が変化したからであるという観点からみたらどんな状況がみられるのか。前にみた寛永期の年貢収奪と元禄期のそれとの間にはほぼ半世紀が経っている。そのほぼ中間といえる寛文八年には上花山村から餓死者が出た（出そうだ）という訴えがあった。これもヒントの一つとして、年貢を負担する農民の在り方、ありさまをみていこう。

五　寛文五年の名寄帳――村民の存在状況

実は上花山村に限らず江戸時代の前半期に誰がどのくらいの年貢を負担したのかを示してくれる史料は非常に乏しい。この点はこれまで多く依拠してきた比留田家文書にも該当する。比留田家文書は同家が山科郷における惣頭であったことと関連して作成され、伝存された文書群といえる。幕府・代官所や朝廷の命令を郷全体に伝達・周知させるという支配の末端に位置し、一方、郷全体を代表して郷内の諸問題に対処するとともに、郷の要求・要望を支配者に上申する、このような位置と役割から考えて、郷全体に関係する史料が中心であるといえる。

5　寛文五年の名寄帳

表10　名寄帳の集計結果

年次		田	畑	合計	「外」	総計
寛文5	面積 石高	85.7.04 111.765	18.0.22 22.319	103.7.26 134.084	24.9.19 27.320.	128.7.15 161.404
（天正17）	面積 石高	106.6.07 134.276	21.8.10 26.055	128.4.17 160.331	8.0.26 8.088	136.5.13 168.419

注①　面積の単位は反、畝、歩　石高の単位は石、合　注②　村高は両年とも同じ。

領主の命令（触・定・覚など）や、村境争いなど郷内の諸問題、年貢減免などの郷民の諸要求、他郷などとの対応をみていくには惣頭文書は欠かせない。しかし、個別の村の、個別の農民の年貢負担やその基礎となる土地所持がどうであったかを示してくれる史料はない。

それでも比留田家が居住した上花山村について何かないかと探したら、寛文五（一六六五）年の「名寄帳写」をみつけた。同帳には土地所持者ごとに持っている土地の面積や持っている石高（持高）が集計してある。高持農が持高に応じて年貢を負担するから、持高がわかれば年貢額がわからなくてもおおよそ見当がつく。また農業が主要な生業であった時代では、土地（耕地）はもっとも重要な生産手段である。それをどれだけ持っているかは、持主農民の村内における位置にも関係すると考えられる。これらを念頭においてみていこう（表10）。

参考までに再掲した天正「検地」結果と較べると、寛文五年のほうが田畑ともに面積・石高が減少している。原因は「外」欄の「永荒」が増加しているからである。江戸初期以来の年貢の取り立てが荒地を増加させてきたと考えられる。

土地所持の状況はどう変化したか（表11）。まず高持農が二三名から一三名に減った。天正一七年に上花山村に土地を持っていた北花山村および川田村住民六人が姿を消している。「村切り」がさらに進み、具体的な過程は不明だが上花山村の土地は上花山村住民の所持するところとなったといえる。さらに村民一七人が一三人になっている。天正一七年にもっとも多かった三〜七石所持層がわずか四名に減り、かわって三石以下層が三名から六名に増加している。明らかに土地所持者の減少と小規模所持者の増加という動きがみられる。

それでは天正の所持者はどのように変化したのか。手がかりは氏名のみだが、八〇年近くが経っているから氏名が一致しても同一家であるかどうかは確かめようがない。ただし一致する三名のうち、喜兵衛は系図からみて代は替わったが、比留田家であることは間違いない。持高が四一石余から約八〇石に増加している。次の太郎右衛門は約二石と約二斗五升で同じ家かどうかはわからない。さらに栄竹は天正・寛文五ともに持高約六石である。やや特殊な名前だから同一家かもしれないが、これまた確かめようがない。

以上のように天正との比較からは多くのことはわからない。寛文五年の状況を他の史料とあわせてみよう（表12）。持高をみれば比留田家が突出した位置を占める大高持であることが一目瞭然である。具体的な持高増加の過程はわからないが、高持農の減少や持高を減らした農民の存在と関連することは疑いない。彼らが手放した土地が比留田家に集められたのであろうことは容易に想定できる。第二位の高持は正覚庵だが、寛文一一年の「寺社之覚」には出てこない。ところがはるか後年の天明八（一七八八）年「寺方判鑑帳」に東福寺塔頭として出てくる。現在のところ両者の関係はわからない。持地はすべて水田だからたぶん村民との間に貸借などの関係があったと考えられるが実態は不明である。中堅の高持である栄竹についても同様である。

表11　土地所持の階層構成　（人）

持高	天正17			寛文5
	村民	他村民	計	村民
40石～	1		1	1
10～13	2		2	1
7～10				1
5～7	4		4	3
3～5	7	1	8	1
1～3	3	4	7	4
～1		1	1	2
計	17	6	23	13

高持のうち寛文八年の起請文《きしょうもん》（公平な年貢割付を行う旨の誓約）の署名者と一致する農民は表のとおりである。庄屋や年寄などの村役人の地位にある中堅の高持が主だが、仁左衛門のような事例も含まれている。同じ寛文八年の餓死の訴えに出てくる人名とは表のように村役人を除いて、わずか二名しか一致しない。たった三年の違い

だから名寄帳の高持のうち何人かは餓死予備軍の人名と同一家ではないかと推定されるがよくわからない。

以上の考察から寛文期の上花山村には比留田家の突出した存在の下に、持高五～一〇石の村役人層と若干の小規模高持や零細高持、さらに一〇名前後の無高層が存在していたとみられる。そして訴えによればたぶん無高層を中心に「餓死」の危機にあった。この点は田畑の状況にも反映しているといえそうである。天正期より荒地が増加していることは先に指摘したが、その内容をみよう。

寛文五年の荒地は「永荒主無《えいあれあるじなし》」一町四反二畝一六歩（一四石五斗三升四合）と「永荒主有《えいあれあるじあり》」一町七反三歩（一二石七斗八升六合）で、村高の約一七%にも及んでいて農業生産の停滞と営農の困難を思わせる。永荒主無は持主のいない荒地だが、原因は「山崩れ」らしい。判明するかぎりでは中田や下田に集中している。「山崩れ」がどんな条件の耕地を荒らしたのかがうかがえ、その所持を放棄せざるをえなかった持主が中・下層農ではなかったかを推測させる。主《あるじ》ある荒地の内訳は惣頭喜兵衛の田畑一七筆・七反五畝八歩（八石六斗六升一合）と、庄屋孫右衛門の下田一筆・一反六畝一〇歩（一石六斗三升三合）および年寄伝右衛門の下田一筆・一畝（二斗）である。

表12　高持・起請文署名者・餓死届人名の関係

寛文5年		寛文8年	寛文8年
持高	持主	起請文署名者	餓死届人名
石 合			
79.821	喜兵衛	惣年寄　喜兵衛	
5.943	孫右衛門	庄屋　孫右衛門	庄屋　孫右衛門
6.096	伝右衛門	年寄　伝右衛門	年寄　伝右衛門
1.084	仁左衛門	同　仁左衛門	同　仁左衛門
8.886	吉兵衛	同　吉兵衛	同　吉兵衛
3.380	勘左衛門	勘左衛門	勘左衛門
0.502	作十郎	作十郎	作十郎
17.436	正覚庵		又右衛門
6.625	栄竹		仁助
1.861	茂兵衛		久兵衛
1.496	吉右衛門		庄助
0.249	太郎右衛門		次兵衛
1.844	半左衛門		忠五郎
			山三郎
			久作
			長右衛門
			次郎兵衛
			太兵衛
			庄兵衛

孫右衛門・伝右衛門にとってはたまたま条件の悪い田が荒地になっただけだろうとみられる。比留田家にとっても全部で一〇〇筆・約六町二反の中の一七筆・七反五畝余の荒地が経営に大きな影響を与えたとは考えられない。ただし有力農民でさえ所持地の一部に荒地を存在させているということの背景に、過重な年貢収奪があり、年貢負担可能農民の減少をまねき、ひいてはこれまでふれてきた年貢の減少に連なる現象があったと考えることができるのではないか。このような状況の進行にたいし領主は年貢の内容や形態を変化させて対応しようとした。その具体的な現れが先にみた元禄期の年貢の推移であったと考えられる。

　寛文五年の名寄帳についてもう少し考察したい。同年は山科郷にとって重要な画期となったと考えられる。同帳の末尾は次のようである。

　右名寄帳《なよせちょう》之《の》儀《ぎ》ハ神文《しんもん》之《の》上《うえ》致吟味《ぎんみいたし》御検地帳《おんけんちちょう》ニ引合《ひきあわせ》、心《こころ》之《の》及《およぶ》所《ところ》念《ねん》ヲ入《いれ》仕《し》立《たて》、銘々《めいめい》名前《なまえ》高《たか》ニ印判《いんばん》押《おし》指上《さしあげ》申《もうし》候《そうろう》

　この名寄帳は、不正しないことを神に誓って検地帳と照合し、持主めいめいが自分の持地に押印して作成したといっている。提出先は鈴木伊兵衛で、「起請文ハ血判ニて別紙指上」とあるから血判を押した起請文を添えて提出した。鈴木伊兵衛重辰は前にふれたように初代の京都代官である。彼は新たな任務地天皇領山科郷を十分に把握するために名寄帳の提出を命じた。村側からみれば「牛王《ごおう》ヲ以テ血判致し」て二冊作成、一冊は代官所に提出、一冊は「在所ニ納置」き、今後この名寄帳を年貢割付の台帳にしたといっている。「牛王」は、熊野神社などが発行した牛王宝印と記した護符で、その裏に起請文を書き血判を押したのであろう。

　起請文の前書き部分では不正しないことを強調し、持地を一つ一つ検地帳に突き合わせ、面積・石高とも正確に名寄する、「永荒・山崩《やまくずれ》・川成《かわなり》」（いずれも荒れて年貢賦課の対象からはずされた田畑）のところも正確に記帳する、新田畑はわずかな面積であっても記載するとしている。新たな年貢賦課台帳の作成だから村にとっても重要

な出来事だったといえるであろう。

以上、上花山村の事例をみてきた。他の村々でも名寄帳そのものはないが、寛文五年が重要な年であったことをうかがわせる痕跡を残している。ここでは中間報告的だが、新たに発見した西野山村の名寄帳をみていこう。

「ふるさとの会」では山科神社からの依頼をうけて、神社の土蔵にあった古文書の整理にあたっている。古文書部会員有志が月一回、まさに悪戦苦闘して、ようやくこれから内容を明らかにしようとしているところまで来た。きっかけは山科神社一一二〇年記念に神社史を作りたいということで、『岩屋神社史』の編纂にあたった鏡山次郎氏（ふるさとの会事務局長）に要請があり、神社の土蔵を開けたところから始まる。土蔵の一番奥まったところに長持がひと箱あって（長持があること自体長い間気付かれなかったらしい）、二・三人がかりで持ち上げたら底が抜けてしまった。中には荒縄でくくられたりした竪帳《たてちょう》や横帳類と若干の一紙文書《いっしもんじょ》などが入っていたが、湿気と紙魚《しみ》にやられて簡単には開くこともできない状態のものが大半であった。かろうじて表紙が読める文書から西野山村の近世地方《じかた》文書と明治初期の戸長文書だろうと推測できたが、土蔵に収納された由来・いきさつもいつの間にか忘れられ一五〇年前後を眠っていたらしい。竹べらで慎重にはがしながら整理にあたったが、あまりの虫食いのため判読できない状態の文書がかなりあった。今後整理、判読をすすめ、近世から明治初期の西野山村の姿をできる限り明らかにしていきたいと考えているが、ここでは文書群の中にあった享保一四（一七二九）年の「禁裏様本御料山城国宇治郡山科郷西野山村田畑名寄帳」を紹介したい。虫食いがあり、後半部分に貼紙も多くあって、正確な整理ができるか心もとないが、名寄帳の成立について史料末尾の記述が注目される。

天正拾七年御検地之御帳ニ、御竿先《おんさおさき》、高畝町《たかせちょう》、宛高高下在之故《あてだかこうげこれあるゆえ》、村之内高キ者《むらのうちたかきものども》共上納成兼申《なりかねもうし》、仍テ《よって》村中立会、様々致僉議候得共《さまざませんぎいたしそうらえども》、可仕様無之故《つかまつるべきようこれなきゆえ》、村中相□(談)之上《のうえ》ニテ、御検地之水帳之面之御年貢之《おんけんちのみずちょうのめんのおねんぐの》□□(虫食い)少ツツ譲合《すこしずつゆずりあい》、高繕直《たかつくろいなおし》、物成本高帳《ものなりほんだかちょう》と相定《あいさだめ》

この文はどういうことをいっているのか。天正一七年の検地は一筆ごとの面積とそれに石盛りした分米とに高

かったり、低かったりの差があって、年貢を納めきれない者が出た。そこで村中が立ち会っていろいろと議論したがらちが明かない。村中で相談のうえ検地帳記載の高を少しずつ譲り合って、高をつくろいなおし、物成本高帳と定めた、といっていると読んだがどうだろうか。

　天正一七年の太閤検地の記載内容と実地の状況とが、年貢負担の基礎となる石高のところで対応していない。石盛りの高い田畑が多い者は年貢を納めきれない状態になった。そこで村中で相談して、石高を譲り合って修正を行い、その結果を「物成本高帳」としたというのである。名寄帳の作成の過程でいわば村で実質的な再検地を行ったといえるだろう。この作業をいつやったかは明示されていないが、その後は寛文四年まで年貢免割（高持各人への負担年貢の割付）も、村内外の諸役の負担も、田畑の売買もこの本高帳に基づいておこなってきた。

　寛文五年になり上花山村でみたように鈴木代官が新たな名寄帳の作成を命令する。西野山村では代官が検地帳と従来の名寄帳（物成本高帳）を点検し、「水帳《みずちょう》之《の》儀《ぎ》ハ久年《きゅうねん》用《もち》ひ不申《もうさず》中絶《ちゅうぜつ》仕《つかまつる》上《うえ》ハ、古《ふる》キ名寄《なよせ》不罷成《まかりならず》候段《そうろうだん》尤《もっとも》」といったとある。これも解釈は微妙だが、代官は天正検地の事実上の廃棄を承認し、実態に合った名寄を求めたと考えられる。その点は「（代々の代官奉行が異議なかった）物成本高帳之物成高を以、唯今《ただいま》人々所持《しょじ》仕《つかまつる》所《ところ》之《の》田畑屋敷荒川成等迄《あれかわなりとうまで》悉《ことごとく》明細ニ高ヲ割付、名寄帳書立て、後代迄此帳ヲ用可申《もちいもうすべし》」と命じたことでわかる。村では上花山村と同様に「神文ヲ以」て名寄帳を作成した。この名寄帳は検地帳に代わるものとして大切にされた。西野山村では「掟」を定め、帳面を帳箱に納め一カ月交代で村行事が預かるとしている。

　帳面は享保一四年三月に改訂された。寛文五年から享保一四年までの間の推移はわからないが、村高は天正以来八一九石九斗六升九合で変わらない。享保一四年の「毛付高」（植え付けした田畑の高）と面積は七二一石二斗八升五合・五七町六反五畝一二歩である。内訳は田六〇六石三斗八升八合・四七町七反四畝二九歩、畑一一四石八斗九升七合・九町九反一三歩で、ほかに「主有永荒」五石一斗二升四合・五反二畝一五歩、「芝原川成其他永荒」九三石五斗六升・八町五反一六歩がある。毛付けでみれば田が高の八四％、面積の八二・八％を占め、田の多い村に変化したことがわかる。なお田のうち石盛り一石四斗の上田が高で六二・八%、面積で五六・九%を占め、前に見た上花山村ほどではないが上田中心の構成になっている。永荒が高の一二%ある。これをどう評価するかは微妙だが、九町歩ほどの面積がいつも荒れのままであったとはかぎらないから、名寄の際に一同が納得する石高となるような操作をするクッション的な役割を果たしたのかもしれない。

享保一四年の土地所持状況は表13のようである。この時点での総戸数が不明で無高農がどのくらいいたかわからずすっきりしないが、後年の戸数からみて村の構造にかかわるほどの数ではないといえる。また最高の高持は七三石余だが、清薫という農民らしからぬ名前で、しかも田畑別の内訳が記載されていない。原本は持高の村総計を六五六石余としているが、高持各人の持高を集計してみると、彼の石高は入っていない。どういう存在か不明だが村にいないのかもしれないから除いて考えよう。また寺社とその講の土地など年貢村負担と考えられる分も除く。

四八石・三一石・三一石を持つ三名を代表とする持高二〇石以上の一五名が上層、持高五～二〇石の一九名が中層、同一石以下の六名と一～五石の一九名計二五名が下層を形成しているといえる。享保一四年にいたる過程がわからないから断言はできないが、一石以下の零細高持がそう多くなく、一方でたぶん近世前期を通じて有力であったろうとみられる二〇石以上が存在していることが特徴だと考えられる。これは比留田家が突出した存在であった上花山村の様相とは異なっている。ただし、下層が「日用《ひよう》」労働力を提供し、上層がそれを雇用して自家労働力を超える規模の農業経営を展開するという構造は共通していたのではないか。他の村も調べて郷全体の構造を明らかにしたいものである。

表13　村民の土地所持状況

	所持者数	
石高階層	村民	出作
40石～	1人（48石）	
30～40	2（31、31）	
20～30	12	
15～20	3	
10～15	6	
7～10	6	
5～7	4	1
3～5	7	5
1～3	12	17
～1	6	26
計	59	49

山科神社蔵文書　享保14年
「西野山村田畑名寄帳」により作成

なお西野・川田・上花山など隣接する村から四九名の「出作《でさく》《でずくり》」がある。二つの部分に分けて記載されている理由はわからないが七〇石ほどである。一石以下二六名と三石以下一七名、計四三名で大半を占めている。この部分にのみ多くの貼紙があって変動が激しかったことを思わせる。この規模からみて村の構造に影響を与えるほどではないと考えておきたい。

六　村とは何か——近世の村概観のために

近世前半期に焦点をあてて年貢と年貢を負担する農民の在り方をみてきた。いずれも村を単位として把握し、検討しなければならないことが明らかである。改めて山科郷の村々の有様を概観しておこう。以下の史料を読んで村について考えてみよう。史料はおもいつくままに選んである。

①一、禁裏様松薪山《まつたきぎやま》先年より山科之内四宮村ニ御座候　明暦二申（一六五六）年一一月三日「乍恐《おそれながら》御訴訟仕候」（比留田家文書）

②一、山科郷村々只今《ただいま》苗をまき付け、並びに大豆小豆植付、是又竹の子出生之時節ニ御座候処ニ、頃日《けいじつ》猪鹿以外《もってのほか》多出テ、穂前之麦ヲ荒し申事甚成《はなはだなる》儀《ぎ》ニ御座候……近辺之山々ニ籠り居申候鹿、手寄《たより》之村々申合追払申様仕度《つかまつりたく》　元禄六酉（一六九三）年四月三日　「乍恐御訴訟仕候」（比留田家文書）

③一、御茶壷宇治へ例年御越し被成《なられ》候節、山科郷より持人足往古より罷出《まかりいで》候、依之《これにより》郷侍両人宛御供仕候　享保六丑（一七二一）年一一月「山科郷郷士共相勤方之覚」（比留田家文書）

（参考史料）「一、御茶壷　壱　右人足六人　宰領弐人　雨具持壱人　〆九人　椥辻村　文化一二亥（一八一五）年五月二四日　急触」（比留田家文書）

④当村之儀……少シ之旱魃ニも田地日損《ひぞん》仕《つかまつり》候故、此度高持百姓中相談之上、以前池場処三、四畝程御座候故、此所当春人足手間懸《にんそくてまか》ケ池形ニ仕候　享保一〇巳（一七二五）年五月　「乍恐書付を以御願申上候」（比留田家文書）

⑤一、上田七畝歩《字八幡田右京分》　分米九斗八升　五人手　天明六午（一七八六）年「宮講中勘定帳」（奥田家文書）

⑥一、上田壱反弐畝歩《字出》　高壱石六斗八升　但し　水ハ沢池水、初夜より暁六つ迄弐分五厘也　溜池水ハ壱反水也
文化三寅（一八〇六）年一二月「譲渡申田地之事」（八木家文書）

⑦当村是迄年寄役人久右衛門・惣代伝右衛門之処、両人ニ而《て》ハ難相勤《あいつとめがたく》候《そうろう》ニ付、此度村方相談之上、右伝右衛門其外清七・為七年寄役ニ相加え、尚又《なおまた》浅右衛門・磯右衛門右両人百姓惣代相勤申候、依之百姓一同連印仕候処　如件《くだんのごとし》
文政四巳（一八二一）年一二月「一札」（比留田家文書）

⑧山城国宇治郡山科郷花山村御百姓為蔵、此度但馬入湯致度《いたしたく》……此者病死等致候得ハ不及御届ニ、其御国之《そのおくにの》以御作法取置被成可被下《おさほうをもってとりおきなられくださるべく》候
安政六未（一八五九）年二月「道中往来一札之事」（柳生家文書）

少し史料解説をしておこう。①の史料は四宮村に天皇の山があったことを示している。そこから伐採された松や薪は村民の自由にはならないはずである。大名領でも「御留山《おとめやま》」（領民の立ち入り禁止）が各地にあった。

②の史料からは村にあった土地が「苗をまき付」ける田畑、「竹の子出生」の藪であることがわかる。「以外《もってのほか》多出《おおくでる》」猪や鹿の害に悩んでいるが、現在にも通じる。先日駆除する旨の回覧板が町内に回った。琵琶湖疎水ぞいの山が彼らの住所のようである。

③は御所に献上するお茶を宇治から御所まで運ぶ夫役についての史料である。「郷侍」二人がお供している。参考史料の「宰領」が郷侍であろう。労働力で納める夫役にはいろいろなものがあったが、御所への茶壷運搬などは京都周辺の天皇領に特有の夫役だったのではないだろうか。もう一つ、郷侍とは何か。村に住んでいる人が村人であることは間違いないが、村人と一括するだけでは村人の実態はわからない。

④の史料の「当村」とは音羽村である。少しの日照りでも農作のための水が不足するので、「高持百姓中」が

相談し、村人二〇〇人ほど（延べ人数であろう）を動員して溜池（用水池）を造った。これを承認してほしいと小堀役所に願い出ており、村の機能や役割を考えさせる史料である。

⑤の史料は三宮神社の講の所持地についての史料である。この土地は村の共有地だと考えられ、神社の運営諸費を生み出すため村民に貸し付けられていた。そのうちの一筆の品等（上田）、面積、分米（一筆の石高）とさらにこの一筆が「五人手」であることを示している。「五人手」とはどういうことか。山科郷に特有な表現か、ご存知の方はぜひ教えていただきたい。いずれにせよ村人は「五人手」といえばどういうことかわかっていたわけで、いわゆる慣行の一つと考えられるが、いつごろからの慣行だろうか。

⑥の史料は土地譲渡証文の一節である。譲渡証文の全体は別にみるが、ここでは譲渡地の説明についている「但し」書きに注目したい。この土地の用水は「沢池水」と「溜池水」で、その利用方法を但し書きしているようだが、具体的な運用をイメージするのが難しい。これまたご存知の方からご教示ねがいたい。用水については誰かが「自分はこうする」といったからといってそのまま慣行になるはずもなく、村中がかかわって長い間かけてできあがったと考えられる。地域特有の慣習が多くみられるのではないだろうか。

⑦は西野山村の村役人についての史料である。庄屋が出てこないところを見ると、庄屋を選任できずもっと前からもめていたのかもしれない。従来の年寄と惣代二人では役目が務まらないから、さらに年寄役に二人を加え、また百姓惣代にも二人を加えることを村民一同で決定した旨を確認する村民の連印証文である。庄屋については領主に承認を願い出る手続きが必要であったが、選任自体は村でできた。どんな選び方をしていたのだろうか。もめる場合はどんな背景が考えられるだろうか。

最後の史料は為蔵さんが但馬へ「入湯」に行く。ついては諸国の関所などの通行を認めてもらいたいというい わゆる通行手形（往来手形）で、旦那寺の万因寺と村役人が署名している。為蔵さんについては今のところ何もわからない。有馬温泉にいくというのも本当だったかどうかもわからない。もちろん本当だった可能性も十分ある。江戸時代も後半になれば庶民の巡礼や物見遊山が盛んにおこなわれるようになっている。ただ代表的な巡礼（西国巡礼）の願い出のなかには出稼ぎのための口実であったケースも知られている。問題はそういうことではなく後半の部分である。彼が旅行中に病死などした場合には領主に届け出るようなことはしないで、その処の「御作法」で処置してもらってかまわないといっている。江戸時代には村に行倒れや迷子・捨て子があったらどうするか一応決まっていた。いわばセーフティーネットがあったわけで、これも村の機能・役割の一つと考えられる。山科郷の村々ではどうだったのだろうか。所の「御作法」的なものがあったのだろうか。

近世の村とは何かについて最低限の共通理解をもっておきたいというつもりで史料をあげ、問いかけをおこなったが、すべてに解答を用意しているわけではない。また上にもいったがおもいつきであげたから、これで村についてすべてを尽くしているわけでないことはいうまでもない。それぞれの村のイメージを少しでも豊かにしていただきたい。

江戸時代には全国で村は六万以上あったとみられている。地方によって様々だが一般的には〜新田と呼ばれることの多い、新田開発による新たな村が多数成立してその数を増やしていったと考えられる。それでは山科郷ではどうだったのか。山科郷には近世成立の新田（村）は小規模な栗栖野新田だけである。山科郷の村々は中世以来の伝統を引き継ぎながら近世の村になったといえる。中世以来の郷民が基本的には近世の村の住人になったともいえるであろう。すでにみたように比留田家のように中世以来の地位を引き継いで近世になっても惣頭として存在した者もいれば、近世になって検地帳に登録されて土地所持者になった者もいた。このような村を単位として領主は年貢をとったから、村（村人）をさまざまに調べ、把握しようとした。その一つとして先に検地帳をみたが、これからは村明細帳をみていきたい。

七　村明細帳にみる村のありさま（一）

はじめに村明細帳とはどんな史料かを確かめておこう。『国史大辞典』の「村明細帳」の項によれば、「江戸時代村方から領主・代官に提出した村の概要を記した帳簿」である。書上帳・差出帳・明細帳などさまざまな名称がある。提出は毎年ではなく、幕領では代官の交代時が多い。そのほかには幕府巡見使派遣の時、領主・代官回村の時などで、提出にあたっては雛形が示されることが普通であった。また「村明細帳は、村の負担能力を明らかにしようとする意図があるため、記載事項は必ずしも真実を記しているものではない。したがって村明細帳の法的証拠能力はほとんどないといわれる」。なお、徳川吉宗が享保六年に始めた「村々《むらむら》様《よう》子《す》大概帳《たいがいちょう》」（「村鑑」・「村鑑大概帳」とも）は、代官が毎年幕府勘定所に提出した史料で、村明細帳とは区別されるものである。

雛形が示されるとは基本的に代官が質問した事項にだけ答えたということだが、村高・段別・年貢高・人別などの項目は必ず入っていたとされる。これらの項目は支配者にとって支配のための必須項目である。米の生産量で表された村の石高、米などを生産する田や畑の面積、年貢の詳細とその額、年貢を負担する村の戸数と住民数が明らかになる史料は、もちろん性格は違うが、いわば市（区）勢要覧的なものといえるであろう。

以上を念頭において山科郷についてみていこう。山科郷の村明細帳は京都市歴史資料館の目録から拾えるかぎりでは、残念ながらきわめて少ない。寛保三（一七四三）年六月の上花山村および大宅村の「差出明細帳」と、慶応三年一一月の大宅村の「差出明細帳」の三冊しかない。類似の表題の史料もあるが、いずれも明細帳の一部項目の抜粋などである。

『京都の歴史』によると寛保三年には京都近郊の村々から村明細帳が提出されている。なぜ寛保三年かははっきりしないが、八代目の京都代官小堀十左衛門政良が寛保元年一一月に就任している。改めて管轄村々の概要を確かめようとしたのかもしれない。とすれば山科郷すべての村々の帳面があるはずだが、現在確かめられるのは右記の二カ村のみである。

史料の少なさを嘆いても仕方がない。古文書学習部会でも読んだ上花山村と大宅村の村明細帳をみていこう。大宅村の帳面（沢野井家文書）の末尾には「文久弐年戌十一月写之　沢野井徳右衛門所持」との記載がある。幕末に原本を写し、その後原本は失われて写本が残ったということのようである。一方、上花山村の帳面（比留田家文書）には村役人の署名・捺印がある。役所へ正本を提出したのち村に残った原本とみられる。まず原本によって中身を紹介していきたい。

最初は田畑屋敷からなる村高と段別（面積）である。天正の太閤検地以来のものだが、水田について両毛作（二毛作）の高・段別を報告させていて興味深い。高でみると上花山村の二毛作比は五八・五%、大宅村は四四・八%である。この限りでは上花山のほうが水田を十分に使っていたといえるかもしれない。なお、二毛作のうちの一つ（片作）はいうまでもなく米（稲）だが、他の作物は後で出てくる。

上記の項目はさらに「此訳《このわけ》」として品等別の高・段別および耕作状況の詳細な報告を求めている。内容は両毛作・片作・その他に分類でき、それぞれ高では合、面積では歩の単位まで調べられている。ずいぶん細かなところまでの調査の要求で、史料の数値に整合性がなく、どこまで正確なのかわからないが、耕作状況の概略はつかめるであろう。

両村の土地構成は、上花山村は田七七・九%・畑一六・一%・屋敷五・九%、大宅村は田六〇・二%・畑三五・〇%・屋敷四・〇%である。上花山は水田主体の村であるといえる。大宅もそうだが、畑の占める比率からみて畑も無視できない村である。上花山の水田の約六三%までが上田に格付けされていることは先に指摘した。大宅も上田が五八%で水田の過半を占めているが、一方で一八%ほどの下田がある。逆に畑は七六・四%までが上畑で、下畑は四%ほどしかない。

石高を基準として作付率と作付状況（表14）をみよう。田畑とも作付率は一〇〇%である。ただし「その他」すなわち二毛作にも片作にも分類されない使われ方をしている耕地にも注意が必要である。上花山村では上田を中心に全体でも五七・八%までが二毛作で、片作もあわせて十分に水田を活用していたといえる。ただし、中田や下田には「その他」が多い。この点は畑作ではさらに明らかである。生産条件の良くない耕地に集中的に変動状況が現れているようにみられる。

大宅村では水田の二毛作と片作の比率がほぼ拮抗している。条件によっては二毛作が無理だった状況が広く存在していたとみられる。畑作は活用していた様子がうかがえるが「その他」が三〇%ある。

以上は天正の検地時に設定された石盛（一反あたりの標準収穫高。両村とも上田一石四斗、中田一石二斗、下田一石、上畑・屋敷一石三斗、中畑一石一斗、下畑九斗）による数値での考察である。長い間に生産技術なども進歩し、反当たりの収穫量も増加したであろうが、村明細帳からはその実態はわからない。ただし二毛作や毛付けなどの作付状況がまったく作為的に報告されたとは考えられないから、これまでの考察の補強を兼ねて、表中の「その他」の中身をみておこう。

表14　作付け状況　%

		上花山	大宅
作付け状況（田）	二毛作	57.8	44.6
	片作	29.8	46.4
	その他	12.4	10
作付け状況（畑）	毛付	54.5	68.1
	その他	45.5	31.9

上花山村では田畑ともに「その他」の土地には「往古《おうこ》よりの荒《あれ》、村高の内へ割付《わりつけ》弁《□》来《きたり》候、荒れ候節《せつ》年号不知《しれ》申《もうさず》候」という注記がある。「弁」はなんと読むのか。昔いつ頃かはわからないが水害などで荒れて、そのため収穫の少なくなった耕地である、そこにかかる年貢は村全体で負担してきている、という意味に理解しておこう。なお、「此の田地寺屋敷地の内に相成り候」と変化の理由がはっきりしている土地についても、「村高の内へ割り付け弁来たり候」としていることにも注意しておきたい。

大宅村でも田畑とも「その他」の土地にはいくつかのパターンの注記がある。

一、「百姓持荒　壱人取より三人取迄の分」
二、「伏見街道敷地（山川付替敷地）　村弁高の内なり」
三、「川成（永荒池床敷地、失人分《うせにんぶん》川成など）　村弁高」
四、「地なし百姓かふり高」

「川成《かわなり》」とは文字通り川の流れが変わって、「失人《うせびと》《うせにん》（村を欠落し行方不明になった人）」の土地も含めて、それまで田畑であったところが荒地になったということだが、その結果永荒《えいあれ》（年貢免除地）として、貞享三（一六八六）年および元禄一一（一六九八）年に認められたという注記の土地もある。洪水などで水害がひどかった年として記憶しておくべきかもしれない。いずれもその後、池床（溜池）敷地や堤敷地などになっていったようで、やはり「村弁高」になっている。

一と四はどういうことか。村人が「百姓（土地持ちの農民＝高持）」と「地無（土地を持っていない農民）」とに区分されている。「百姓持荒」とは高持百姓の持っている荒地ということだろうと考えられるが、「壱人取より三人取迄の分」とはどういうことか。また「地無」百姓の「かふり高（「かぶり高」か）」もわからない。ご教示をお願いしたい。いずれにせよ土地の状態は検地当時のままではなく、長い間には品等の低い耕地を中心にいろいろ変化したことがうかがえる。領主は一時的には「永荒」として年貢軽減を認めることもあったが、負担がなくなったわけではなく、それが「村弁高」になっているのであろう。

次は「田畑新検古検之訳《でんぱたしんけんこけんのわけ》」という項目で、上花山村はこの項に次のように答えている。

「天正十七年之《の》古検ニて御座候由《よし》申伝え候、証拠無御座《なくござ》候」

天正一七年の古検とは前に見た太閤検地のことである。寛保三年には太閤検地ははるか昔のこととなり、検地があったという申し伝えはあるが証拠はない、というのであるから、村にはすでに検地帳は伝わっていなかったらしい。古検地に代わる検地が「新検」だが、山科郷では新たに検地は行われていない。ただし、それに代わるものがあったことが次の表現からわかる。

「尤《もっとも》 寛文五 乙巳《きのとみの》 年鈴木伊兵衛様へ村名寄帳を差上置《さしあげおき》申候」

寛文五年に山科郷村々が神文・血判をもって高段別名寄帳《たかたんべつなよせちょう》を京都代官鈴木氏に提出したこと、およびその内容については前にとりあげた。上花山村にはその写しが寛保三年現在まで伝わっていて、それをもとに「免割」（年貢の割り当て）をしていると答えている。なお大宅村では以下のように簡単にかたづけている。

「田畑寛文五年鈴木伊兵衛様へ神文ヲ以御検地帳差上申候通古検ニて無御座候」

次に「田畑水旱所之訳」の項をみよう。質問は水害や旱魃の被害をうける場所だが答えの内容は灌漑についてである。

上花山村は水田中心の村だったせいか、畑については「畑方ハ悪畑故《ゆえ》年々旱損《かんそん》多く」と一行で片づけている。それでは水田はどうか。

「田方五分通《たかたごぶどおり》溜池掛《ためいけかか》り　字舞台之池《あざぶたいのいけ》」、「田方弐分通《たかたにぶどおり》 生水掛《しょうずかか》り　字《あざ》桜谷と申《もうす》 生水《しょうず》」

水田の半分は「舞台之池」という溜池（用水池）からの灌漑によっている。これには説明がついていて、この池は天水を溜め、さらに「字山の神」からの「生水」も加えている。「生水」は（しょうすい）がなまって（しょうず）と呼んだ天然の湧水のことのようである。盆地内の扇状地の末端部分などでは現在でも湧水がみられる。水田の二〇％は桜谷を流れる水での灌漑で、「字分木」という「みそ（溝）川」へ流れ落ち、川下の西野山村・川田村に続いている。残りの三〇％についての説明もおもしろい。

「但し用水無之《これなき》ニ付《つき》、春麦早ク刈上《かりあげ》、田の面《おもて》高ク塗上ケ春雨を溜置《ためおき》、田地植付養水《ようすい》《やしないみず》ニ仕候《つかまつり》」

灌漑用水がないので二毛作の春麦を早く収穫し、田の畔を高く塗り上げて池にして雨水を溜め、それを田植え用の水にしている。用水の確保に腐心したあり様がうかがえよう。

大宅村も畑は「残らず旱所」と一行だけだが、田については「三分通山田川・御所田川・山口水（川カ）小谷川・山戻り川より用水ようすい時取りにて養ひ申候、二分通ハ天水溜池之水ニて養ひ申候」としている。「用水時取りニて」が注目される。用水を時間（時刻）を決めて取り入れるいわゆる番水である。なお残りの五〇%の田の水については書いてない。このような状況が二毛作の比率を低くさせていたのかもしれない。

なお西野村村明細帳の中の「田畑水旱所之訳」の項だけの写し（比留田家文書）によれば、宇野色川と字八幡田の田地の六〇%は溜池の水で養い、四〇%は「厨子奥之余り水または天水」で養うとある。「野末ニ至り候てハ田毎ニ池を掘り置き、昼夜かへ申し」て養うと用水に苦心している。

「御林」・「御立野」は両村ともないが、「禁裏様御役藪《きんりさまおんやくやぶ》」が上花山村に一〇四〇歩、大宅村に七二〇五歩ある。朝廷に役を提供する藪ということで、両村の記述は次のようである。

「大嘗会《だいじょうえ》御用竹並びに御蔵入用之小竹・のき竹又ハさし竹、禁裏様へ上ケ候、筍《たけのこ》之節毎日御用ニ差上申候、
右役藪より指上申候」（上花山村）

「此藪役《やぶやく》として禁裏様へ筍之節ハ行司日毎《ぎょうじびごと》ニ筍差上ケ申候、且又《かつまた》左義長竹三十六本・小竹弐百四十四本・のほり竹壱本合弐百八拾壱本、荷数拾四荷ニ仕、毎年正月十二日当村より差上ケ申し候」（大宅村）

両村ともほぼ同内容で、藪役は季節の竹の子納入および大嘗会・御蔵入用・左義長などのための各種の竹の納入である。納入本数は役藪の面積によって異なっていたと考えられる。「のき竹」とか「さし竹」とはどんな竹だろうか。あるいは何に使う竹であろうか。

八　村明細帳にみる村のありさま（二）

続いて「差出村明細帳」をみていく。

まずは「百姓持山」についてで、所有の形態や利用の仕方によっていくつかに区分されている。まず、上花山村の山一三カ所からみよう。

「壱分通《いちぶどおり》ハ下草落葉枝等迄村中百姓《むらじゅうのひゃくしょう》刈取不申候《もうさず》前々より村定」百姓持ち山の一〇%は、前からの定めで、村人は下草、落ち葉、（枯れ）枝などまでも取ってはならない山である。これは福応寺持ち山など三カ所あり、所有者のみ利用が可能な山だが、このような取り決め、約束は当然村民全体の了承の下にあった。

残りの九〇%の内訳は、二〇%は同じく百姓持ち山だが、村民が下草、落ち葉などを取ってもいい山、一〇%は隣村西野山村村民の持ち山だが、同じく村民が下草・落ち葉などを取っていい山、五〇%は「村中惣山」（村の共有山）で、もちろん村民が下草・落ち葉などを取っていい山。「立毛《たちげ》生立《はえたち》候へは村中家数《いえかず》ニ割付《わりつけ》仕《つかまつり》候」とあるから、たとえば松茸などの収穫（収入）があれば村中で分けるということと考えられ、共有の山のあり様をみることができる。

一〇%は「字うり山」にある東本願寺の持ち山で、いつ寺のものになったかその年号はわからない（と書いているが、下手に年号など書いていろいろと探られると面倒だから意識的にわからないといっている可能性がある）。寺から「山手米」（山からの収穫・収入にたいする負担＝「小物成《こものなり》」）として年に米一斗三升を村に受け取り、禁裏門番川那辺清兵衛の「勤料」負担分五升四合や、「正月寄り勘定の節、とぶ《（ど）》酒と申す酒のかす代」などに使っているとある。

川那辺氏とは御所清所門番役で、御所と山科郷村々との取次役であった。年三石の勤役料を山科郷が負担していたことは後でも出てくる。村の勘定の後で飲む濁酒が出てくるなど村の生活の一端がうかがえる。生活といえば山の利用が下草・落ち葉などで代表されているところにも表れている。これは肥料、飼料、燃料をどこから入手したかを考えてみればわかることで、生活と生産が里山と深く結びついていた。

以上の持ち山に対する小物成＝山手銀を上花山村は免除されている。その理由は織田信長の「書付」にあるが、その写しは大宅村から提出されているとあるから、大宅村に移ろう。

大宅村の百姓持ち山は三三カ所で、上花山と同じように区分されている。一〇カ所は「村中惣山」で、立木、落ち葉、下草とも村民の伐採・採集可。二三カ所は村民の持ち山で、立木は持ち主のものであるが、村民も入って、落ち葉、下草を薪、秣《まぐさ》などにするために刈り取っている。このように村中で利用していたから、利用料として、高持・水呑百姓を問わず、「役家」（ここでは利用者というほどの意味で使われていると考えられる）一軒につき米八升を出して、村の小物成に充てている。

さきほど触れたように大宅村でも山にたいする負担（山手銀）は納めていない。これは山科郷全村がそうであった。

外《ほか》ニ山手銀《やまてぎん》上納 仕《つかまつ》り来り候儀《ぎ》御座なく候、惣《すべ》て山科郷の儀往古《おうこ》より山林・竹木・陣詰夫役《じんつめぶやく》・臨時の課役《かえき》御免許の御書物《おんかきもの》御座候て、即《すなわち》 大宅村ニ所持仕り罷有《まかりあり》候

証拠の書類は大宅村が持っているが、山科郷にとっては大事な書類ということで、いろいろに書き写されて伝わっている。ここでは『史料京都の歴史』山科区編七八頁の沢野井家文書を紹介する。天正二（一五七四）年に、信長の意をうけて柴田勝家が（金森、飯尾両氏に命じて）出した文書である。

当郷の儀、往古より御大《だい》（内）裏《り》様御役人たるに依《より》て、諸万雑公事《しょまんぞうくじ》、陣詰夫役《じんつめぶやく》等一切 仕《つかまつ》らずの由、信長聞し召さるる分、拙者相煩うに付て、両人を以て先々の如く申し付くべきの旨、仰せ出さるるの条、其の意を

表15　戸口の内訳

村名	戸数（軒）	高持	無高	人数（人）	男	女	僧	牛（疋）	馬
上花山	31	13	18	165	68	91	6	13	2
大宅	96	41	55	438	227	211	?	23	5

成すべく候。随《したがいて》而竹木・臨時の課役以下御免許成され候の間、御大裏様相勤むべき御役、肝要《かんよう》に候なり。
謹言《きんげん》。

十一月七日　　　柴田《しばた》修理《しゅり》之亮《のすけ》勝家《かついえ》

山科七郷名主百姓中

この書付を元に山科郷は課役免除を主張したと思われる。ただし、免除は負担無しということではない。右の書付もいうように、朝廷にたいする役を負担しなければならなかったわけで、その一部は「御用藪」のところでみた。なお、上花山村では村内の山の大半の持ち主は村民であった。大宅村ではすでにふれたように、他村民の所有があり、逆に大宅村民も椥辻、大塚、小野村に山を持っていた。村の境界を越えた土地の移動が、寛保三年時点でどのくらい展開していたのか、またその後どのように推移したのかは今後の究明課題である。

次は戸口などに関する項目で、重要な情報を含んでいると考えられる。まとめると表15のようになる。

まず戸数（竃《かまど》数）がわかるが、その内訳が高持と無高に区分されていて注目される。上花山村での土地所持農民と非土地所持農民の比率は四一・九％と五八・一％で、すでに土地を持たない（持ちたくても、持てないというべきか）農民のほうが多くなっている。

なぜこの点にこだわるのか。ここでいう村民とは上花山村に住み、農業生産で生計を立てている人々だから、農業を営むために絶対に必要な土地（耕地や山）を持っているか、いないかは村民のあり方を明らかにする決定的な要素と考えられる。それはまた村のありようにもかかわり、山科の近世とはどのようなものであったのかを考える重要な手掛かりであろう。たとえば村に住んでいても、農業で生計をたてているわけではないという村民（このような人々も身分としては農民だが）もありうる。このような人々が明らかに存在するようになれば、村の、ひいては山科郷のありようも考え直さなければならないであろう。ただし、寛保三年時点では村民は農業によって生きている人々であったことは後に出てくる項目でわかる。それでは農業で生きる村のなかに存在する、土地を持たない人々はどのようにして農業を営むのか。この点も後でまたふれる。大宅村でも高持四二・七％、無高五七・三％で上花山村とほぼ同じ状況といえる。

人口をみていこう。一戸当たり平均男女数は上花山村五・一三人、大宅村四・五六人である。一戸当たり平均五人前後ということは、基本的には単婚家族で、夫婦とその子供たちで構成されていることを示している。「明細帳」では男女の総人数しかわからないが、一項でみた戸口のありさまと接続させていくことが今後の課題である。

牛馬については牛が多いことが特徴的である。近世の役畜は東日本の馬、西日本の牛が一般的だったようだが、興味ある方は調べてみられたい。ここでも総数しかわからない。単純に一戸当たりの数値を算出すると、上花山村〇・四八疋、大宅村〇・二九疋である。高持農民のほうが牛馬を所有する可能性が高いと推定して、高持一戸当たりをみると、上花山村一・一五疋、大宅村〇・六八疋である。両村の数値に差があるが、これらの数値からだけでは結論めいたことはいえないであろう。

次に寺院・神社については項を改めてとりあげるが簡単にふれておこう。

上花山村には福応寺（浄土宗知恩院末寺）がある。「年頭御礼」（役所に年始の挨拶に行く）の格式を認められ、一反七畝二七歩の田畑を持ち、その年貢は村全体で負担することになっている。「村之惣堂」と肩書されている。

次は神明寺で「無本寺」（本山を持たない寺）である。寛文四・五年ころ火事で焼け、その後村の財政難のため再建されなかった。「仁和《にんな》年中《ねんちゅう》遍照《へんじょう》僧正《そうじょう》開基《かいき》之《の》由《よし》」という由緒を伝えている。花山に遍照の墓という古い塚があることは御存じであろう。「往古ハ此寺ニて大般若経《だいはんにゃきょう》相勤《あいつとめ》申《もうし》候、尤般若之儀ハ往古より禁裏様より壱ケ年ニ四石五斗くだされ候て、郷之内上野村・日岡村・川田村相除ク残り十四ケ村回りニ、正・五・九月ニ相勤、一度ニ壱石五斗ツツ下せられ、僧衆《そうしゅう》招待《しょうたい》執行《しぎょう》仕り候」

昔はこの寺で大般若経の転読（六〇〇巻という大部の経＝大般若波羅密多経の、要所や数行あるいは題目と章・編名を読み上げて全体を読んだことにする）を行っていた。朝廷から四石五斗の米が下され、山科郷一七カ村の内、上野・日岡・川田村を除く一四カ村が回り持ちで、正月・五月・九月に一回あたり一石五斗の米を費用に充て、僧侶を招いて取り行ってきた。

「往古」とは三宮神社に伝来した大般若経からみて、中世にさかのぼることは間違いない。経を奉納した人としてたとえば応永三（一三九六）年には「藤原氏女　妙宗」が出てくる。転読に関係しえた郷民であろうか。中世における転読の実態についてはまったく知識はないが、転読が郷の結束を強める働きをしたといわれていることについては注目しなければならない。中世以来の伝統が近世にも続いていることの意味をどのようにとらえるかを考えなければならないだろう。

実は私たちはいまのところ、近世における転読の実態を明らかにしたとはいえない。ただし、関係する一四カ村がいずれもいわゆる山科郷士の居住する村であることは何ほどかのヒントになると考えられる。近世の転読がいわゆる山科郷士を担い手とする行事になっているとしたら、行事としてのあり方やその意味も変化してきているのではないか。この実証が山科の近世とは何かの考察に連なるだろうと考えられる。

三つめの寺は「西向院」で無本寺である。文禄年中（一五九二〜一五九五）に東福寺の隠居僧が縁あって建立したと伝えている。ただし檀家がないため天和年中（一六八一〜一六八三）につぶれ、その後は墓地になっていたとある。

ついでに村の墓地も紹介しておこう。一カ所は福応寺の境内にある。一カ所は「平山池」にあり、「自分持」である。ほかに北花山村内の山中に「村惣墓」があり、火葬はここでやっているとある。「埋め墓」のほかに

「詣り墓」があったことを示唆しているようだが、葬送形態などに詳しい方から御教示を得たい。

次に神社は「氏神六所大明神」があり、朝廷から「御下行米」(年に五斗)が下されていた。ここのところに先ほどの大般若転読の記事が書かれているから、ここが転読の会場だったようである。

神社はもう一カ所、比留田家の所有する「折入宮」という神号の弁財天社がある。「しる谷道」のほとりにあり、「延命水」が湧いていた。

大宅村に移ろう。寺は大円寺(境内一七間×一〇間)と宗念寺(同一〇間×九間)がいずれも浄土宗で、江州志賀郡大津追分の摂取院の末寺である。ほかに禅宗・無本寺の岩屋神社別当の神宮寺と大宅寺がある。ともに「年頭御礼」格である。

神社は「氏神岩屋大明神」で、そこには蛭子《えびす》・大黒・八幡社もあり、神宮寺は観音堂となっている。「氏子之村々」を現在との比較のためにあげると、椥辻・大塚・行燈町・厨子奥・御陵・日岡・六軒町・九体町および大宅村である。祭礼は九月九日、朝廷から年一石の御供米が下されていた。旅所は大宅・大塚・椥辻村に各一カ所ある。

外に興味深い御堂は岩屋明神の「外森」にある村持ちの太鼓堂である。大きさは梁二間、桁三間だが、「番水《ばんすい》時打之太鼓堂也《じこれをうつたいこどうなり》」とあり、用水の配分時間を太鼓を打って知らせていた。

江戸時代の交通・運輸については、往還(街道)には宿駅があり、そこで運送手段である馬を継いで(交換して)、人や物資を運搬した。だから街道に面している村と、街道からは離れている村とでは対応が異なる。上花山村は「馬継」なしだが、大宅村は大津と伏見を結ぶ街道に面していたから、「往古ハ人馬立替所」であったと答えている。『資料京都の歴史』山科区編(七七頁)所収の元亀二(一五七一)年の沢野井家文書からもその一端がうかがえる。なおその後、年次不明だが馬継はやめたという。

ところで江戸時代には宿駅の負担を援助するために「助郷《すけごう》」という夫役が街道周辺の村々に賦課されていた。

山科郷の村々はこの負担を免除されていたが、大津宿の宿役は勤めていたとある。大津・京都間あるいは大津・伏見間の物流に関する興味深い記述だから紹介しておきたい。

（上花山村）　山科郷一統《いっとう》ニ大津宿役《しゃくやく》相勤《あいつとめ》、毎日大津宿へ馬相詰《あいつめ》七分三分割合ニテ御役《おんやく》相勤《あいつとめ》申《もうし》候、依之《これにより》商人諸荷物七分ハ大津馬、三分ハ山科馬付送《つけおくり》来《きたり》候

（大宅村）　往古馬継《うまつぎ》ニテ有之《これある》謂《いわれ》故《ゆえ》、当村ニ不限《かぎらず》山科郷中牛馬大津宿日役《ひやく》相勤《あいつとめ》、七分三分之割合ニテ商人諸荷物運送仕候

昔、馬継場であったことから（江戸時代になっても）大津宿の日役を、大津宿七〇％、山科郷村々三〇％の割合で勤める。毎日山科から大津へ人と牛馬が行って、商人の荷物を運送している。この仕組みがいつから始まったかは両村ともわからないとしているが、両村に限らず山科郷全体で大津宿の物流の三〇％を担当していたという。先年、滋賀県立歴史博物館の「車石」特別展の際に、大津宿問屋の分厚い帳簿がたくさん展示されていた。それらの中に山科との関係が出てくる。後で紹介したい。

九　村明細帳にみる村のありさま（三）

土質について、上花山村は「赤ねば土ニテ御座候」と簡単である。大宅村も「赤土」だが、さらに「田方ハ赤土石交《いしまじ》り、水田ハ土浮《とぶ》地、畑方ハ石地またハ黒ぶくと申地」と付け加えている。「赤土」とか「赤ねば土」というのはどんな土質だろうか。「土浮」には「とぶ」とルビが振ってある。湿田を「とぶ」と呼んでいたことを示しているると考えられるが、このようないい方・呼び方はその後も使われたのだろうか。いろんな土質の呼び方も含めて、ご存知の方のご教示をお願いしたい。畑の「黒ぶく」についてもご教示をお願いしたい。

次は川で、上花山村は無いとしているが、大宅村は流域などかなり丁寧に答えているから名前だけあげておこう。

西川筋（四宮川・音羽川へ続く）、山田川（中流は泉殿川・下流は丁田川という）、山川筋（丁田川へ合流）、御所川、せきしゅう川、竹ノ添川、小谷川、山戻り川

村にある山の字《あざ》名が列挙されている。現在との比較のためにもあげておこう。

上花山村……桜谷・畑山・加茂・さん山・野村山・山の神・竜台・竹カ原・朝日山・丸山・中山・うり山・惣山

大宅村……堂の山・地頭・かり又・岩谷殿・人目が峰・広古・南山・小川・小屋ガ谷・焼尾・ねず岩・うり山・丸山・小路が谷・逢坂・袴腰・宮山・御所の山・雫谷・あごせ・猿こば・石仏が谷・けちが谷・ふじが谷・狼谷・やぐら林・小野林・堀かね林・大野林・南平林

「古城跡」の項で大宅村が無いと答えながらも、「但し沢殿《さわどの》跡《あと》山階寺《やましなでら》跡《あと》藪中《やぶなか》に御座候」としている。ずいぶん古

くからの言い伝えのようだが、今はどうなっているのだろうか。

「山川献上物」として柿がある。御所に献上した「木練柿」だが、「こねり」あるいは「きねり」と読むのであろうか。

次は灌漑などに関連する事項である。「右御入用ニテ御普請被仰付《ごふしんおゝせつけらる》」（御用普請）すなわち建設・修理費用を領主側が負担した施設からみていこう。上花山村では舞台池の伏せ樋が該当する。「尺八底樋」とあるから、池の堤の下を通っている直径が一尺八寸の樋ということであろう。大宅村では「字山口と申す田地へ流れ候用水筧《かけい》」が御用普請で、長さ二間・幅八寸の板製で、板の厚さは二寸である。

「百姓自分普請」の施設はどうか。大宅村には「字泉殿と申す田地悪水抜き（長さ四尺ほど、幅二尺、内法《うちのり》高さ八寸、板厚一寸）」と、「字ことふと申す田地悪水抜き（長さ四尺ほど、高さ四寸、幅四寸、板厚一寸）」があり、後者からは小野村に排水する樋が二カ所あった。ほかに石製の井堰が七カ所あり、多くは山からの土砂を防ぐ「土《ど》砂止堰《しゃどめせき》」である。岩で造ったとあるが、どんな施工による、どんな形態の施設であったのだろうか。

次は用水池で、上花山村の舞台池は長さ二九間、横一八間の溜池である。取り巻く堤防は長さ三〇間、横一九間、高さ一丈三尺。堤防上部（馬踏み）は幅三尺、底部（敷）は七間である。傾斜地に水を溜めるために築いた堤防の高さが約三m九〇cm強であったことがわかる。この池はもともと市蔵という農民の持地（中田・高五斗一升二合）で、面積は四畝八歩（＝一二八坪）であった。水は一反につき「一時《いっとき》（約二時間）ツツ」の番水として利用し、利用者は一反につき米三升三合を池料として池持主に納め、持主から年貢を納めるという方法で運営していた。修理・改修などは「村人足かまど数より人足総出ニ仕り、幾日ニテも罷出《まかりいで》普請仕立て」とあるから、村全体で取り組んでいたことがわかる。事実上は村の共有池だったのであろう。

「百姓自分持ち池」は上花山村に六カ所、大宅村には三九カ所あった（写すさいにいくつか写し残したらしい）。一つ一つ書き上げられているが簡単な紹介にとどめる。

・上花山村

持主為次郎（長谷之池、南惣山池、石之本之池、新池）、持主太右衛門（東しら池、小田之池）

・大宅村

持主五左衛門、伊兵衛、清左衛門と共有（沢殿池）、持主与左衛門（草かいと池、木戸ノ上池、山田池、北中田池）、持主次郎兵衛（桟敷カ前池）、持主清左衛門（かへ口池、まつ田池、たん池、すご池）、持主善右衛門（蓼原池、たん池）、持主太郎兵衛（泉殿池）、持主治右衛門（泉殿池）、持主伝兵衛（かいもち池、山田池三カ所、いけ田池）、持主権左衛門（古池、山田池、箱田池二カ所）、持主宗念寺（岩ノ本池）、持主七左衛門（中山田池）、持主善兵衛（いほ田池）、持主五郎兵衛（長池）、持主伝右衛門（すご池）、持主権兵衛（大宅寺前池、尾上池）、持主伊三郎（坂の内池二カ所）、持主藤右衛門（山口池）

堤のない池は「掘り込み池」である。これらの池はたぶん江戸時代の終わりまで、所有者は変わったかもしれないが、形や大きさはそんなに変化せずに続いたのではないだろうか。ただし、近代に入り、とくに洛東用水が通水するようになった後は違ったろう。近代にはいってからの用水の変化を調べる際の参考にしたい。

年貢関係の項目に移ろう。田畑にかかる米で納める年貢すなわち本年貢とか本途物成《ほんどものなり》という年貢は、この時点では毎年量が変化していたから、具体的な数値は書かれていない。どこに納めたか。「御年貢之儀ハ人足牛馬等ニテ禁裏様御蔵へ直《ただち》ニ仕送り」（上花山村）、「禁裏様御蔵へ百姓直付《じきつ》けニ上納仕来」（大宅村）とあり、村から御所の米蔵に納入していたことがわかる。

本年貢以外の雑税として「小物成《こものなり》」も納めなければならなかった。山科郷では「夫代」（夫役の代わり）として米で割り当てられている。その由来は次のようである。

この夫代の儀《ぎ》、往古《おうこ》より山科郷中村々より百姓六人づつ毎日禁裏様御台所へあい詰め、御用あい勤めもうし候ところ、毎日百姓あい替わり申すにつき、御台所お勝手《かって》悪《あしく》候につき、年中究《き》め一人前に銀百四十匁《もんめ》づつ給銀六人分上納《じょうのう》候ようにあいなり、毎年山科□□□□あい止《や》めもうし候、またその後元禄三庚午《かのえうま》の年給米にあいなり、一人に七石二斗づつ六人分米高《こめだか》四十二石余上納　仕様《つかまつるよう》仰せ付けられ、これにより山科棟数《むねすう》百十一に割賦《わっぷ》仕まつり（上花山村）

史料に虫食い跡があって、なんとか推定したが□の四文字が読めない。それでも元来は御所の台所に駆り出されるという夫役であったことはわかる。この役がいつごろから毎日六人となったのか、その経緯《いきさつ》についての記憶は薄れていたようで、何も書いてない。その後使い勝手が悪いという御所側の都合から銀納になったこと、さらに元禄三年からは米納になったことは事実のようで、別に確かめる。大宅村の記述もほぼ同様だから省略するが、まさに夫役の代わり＝夫代になったことがわかる。

六人分の夫役を山科郷全体で一一一の棟数に割り当て（一棟あたり三斗六升九合）、上花山村は棟数二だから七斗三升八合、大宅村は一二棟分、四石四斗二升八合を負担した。この棟数一一一は夫役に関する基礎的な数値として重要な意味を持ったと考えられるが、いまのところどうして、どのようにして一一一になったのかはわからない。各村の棟数は別の機会に紹介できるであろう。

「小物成」はもう二つある。一つは前にも出た「禁裏様御清所（おきよどころ＝台所）御門番川那部清兵衛給米」である。「往古より」とあるだけで起源はわからないが、やはり郷全体の負担で（米三石）、上花山村は棟数にしたがい五升四合、大宅村は三斗二升四合である。

もう一つは柿渋である。これも郷全体の負担で、渋柿九石余。一棟あたり八升五合だから上花山分は一斗七升、大宅は一石二升である。「一所へ集メ渋ニ仕候て毎年指上《さしあげ》申候」とあるから、郷内の一カ所で絞って納入したようである。土橋家文書の元和四年八月の「一札」に惣頭土橋家が取り仕切っていたらしいことをうかがわせる端裏書きがある。元和四年は西暦一六一八年だからずいぶん古く、江戸時代初期からの負担だったようである。

次の負担は「高掛り」で、読んで字のごとく村高が賦課基準である。その一つは「大川国役御入用銀（大川筋御普請御入用銀」)」である。大川とはここでは淀川のことで、その改修費を幕府は国単位で広い範囲に賦課した。元来は山科郷には賦課されなかったようだが、享保七年から始まる。郷は例の信長・秀吉以来の諸役免除を持ちだして抵抗したが幕府に押し切られたようである。もう一つは「禁裏様御庭入用」で元文（一七三九）四年八月から銀納である。国役・庭入用とも両村の記載は一致していて、納入する銀高は年により変動した。なお、幕領の高掛り物（伝馬宿入用、蔵前入用、六尺給米）は山科郷にはなかったと大宅村が記している。

次に、生産関係の諸項目をみよう。江戸時代に栽培された重要植物を「四木三草」と表現したことを御存じだろうか。四木は茶・桑・漆・楮、三草は麻・藍・木綿（麻・紅花・藍とも）で、これらを栽培しているか聞いている。両村の回答は茶についてのみ「（畑方に）少々御座候」である。「但し煎茶」と断っている。「禁裏様御庭御用之植木被仰付《おおせつけられ》次第《しだい》村々ニ有合《ありあわせの》木差上申候」という負担もあった。

「稼《かせぎ》」は何かという質問項目にたいする回答もおもしろい。そのまま紹介しよう。

男ハ年中農作第一ニ仕《つかまつ》り候、肥小便京都へ取ニ参《まいり》候、牛馬をつかい大津宿へ諸荷物を付送《つけおく》り駄賃取申《だちんとりもう》し候、牛馬無之《これなき》者ハ海道《かいどう》へ出、駕籠《かご》働《はたらき》、又ハ人足之はたらき仕り候、女ハ農作之手伝、年中之織物等仕り、其の外綿有之者《わたこれあるもの》ハ木綿等仕り候　（上花山村）

田畑耕作専《もっぱら》ニ仕り候、但し男ハ耕シ・地拵《じごしらえ》・牛馬遣《つか》ヒ京都屎取《くそとり》・稲植付之地拵・稲刈・麦作・薪取込等《たきぎとりこみなど》仕り候、小百姓又ハ水呑《みずのみ》ハ右耕作之外ニ駕籠かき・小揚持賃取《こあげもちちんとり》・藁細工《わらさいく》等渡世《とせい》仕り候、女ハ秣《まぐさ》かり込・苗植・麦打・茶摘《ちゃつみ》・田の草取・稲こき・籾すり・木綿機織《もめんはたおり》等仕り候　（大宅村）

男女とも農業（耕作）第一である。どんな農作業をし、農作業以外にはどんな副業をしているかを想像してみよう。

次に害獣（猪・鹿など）駆除のための「鉄砲」の項目が出てくる。先にもふれたが、現代でも山科疏水沿いには「猪注意」の掲示がある。江戸時代も猪・鹿の被害は大変だったらしい。鉄砲の数は上花山一一挺（持ち主七人）、大宅五挺（持ち主数不明）である。上花山には三挺持っている農民が二人もいる。いずれも玉目三～四匁前後の「威し筒」で、「玉込筒」「猟師筒」は無い。宝永二（一七〇五）年、享保七（一七二二）年にも鉄砲改めがあった。鉄砲関係史料とそれからわかることについては別に報告する。

田畑質地値段などの項に移ろう。質地とは土地を質に入れること、あるいは質に入れられた土地のことである。幕府が田畑永代売買禁令を出し、これが明治初年まで続いたことはよく知られる。農民にとっては土地が最大の財産だったから、何かの理由でお金が必要になれば、土地を処分することになる。年貢を取る側としては年貢米を生む土地（を耕す農民）が変動して、年貢米を生みだせなくなってはまずい。だから禁止というわけだが、これが建前にすぎなかったことは容易に想像できる。売買禁止だから質に入れる（質入れ）ことになる。土地の質入れは禁止しないが、年貢負担に影響が出ては困る。そこで質地値段が調べられる。

質に入れた土地を請け出せなければ質流れになる。土地は質入れ主から質取り主へ移動し、土地を失った農民が生まれる。彼らは上に引用した史料の「小百姓」・「水呑」である。彼らも農業第一だから、土地を借りて農業を営むことになる。そこで小作料を尋ねる。質地値段や小作料は下表（表16）のようである。

表16　質地値段と小作料

	質地値段		小作料	
	上花山	大宅	上花山	大宅
上田	400	400	1.45	2
中田	300	300	1.35	1.6
下田	200	200	1.25	1.2
上畑	400	700		
中畑	350	500		
下畑	300	300		

両村の「村明細帳」による。畑小作料は記載なし。
質地値段は反当り、銀・匁、小作料は反当り米、石・合

質地値段は「大概《たいがい》直（値《ね》）段《だん》」であるが、たとえば銀四〇〇匁が現在の何円ぐらいかをいうことは難しい。この時点での山科郷における米値段でもわかれば推定できるが、現在のところ確かめられない。なお質地値段は水田しか書いてない。畑については「畑質地之儀田地と一所ニ質入れに仕」りとあり、上畑・中畑とも「質地直段無御座候」である。また屋敷地は上花山では上場所で一反につき一〇〇匁程（中九〇、下八〇）と値段が出てくるが、大宅では上畑なみの扱いとあるのみで値段は出て

こない。
農業生産のあり様をみていこう。稲作には早稲・中稲・晩稲があり、その一反あたり種籾は上花山では上田八升・中田九升・下田一斗（大宅では上中下平均八〜九升）である。
収穫までの行程については大宅村の記述がまとまっている。
田方早稲・中稲・晩稲共ニ、春彼岸前より種を下《おろ》し、水ニつけ、立春より八十四・五日目ニ苗代へ蒔《ま》き、五月節句前ニ植え掛り、半夏生《はんげしょう》迄ニ植え仕舞《しま》い、秋之彼岸過ぎより稲刈掛り、秋ノ土用過ぎ迄に刈伏《かりふ》せ仕舞い申し候
稲刈り開始時期は旧暦で早稲は秋の彼岸中頃から、中稲は早稲より一五日ほど後から、晩稲は中稲の一〇日ほど後から刈り始める。
稲の品種は上花山では、早稲が「白川・こくほ」、中稲が「坂本」、晩稲が「ひけあらき・坊主あらき、ずさら（糯米）」である。大宅は「白川早稲・小久保早稲・荒木・掌塚・戻木・浅くら・福しま・葉原・ずさら」である。白川・小久保・荒木・ずさらが両村に共通して栽培されている。品種はいつも固定しているわけではなく、名称は時期によって変化していることが多いが、現在のところ山科では上記の品種名しか確かめられない。優秀な品種（収量が多い、病気に強い、風で倒れないなど）が長期間、広い地域で栽培されるようになったという話をきくことがある。山科郷にもそのような事例があったのではないか。
米以外の作物の「蒔き付け」状況は次のようである。とくに断らなければ両村共通。
早麦――「むき安」という。一〇月蒔き付け、翌年五月節句五〜六日前に刈取り（大宅）
大麦――一〇月蒔き付け、翌年五月中旬に刈り取り
小麦――大麦に同じ（上花山）、一〇月蒔き付け、翌年夏至に刈り取り（大宅）
粟・大豆・小豆――八十八夜十日以前蒔き付け、八月八朔前後に刈り上げ（上花山）

粟・稗――四月中に蒔き付け、七月中に刈り取り（大宅）
夏大豆――四月中に蒔き付け、七月中に取り込み（大宅）
秋大豆――五月中に蒔き付け、秋土用迄に取り込み（大宅）
木綿――八十八夜（四月中　大宅）に蒔き付け、十月中に取り込み
黍《きび》・胡麻――五月中旬に蒔き付け、八朔前後に刈上げ（上花山）
大根――八月蒔き付け、冬至迄に取り込み（上花山）
菜種――八月彼岸中に蒔き付け、翌年五月中に菜種取り
蕎麦――七月中に蒔き付け、十月までに刈り取り（大宅）
田葉粉《たばこ》――春彼岸に蒔き付け、五月に植え、八月までに取り込み（大宅）

それぞれの一反当たり播種量は次のようである。

麦類は水田裏作だから上・中・下田別になる。上花山では上田大麦一斗二升・小麦六升、中田・下田大麦一斗三升・小麦七升、大宅では上中下田平均大麦一斗二升・小麦・早麦八升。

畑作では上花山の菜種が種一升五合（大宅は種五合）、粟一升（同三合）、黍一升五合、胡麻一升、大根・大豆三升、小豆二升、大宅では稗一升、綿の実五升、たばこ一合である。

京都から入手していた肥料の一反当たり施肥量をみよう。

上花山では田方稲作に屎《くそ》一五荷《か》・小便二五荷、同麦作に屎二五荷・小便一〇〇荷、畑作の胡麻・黍・粟・大豆類は屎五荷・小便七荷、菜・大根は屎四荷・小便五荷、麦・菜種は屎一五荷・小便五〇荷。大宅では田畑とも夏作には屎一〇～二〇荷・小便二〇～三〇荷、冬作には屎三〇～四五荷・小便三〇～四〇荷である。なお、上花山では屎一荷につき七五文・小便一七文、大宅では銀で屎一匁二分・小便四分で取り替えるとある。この値段の変化も知りたいものである。また上花山では「振屎引屎共ニ」とあるが、どういうことだろうか。

村役人の年「給」は上花山では庄屋に米二石、年寄に三斗、「月番ニ罷り出で候百姓」に銀一五匁、「村方用聞き」に麦一石四斗・米七升である。大宅では庄屋に三石（一石は領主より・二石は「村之増し」）、「和尚」一斗、「用人」（上花山の用聞と同じか）二石五斗である。

村にどのような住人がいたかも調べられている。近世の村に住んでいた人々の大部分が農業を営む百姓であったことはいうまでもない。百姓以外では上花山村六人、大宅村六人の僧侶（「出家」）が出るだけである。ただ、範囲を広げてみていくと、百姓身分の周縁にいろいろな身分・職種があって、それらが支配政策とも結びついて、差別の基盤になっていた。また、生産や流通の発展にともなって、村の中に農業以外の職業・職種がうまれていたことも事実である。領主側はその実態をつかもうとして広範囲の、詳細な項目をあげて報告を求めている。

項目の大部分は普通の村には関係ない。たとえば「古切支丹族」とか山伏、虚無僧《こむそう》、浪人であるが、大宅村はどれも村にいないと答えている。ただ上花山村は「皆川為次郎　無先主　元禄六酉年当村ニ住居被申《もうされ》候」と答えている。調査当時には浪人が住んでいたという記憶は残っていたのであろう。浪人についてはまた触れる機会があるかもしれない。両村とも山村でないから木挽《こびき》、杣《そま》、炭焼、猟師はいないし、漁村でもないから漁師もいない。戸数三一戸の上花山村では医師・大工・左官・鍛冶・屋根葺き・桶屋・諸商人・酒屋・紺屋などもいない。ただ馬喰《ばくろう》一人（八兵衛）がいた。戸数九六戸で街道沿いの大宅村はもう少し多彩である。出てくる順にあげると、医師一人（山田玄又）、大工一人（中井主水配下山科組　小左衛門）、桶屋一人（氏名記載なし、以下同じ）、諸商人五軒（餅喰い売り一、草履《ぞうり》・わらじ・たばこなど売り一、渋・油売り一、醤油・酢・米・紙・油など売り一、生薬種売り一）、酒屋三（造酒ではなく請酒屋であろう）である。

次に「出作《でさく》」と「入作《いりさく》」について。出作とは「当村より他村へ出作」、入作とは「他村より当村へ入作」ということである。上花山村では「入作」はなく、この時点では上花山の土地は全部上花山の住人が持っていたことがわかる。「出作」は三カ村に合計六七石七斗四升四合七夕、田畑五町八反三畝一歩があった。上花山は比較的小規模な村であるから、村人が村の土地を全部所有したうえでさらに所有を拡大しようとすれば近隣の村へ進出することになったのであろう。村明細帳からは誰が、いつ頃他村でどのくらい取得したかはわからない。大宅村では村高の約六％に及ぶ三カ村からの「入作」が注目される。合計三七石四斗五升二合でこれまた誰が、いつ頃ということはわからないが、村人のなかに土地を手放さざるを得ない人々がいたことを示している。

最後に「其の外小入用」をみよう。一つは前に出てきた「山科郷ニ往古より棟役ト申百十一軒御座候、此棟役へ割付け」るもので、すでにみた御清所門番給、柿渋の外に禁裏様長橋様挨拶時献上物とか禁裏台所関係諸人足賃、「御蔵草引代御蔵莚代」などがある。これらはいずれ天皇領村々と朝廷との関係としてみていきたい。もう一つは大宅村があげているいわゆる村入用である。村が独自に負担するもので、その中には該当する村に固有の負担もある。これまた村の運営と密接に関係するから別にみたい。

長らく村明細にお付き合いいただいた。機会があったら別の村の明細帳もみていただきたい。

一〇　威し鉄砲と村の戸口

前項で上花山・大宅両村の土地所持状況の変化を「出作」と「入作」の面から指摘した。近世を通じて幾度か変化・変動の時期があるのではないかと考えられるが、だれが、どれだけ土地を持っていたか、それがどのように変化したかを示してくれる史料がなかなかみつからない。それを探して京都市歴史資料館の、比留田家文書をみているうちに、おもしろそうな発見もあった。その一つが威し鉄砲に関する史料である。いくつかの村に同種の史料のあることがわかったので、この辺を中心にしてみていこう。

近世の被支配者たちは秀吉の刀狩り以来、決定的に丸腰にされたと考えられる。一方、近世の農村には事実として「武器」があったとも考えられる。その一つが今回とりあげる鉄砲である。もちろん建前として武器としてではなく、害獣を駆除するための用具としてだが、武器として機能を発揮する可能性は失ってはいない。それだけに領主は領民の要請を聞き入れて鉄砲の所持を承認するにあたって、厳重な規制を試みる。山科に即してみていこう。

現在のところ鉄砲所持についてもっとも早い時期の山科郷からの要請は、万治元（一六五八）年九月一日の「乍恐《おそれながら》御訴訟申上候」である。すこし引用しておきたい。

一、禁中《きんちゅう》御《ご》領所《りょうしょ》山科郷高六千五百石余御座候処、即《すなわち》四方東ハ膳所《ぜぜ》山・大津山、西ハ稲荷・豊国・清水山、南ハ醍醐山、北ハ三井寺山・白川山にて御座候故、近年《きんねん（ママ）》事《こと》之《の》外《ほか》鹿《しか》出《で》、田畑立毛《たちげ》大分《だいぶ》損亡《そんもう》仕《つかまつり》、何共迷惑ニ奉存《ぞんじたてまつり》候、先年板倉伊賀守様より同周防守様迄ハ鹿之儀ハ鉄砲《てっぽう》御《ご》免《めん》被為成《ならせられ》候処《そうろうところ》、鉄砲当御代《とうおんだい》御《お》制札《せいさつ》御《お》立被成《たてなられ》（中略）鹿山々より多《おおく》罷出《まかりいで》、昼夜ニよらず作毛《さくげ》あらし何共迷惑（中略）鉄砲にて鹿うち申候様ニ

被為御免被下《ごめんさせられくだされ》候ハハ忝可奉存《かたじけなくぞんじたてまつるべく》候

約六五〇〇石と認識されていた山科郷を取り巻く山々が表現されている。江戸時代初期の京都所司代管轄下では鉄砲の使用が許されていたが、代官奉行時代には制札で使用が禁止されていたようで、それにたいして「鉄砲にて鹿うち」の許可を郷として願い出ている。

この願出はただちに承認されたようで九月六日には次のような「一札之事」が庄屋、年寄署名捺印で提出されている。

一、今度猪・鹿多く出、耕作荒し申すニ付、百姓中迷惑仕り、牧野佐渡守様へ御両人（比留田・土橋両家のこと）を以て御訴訟仕り候処ニ、御裏書被下《おうらがきくだされ》、鹿鉄砲御免被為成《ごめんなさせられ》候、御裏書之通り諸鳥堅《かた》くうち申間敷《もうすまじく》候、其上村々にて鹿之鉄砲打申者《うちもうすもの》一村にて二三人ツツ相立て、急度《きっと》吟味仕り、御法度之通り相守り申す可《べ》く候

（後略）

鉄砲打ちは一村に二～三人とし、領主の鷹狩りの対象である鶴や白鳥は打たないことを約束している。このときは安朱村も含め一八か村が署名しているが、鉄砲所有者はわからない。

次の関連史料は前に一部を引用した元禄六（一六九三）年四月三日の訴えである。全文を紹介しよう。

一つ、山科郷村々只今《ただいま》苗をまき付け並びに大豆小豆植付け、是又竹子《これまたたけのこ》出生之時節ニ御座候処ニ、頃日《けいじつ》猪鹿以外《もってのほか》多く出て、穂前之麦ヲ荒し申す事甚成義《はなはだなるぎ》ニ御座候、右苗代ハ諸々根付之番《ねつけのばん》仕り候へ共、若《もし》苗をも荒し申し候ハハ、替り無御座候、種を失い、其上惣《すべ》テの耕作あらし申す段、何共難儀に奉存《ぞんじたてまつり》候、就夫《それにつき》近辺之山々ニ籠り居り申し候鹿、手寄之《たよりの》村々申合せ、毎度追払い申す様ニ仕り度奉存《たくぞんじたてまつり》候、乍恐《おそれながら》被為聞召上《きこしめしあげさせられ》、被仰付被下《おおせつけられくだされ》候ハハ、難有可奉存《ありがたくぞんじたてまつるべく》候、以上

稲、大豆・小豆の作付や筍あるいは麦の穂ばらみの季節に、猪や鹿が多く出て作物を荒らす、種を失い、替りの苗も無い有様で大変困っている、ついては、「手寄之村々」（近隣の村々ということだろう）で相談して、追払う

ようにしたい、聞き届けていただきたい。使用が禁止されたからかどうかはわからないが、ここには鉄砲は出てこない。次に出てくるのは享保一一（一七二六）年二月である。松尾左兵衛の「口触れ」だから、山科郷に限らず京都近郊の村々に伝達された御触れであった。

洛外在々《ざいざい》ニテしし・さるおどし等に事寄せ、鉄砲ニテ諸鳥を打取り候、其上他国よりも入込み致殺生《せっしょういたす》之由《よし》相聞え、先達《せんだつ》て堅《かた》ク停止《ちょうじ》之旨《のむね》相触れ候処、頃日《けいじつ》又猥《みだり》ニ致殺生並びに田畑荒し候者有之由相聞へ、不届《ふとどき》ニテ、左様《さよう》之者有之候ハハ召捕え来り候様ニと、殺生札相渡し置き候（後略）

害獣駆除に名を借りた殺生が（鉄砲で）行われていることにたいする禁令である。他国からも入り込んでいるとのことなので先ごろ禁止を命じた。にもかかわらず殺生で田畑を荒す者もいるから、そのようなものは召し捕えよという旨の「殺生札」（高札）を渡してある。

このお触れから鉄砲がかなり使用されていたらしいことが想像できる。役所も放置していたわけではなく、先の村明細によれば、宝永二（一七〇五）年七月と享保七（一七二二）年に調査が行われ、「書付差上げ置」いたとあるが、現在のところ見つけていない。ただし、享保一〇年一〇月の音羽村・上野村連名の「威し鉄砲拝借」願いがある。それによれば「当村方之儀山寄り故畜類多ク、別して此節猪・鹿・諸鳥共大分出、作毛荒シ迷惑仕り候」として、音羽村二挺、上野村一挺を願い出ている。「当十月より十一月迄」としている理由ははっきりしないが、拝借できれば「玉込め申さず威《おど》シニ打ち申し度《たく》」としている。

以上のような経過を経て、宝暦期の鉄砲改めが行われた。まず宝暦五（一七五五）年六月の「驚（威し）鉄砲当時名前改帳」をみよう（表17）。「享保八卯年御改め帳面之名前持主此の度相改め指上げ申し候」とあり、享保八年以降の変化を把握しようとする久しぶりの徹底的な調査であったらしい。宝暦八年八月は五年の調査結果の再確認（変更も含めた）で、鉄砲一挺ごとに大きさと持ち主が書き上げられている。たとえば「一つ、筒長三尺八歩　玉目四匁三分　　持主　伝右衛門」が上花山村「御改帳」の一行目である。弾丸は込めず、威しのみに使

表17　鉄砲と村民

村名	宝暦5年		宝暦8年（内鉄砲所有者）				
	所有者	鉄砲数	戸主数	高持	無高	村役人	鉄砲数
上花山	7	11	29	15（4）	12（1）	2（1）	10
上野	1	1	17	5	9	3（1）	1
四宮	1	1	41	20（1）	15	6	1
竹鼻	4	4	41	31（3）	6	4	4
音羽	0	0	75	32	37	6	0
川田	0	0	36	15	17	4	0
日岡	3	3	41	25（1）	13（1）	3（1）	3
小計	16	20	280	143（9）	109（2）	28（3）	19
小山	2	2	65			8（2）	2
西野	6	8	65				7
追分	2	2	17			2（2）	2
北花山	4	6					
厨子奥	3	3					
御陵	8	9					
大塚	2	2					
大宅	5	5					
椥辻	9	11					
東野	4	6					
西野山	14	14					
計	75	88	427	143（9）	109（2）	38（7）	30

典拠　宝暦5年「郷中威鉄砲当時名前帳」、宝暦8年は各村の「威鉄砲改帳」ともに比留田家文書

用、親子兄弟にも貸し出さない、届け出以外の隠し鉄砲はない、もし弾を込め、殺生するようなことがあれば、本人はもちろん庄屋・年寄・五人組まで「御咎《おとがめ》」をうけるなどを誓約している。

表17から宝暦五年には山科郷全体で八八挺の鉄砲が登録されていたことがわかる。ただし音羽村のような大きな村でも鉄砲は〇《ゼロ》である。同村には宝永七年には二挺あったが、その後持主が「身上潰《しんじょうつぶ》れ（破産）」になり離村した。鉄砲は村役人が預かっていたが、享保七年の改めの時に領主に返上して以後〇になったという。この事情は前出の享保一〇年の鉄砲拝借願が一カ月だったことを裏付けている。

宝暦八年は残念ながら全村の史料がそろわない。鉄砲の所有者・挺数

とも宝暦五年と大差ないと考えられるが、音羽村の例などからみて、所有者に変動があったことも当然考慮しなければならないであろう。

表からわかるように、鉄砲の数は村によって違うが、村の大きさ（村高）とは関係ないようである。村高一七石余の上野でも一挺持っている一方、五一三石余の音羽は前に触れたようないきさつもあって〇《ゼロ》である。鉄砲の数には村それぞれの事情が反映しているのかもしれないが、村の中で誰が持っていたかをみると、明らかに村役人を含む高持層である。ただし、高持ならば鉄砲を持っていたとは限らない。上花山こそ全高持の約三〇％が持っているが、他の判明する村での比率は低い。一方、無高だから鉄砲は持てないと決まっていたわけではないようで、上花山と日岡には一人ずつ無高の鉄砲持ちがいる。彼らが持っている事情は不明だが、職業としての猟師の可能性も考えられよう。

最後に村にある鉄砲（銃身・銃弾など）そのものについてみておこう。村側の史料からわかるおもな情報は、宝暦五年の「鷲鉄砲当時名前改帳」によれば「筒長」と「玉目」で、たとえば「筒長三尺　玉目四匁三分」などと記載されている。種子島などと呼ばれた火縄銃である。「筒長」はいうまでもなく銃身の長さを表し、「名前改帳」では三尺から四尺が多い。「玉」は弾丸（鉛玉）で、その火薬の重量は玉の大きさ、すなわち玉が飛び出していく銃身の口径の大きさを示すようである。「名前改帳」では三匁五分から四匁三分が多いが、これが具体的に何㎜の口径であるのか、詳しい方に御教示をお願いしたい。

次に、各村の総戸数についてみていこう。鉄砲改め署名者は戸主だから、署名者数＝戸数と考えられる。戸数の判明する九カ村（追分、栗栖野は除く）のうち七カ村は高持と無高の数がわかる。

これを表（八二頁表18）にしようと思ったのは、宝暦八年時点での山科郷全体の戸数が把握できるのではないかと考えたからである。しかし、北花山～西野山の八カ村の鉄砲改めの史料は残されていない。宝暦八年に近い時点で、名前はともかく全戸数のわかる史料はないかと探したが、いまのところは見つけていない。もともとこちらがほしい状態で史料が残っているはずはない、と思えば、九カ村の総戸数がわかり、そのうち七カ村は高持と無高の数もわかるのだから、なんとか考える手がかりにしたい。

村（高）は大小さまざまだが、村民一戸当たりの村高はどうか。最大の西野村は一〇石八一九合、最小の上野村は二石二三五合で五倍ほどの差があり、他の村も大小さまざまだが、多くの村が五石～八石のところに集中している。上野村が東海道沿いの、農業主体ではない小規模村で街道関係村であると考えられること、日岡や小山村にも街道関係の傾向がうかがわれることからみて、宝暦期の山科の農業主体の村は村民一戸につき五～八石の石高を必要としたと想定できそうである。西野村が一〇石台であるのは水利などで不利な状況が、村民一戸当たりの石高を高めているのではないかと考えられる。

そこで戸数の判明している九カ村のうちやや特殊とみられる上野村を除いた村高で一戸当たりの石高を算出すると六石七〇四合になる。これを戸数不明の村々にあてはめて戸数を推定すると次のようである。

村高の大きい順にあげると、西野山―一二二戸、大宅―九四戸、東野―九二戸、御陵―八四戸、椥辻―四六戸、北花山―四六戸、大塚―四一戸、厨子奥―一五戸。合計五四〇戸。

これと、戸数の判明している九カ村の合計戸数四一〇戸とを合わせれば九五〇戸になる。さらに追分その他の町場化したところの戸数や近世中期成立の栗栖野新田の戸数を加えると一〇一九戸である。宝暦八（一七五八）年の天皇領山科郷の総戸数は一〇〇〇戸を少し超えた規模であったと推定される。

もとより推定だからそのとおりであったかどうかは今後さらに確かめていく必要がある。前頁で宝暦八年前後の戸数判明史料は見いだせていないと書いたが、もう少し範囲を広げてみよう。

すでにみてきた寛保三（一七四三）年の「村明細帳」は、宝暦八年を一五年ほどさかのぼった時点での上花山と大宅の戸数が、それぞれ三一と九六であったことを知らせてくれる。宝暦八年の上花山は戸数二九だから、この間に二戸ほど減少したとみることができる。宝暦八年の大宅の推定戸数は上記のように九四戸になった。これまた寛保から二戸少ない。減少数の一致は偶然であろうが、ここでは大宅の推定戸数が実態とそんなに違っていないとみられることに注目したい。当面、推定を補強できる史料はこれだけである。第一項で幕末安政二年の一七カ村総戸数を七六一とみた。それと比較すると、宝暦から安政迄の間に戸数減少傾向がうかがえることは興味深い。宝暦以前の戸口については現在のところまったくわからないから、宝暦までにどのように推移してきたのかは不明だが、宝暦以降の動向として記憶にとどめておきたい。

表18　高持農民の比率

村名	戸数	高持	比率
竹鼻	41	35	85.4
日岡	41	28	68.3
四宮	41	26	63.4
上花山	29	17	58.6
川田	36	19	52.8
音羽	75	38	50.7
上野	17	8	47.1
計	280	171	61.1

高持と無高の戸数がわかる七カ村について村の状況を考えてみよう。

高持比率の高い順に並べると表18のようになる。上野村の高持の比率は五〇%を下回っている。農業専業のみでなく、農業と他の生業と結合した経営の存在を考えさせる数値である。山科郷における農業以外の生業（職業・職種）については別に検討するが、竹鼻～音羽村の高持比率、裏返せば無高比率はどのように考えられるか。竹鼻村は明らかに土地持ちが農業をやっていると考えられる比率だから、土地持ちの状態、すなわち誰がどのくらい土地（耕地）を持っていたかを明らかにしなければならないであろう。四一戸中三五戸が土地持ちであるといっても、少数の大高持と多数の零細高持である場合と、大多数がそこそこの土地持ちである場合とでは村の状況は違ってくると考えられる。他の村々も程度の差はあれ同様であろう。ただし、「そこそこの土地持ち」＝自作・自営農の標準的土地所有規模はどのくらいかは明らかになっていない。

肝心のところが明らかになっていないから、歯切れの悪い終わり方しかできないが、高持百姓と無高百姓の間は当然ながら、高持ちの間にも土地の貸借、地主・小作の関係が成立・展開していたと考えられる。

二　酒造業、請酒業の展開

近世の山科郷農村に農業以外のどんな職業・職種が存在したのかをみていこう。農業以外といっても近世農村社会では基本的には農業と結び付いて展開されたと考えられるが、農産物以外の諸製品を生産する手工業や、その製品の流通にかかわる商業や運輸のあり様を概観しよう。ただし、現在のところ諸職人（親方）や商人が残した史料を見つけていないので具体的な有様がわからず、あいかわらず歯切れの悪い展開になるかもしれない。

山科郷にどんな手工業や商業があったか。一応のところは上花山と大宅の「村明細帳」で概観したが、さらに郷全体をみていこう。また、手工業や商業・金融などの巨大な集積地であった京都の近郊であることがどのように作用したであろうか。この問題を念頭におきながら、時間を追ってみていこう。

土橋家文書の元和四（一六一八）年八月の「一札」に柿渋が出てくる。「禁裏様之御用柿しぶ」九斗八升五合が「土橋六郎左衛門　上」されている。「上」とは献上のことらしい。文書の端裏書《はしうらがき》に「御所御用渋前々より土橋家ニてつかせ差上げ候証拠之請取」とあることから推定される。渋柿を臼で砕いて採取した柿渋が農産物かどうかは判断が難しいが、加工して郷内外へ出した可能性が考えられるかもしれない。ただし、ここで取り上げている柿渋は商品ではなく、むしろ天皇領における負担の一つである。

同様に四宮村にあった「禁裏様松薪山」から切り出す材木・薪も村民のものではないが、明暦二（一六五六）年一一月の「一札」は、「当年右之山之内ニ木切り跡数多《あまた》御座候故せんさく」したら、御所に納めていないことがわかったという事件を知らせてくれる。しかし山科郷が材木その他林産物の有力な産地であったということは後年になっても確かめられない。ただし、竹は別である。朝廷の行事のための御用竹の賦課は前にみたが、賦課を乗り越えて広く商品化されていく。これまた回を改めて取り上げるべき課題である。
前置きのような事例ばかりを取り上げていてはきりがない。農村の中にあって、明らかに農業とは異なる職種であった酒関係のあり様をみていこう。

日本酒はその原料が主食の米であること、その米が年貢であったことから、幕藩領主支配との関係が深くいろんな統制を受けた。酒（酒造）に対する統制とその推移について細かくみていく余裕はないが、いくつか確かめておきたい。

幕藩の支配者は生産者＝農民にたいし「米を作って、米を喰うな」と統制したうえで、生産物＝米を年貢に取り立てた。農民は酒を飲むことも制限された。「慶安のお触書」には「百姓は分別もなく末の考もなき者に候ゆへ、秋に成候へは、米雑穀をむさと妻子にもくはせ候。いつも正月・二月・三月時分之心をもち、食物を大切に可仕候。雑石（穀）専一に候間、麦・粟・稗・菜・大根、其の外何にても、雑石を作り、米をおふく（多く）喰つふし候はぬやうに可仕候。」とか、「酒・茶を買い、のみ申《もうす》間敷《まじく》候、妻子同前之事」とある。

こんな統制がそのまま通用し続けるはずはない。社会の変化につれて統制もまた変化せざるをえない。米を原料とする酒造業にたいしては、直接的には飢饉対策として、また年貢米を売る領主の米価政策の一環として米価の安定が図られ、それらが統制となって現れる。具体的には酒造株（酒株）の制度である。

酒造株はいわば酒造りのための鑑札である。これまでにみたことのある実物（木製、駒形）には、株高（酒造り人＝酒造家の酒造米高）と酒造家の住所・氏名が墨で書いてあった。この鑑札の持主だけが酒を造れる制度で、株高を守って醸造することになっていた。たとえば飢饉で米が不足しそうならば幕府は酒造制限令を出した。逆に米が豊作で余裕があると米価が値下がりし、年貢米を売る支配者としては困る。その場合は「勝手造り」を認めて、米が酒造用に向けられるようにし、株高に関係なく酒が造られた。当然、株高と実際の造石高は一致せず、隔たるようになる。そのため実際の醸造高に合わせて株高が改められる。この株改めは何回か行われたが、元禄一〇（一六九七）年の酒造米高を基準とする元禄一五年の改めが最も重要だった。これからみていく史料も元禄一〇年の酒造米高調べである。

元禄一〇年一一月に小堀代官は「酒商売多下々猥《しもじもみだり》」になっているとして、酒造関係の現状調査を命じる。「造酒屋並びに請酒名酒等商売仕候者御吟味」が行われ、それに応じた村々からの報告書（「一札」）のうち、北花山村の分が比留田家文書の中にある。同村からの一札には、村内には「酒造り候者」は一人もいないが、七郎右衛門という者が「京五条橋より東二丁目二階町八幡屋庄兵衛」から酒を仕入れて販売する「請酒商売」をしているとある。八幡屋が醸造した酒の小売りである。「請酒屋」と肩書された七郎右衛門については現在のところ商売の規模、内容などはわからない。

では、造り酒屋はどうか。追分八軒町に一人いたことがわかる。同町の酒屋勘次が下記のように願い出ている。

当丑年冬造り酒米石高願の事

山城国宇治郡追分八軒町　勘次

一、米五拾石

右は今度《このたび》諸国酒造運上《うんじょう》上げ仰付られ候条《じょう》、向後《こうご》酒の直段《ねだん》に応じ、五割程高く成り候積《つもり》運上召上られ候間、酒造高の儀毎年増減構《かまい》なく、望み次第に願い上げ候様にと仰せ渡され下され候はば、如何様《いかよう》の御改めをも請け、御運上の儀ハ何程《なにほど》ニても仰せ付けられ次第、違背《いはい》仕らず急度《きっと》差上げ申すべく候間、願いたてまつり候石高の通り仰せ付けさせられ下され候はば難有《ありがた》く存じたてまつるべく候、以上

この度、幕府から、諸国の酒運上（酒造税）を酒の値段に応じて五割ほど引き上げることとした、ついては毎年の増減には関係なく希望する酒造石高を願い出てよろしい、という仰せが出された。そこでこの冬の「造り酒米高」五〇石を出願する。願いどおりに許可されたら、どんな御改めもうけ、運上は間違いなくきっと納めるという内容の申請書類で、宛先は小堀仁右衛門代官である。

この史料には同じ元禄一〇年一一月付けの「酒蕪《ママ》（株が正しい）手形之事」という小堀代官宛の一札が付随していて、それに

よれば「先年酒造高　米弐百石　此八ケ一米弐拾五石」とある。これは「当町勘次所持仕り来り候酒造元米並びに八ケ一の員数」で、先年改めの時の報告数値である。不勉強で前後の事情がよくわからないが、酒造高二〇〇石が制限され、醸造高は八分の一の二五石であるということであろう。先年の改めは延宝八（一六八〇）年だったから、彼はその頃から酒造業を営んでいたことがわかる。

同じく元禄一〇年一一月付けの別の「一札」には「有酒五石五斗」となっている。「有酒」とはいま有る在庫、手持ちの酒ということである。日付こそ一二月一一日だがこれまた元禄一〇年の「一札」をみよう。

差上げ申す一札の事

当丑年酒造石高

一、米九拾六石

此の酒百拾石

代銀六貫六百目　但壱斗ニ付き六分替え

一、有酒五石五斗

代銀三百三拾目　但壱升ニ付六分替え

銀合六貫九百三拾目

御運上銀合三貫四百六拾五目

右御運上銀御意次第《ぎょいしだい》何時《いつ》成共《なりとも》急度《きっと》上納可仕《つかまつるべく》候、若《もし》残り酒御座候はば御改め請け、売切次第上納可仕候

一、酒造道具之儀御改を請、仕廻桶《しまいおけ》百八拾石之焼印成られ、其外遣桶《つかいおけ》の員数、願い高相応ニ御見積り御改め御渡シ請取申し候（中略）

一、御判鑑《はんかん》　壱枚

（以下略）

前の申請と石高が違っている理由はわからないが、米九六石から一一〇石の酒ができると想定していること、その代金が銀六貫六〇〇匁と見積もられていること、有り酒を含めた運上銀が三貫四六五匁であることがわかる。

「仕廻桶」（仕込み桶のことか）に（役所の？）焼印がおされ、造石量に応じた数の各種の桶なども役所の改めをうけた。鑑札も壱枚交付されている。引用は省略したが、役所の手代や下役人が巡回して改めにあたったようで、その際は役所側持参の鑑札と、酒造家に交付した鑑札が突き合わされ、「隠し造り」の防止がはかられたらしい。勘次家の酒造規模は伊丹、西宮、灘郷などの酒造地帯の酒造量に比べればとても小規模である。それでも酒造業を営むために必要な酒蔵その他の設備投資や原料米の購入費用などを考えれば、誰でもが気軽にできるというものでないことは容易にわかる。東海道に面した追分という地の利を活かし酒造を行いうる資産があったのであろう。比留田家文書では江戸時代前半期の山科郷には今回とりあげた勘次家しか出てこないが、外に酒造家はいなかったのだろうか。情報をお持ちの方の御教示をお願いする。

江戸後期になれば全国的に農村地域にも広く酒造業が展開するようになっていく。農村・農民の変化の中から生まれた地主層が小作米を原料として酒造業を営んだと考えられる。ところが現在のところ、山科郷には江戸後期になっても酒造家の存在は一軒しか確かめられない。これは郷内に富の蓄積がなかったということだろうか。富は蓄積されたが酒造とは異なる形で現れたとみるべきだろうか。いずれにせよ山科の近世を考える論点の一つであろうと考えられる。

郷内ではあまり酒造は行われなかったらしいという点については、京都町中あるいは大津などの酒造との関係も考慮しなければならないであろう。この点については後でふれる。だから、酒造が無いということは酒関係の商売もなかったということを意味しない。前に北花山村の「請酒屋」が登場したが、やがてこの商売が郷内に広く存在するようになる。その有様をみていこう。

宝永八（一七一一）年卯二月の「山科郷村々請酒屋御改帳」は「山科郷之内請酒売り申す者御吟味成させられ候ニ付、村々吟味仕り、即《すなわち》書付差上げ申」した（請酒売りの調査が命じられ、村々が調査した結果を報告した）書付をまとめた史料である。記載の一例をあげると、

一、請酒屋　　北花山村　七郎右衛門

此者拾五年以前、殿様より御改め之節、御帳面ニ記し申上げ候

この者（七郎右衛門）は一五年以前の調査の時にも請酒売りであったからその旨帳面に記入して報告したとある。一五年以前とは元禄一〇年である。その年に北花山村に七郎右衛門という請酒屋が居たことは前に確かめてある。彼は元禄一〇年以来請酒売り商売を続けていることがわかる。以下史料の順に、村名・請酒屋氏名・存在確認年次などをまとめてみよう。

北花山村　七郎右衛門　元禄一〇年　利兵衛　宝永元年
御陵村　七兵衛（七左衛門事）寛文一一年頃（八蕪《ママ》（株、以下同じ）　元禄一〇年）
　半右衛門　寛文一一年頃（八蕪の内）元禄一〇年　権兵衛　元禄一〇年　（実際は上野村吉兵衛）
上野村　理右衛門　寛文一一年頃（八蕪の内）元禄一〇年　八兵衛　元禄一〇年
四宮村　清三郎・喜介・又兵衛　いずれも元禄一〇年　むめ　元禄一〇年（甚内が代印）　善左衛門　元禄
　一三年　勘右衛門・久右衛門・喜右衛門　いずれも宝永元年
竹鼻村　吉左衛門・平兵衛・五郎兵衛・源次郎　いずれも元禄一〇年
　仁兵衛　寛文一一年頃（八蕪の内）元禄一〇年
音羽村　儀右衛門（次左衛門事）　元禄一〇年　六左衛門　元禄一〇年
大塚村　善右衛門・源三郎（七兵衛事）・善兵衛（清兵衛事）いずれも元禄一〇年　甚兵衛　元禄一三年
大宅村　勘右衛門　寛文一一年頃（八蕪の内）元禄一〇年　　嘉兵衛（同上）
椥辻村　伝右衛門　天和元年頃　元禄一〇年
東野村　伊兵衛　元禄一〇年

西野山村　才蔵　〃
日岡村　三郎兵衛　元禄七年　元禄一〇年　松葉屋三郎兵衛　元禄一六年
蹴上九体町　与左衛門・四郎兵衛・市郎兵衛・八右衛門・市兵衛・長兵衛・新七・勘兵衛・六左衛門　いずれも元禄一〇年
蹴上六軒町　八郎右衛門・嘉兵衛　いずれも元禄一〇年
行灯町　吉兵衛　寛文一一年頃（八蕪の内）元禄一〇年　四郎兵衛　元禄一〇年
追分髭茶屋町　文（カ）右衛門・長左衛門（七兵衛事）いずれも元禄一〇年

人数は四八名である。なお、上花山、厨子奥、小山、川田、西野村と追分八軒町は、請酒屋はいない、もし請酒商売をやりたいという者が出てきたらお伺いを申上げると報告している。

さて、以上の一覧から何が考えられるか。考える手がかりとして、少し整理してみよう。存在確認年次別にまとめると、まず「（調査時点より）四拾余年以前、雑色方《ぞうしきかた》へ書付書き上げ申し候、八蕪之内、それより請酒商仕」る者がいる。調査時点より四〇年あまりさかのぼると寛文一一年ころだが、そのころに京都町奉行所配下の雑色に報告している者である。蕪（株）すなわち請酒商売の許可証を持っている者で、これが七名いる。不勉強で寛文期の調査についてはなにもわからないが、「八蕪」とあるから八名いて、彼らが山科郷における請酒屋の草分け的存在であったと考えられる。そのうち七名は調査時点まで商売を継続しており、いわば老舗として存在していたといえるであろう。

続いて天和年間に一人、元禄七年に一人が開業している。元禄一〇年には三二名が集中している。元禄一〇年に一斉に開業したというのではなく、それ以前からの者もこの度の調査ではっきりしたということではないだろうか。以後は元禄一三年に二名、同一六年に一名、宝永元年に一名である。

開業した村や町は一六で、請酒屋数は蹴上九体町九軒、四宮八、竹鼻五、大塚四、御陵三、髭茶屋・北花山・

上野・音羽・大宅・日岡・六軒・行灯各二、椥辻・東野・西野山各一である。街道沿いを中心に、広い範囲で、元禄中期ころに請酒商売が成立、展開したあり様がうかがえる。

多数の請酒屋の存在が確かめられる元禄一〇年を対象として、請酒の中味をみていこう。中味といっても現在のところ判明するのはどこから酒を仕入れて売っているかに限られるが、元禄一〇年の「山科郷酒運上之覚」をみると、先に指摘した京都などの酒造業との深い関係がわかる。

北花山の七郎右衛門の仕入れ先は五条橋東二丁目二階町の八幡屋庄兵衛である。御陵の半右衛門はたこ薬師通り油小路西へ入町の金津屋吉左衛門、上野の理右衛門は寺町通り正定院前之町石薬師下ルの松屋吉右衛門、大塚の清兵衛は五条橋通り下ル大坂町の奈良屋加兵衛、六軒町の八郎兵衛は青蓮院境内粟田口東分木町の海津屋吉兵衛、竹鼻の市兵衛は追分髭茶屋町（近江国分）の酒屋久右衛門。

以上は一人の請酒屋が一人の酒造家から仕入れているケースである。一人の請酒屋が複数の酒造家から仕入れているケースはない。これに対し一人の酒造家が複数の請酒屋と関係しているケースは以下のようである。

最多は七人と取引のある大津八町通り小坂町の升屋喜兵衛で、七人の内訳は上野の善兵衛、音羽の六左衛門・同次左衛門、大塚の七兵衛・善右衛門、大宅の勘右衛門・加兵衛。

次いで六人は青蓮院境内白川橋両芥子町の六文字屋太右衛門で、御陵の七左衛門、六軒町の嘉兵衛、九体町の六左衛門・市郎兵衛・新七・与左衛門。

五人は三条通り大橋町東詰の八文字屋半右衛門で、四宮の清三郎・喜右衛門・むめ・喜助および西野の与三兵衛。

四人は二人いて、一人は大炊通り竹屋町の升屋吉兵衛で、竹鼻の吉左衛門・平兵衛・源次郎・日岡の三郎兵衛と、もう一人は青蓮院境内粟田口中ノ町の瀬田屋太右衛門で、九体町の八右衛門・勘兵衛・長兵衛・市兵衛。

三人はなくて二人が次の四人である。大宮通り中立売り上ル梨本町の菱屋長右衛門が竹鼻の八兵衛・同五郎兵衛と、三条通り五条上ル町の関東屋長兵衛が椥辻の伝右衛門・西野山の才蔵と、大津八町通り小坂町のかぎ屋徳右衛門が東野の伊兵衛・行灯町の吉兵衛と、追分八軒町の酒屋勘次が竹鼻の仁兵衛・髭茶屋町の文右衛門と。

それぞれの請酒屋がそれぞれの酒造家と取引関係を結んだいきさつなどは不明である。個別のつながりのようにもみえるが、四宮の四人が八文字屋と、九体町の四人が六文字屋あるいは瀬田屋と、竹鼻の三人が升屋吉兵衛とのように、まとまって関係を持っているようにもみえる。また、どのくらいの量の酒を取引したのかもわからない。いずれにせよかなりの町、村と個人名が出てきたから、今後史料をみていく際に、留意しておきたい。

なお、上に出てきた京中と大津の酒造家については現在のところ情報はない。ここでは『京都の歴史』五巻「近世の展開」の第六章第三節の小項目「京都の酒造業」を紹介しよう。

「中世末いらい（京都は）著名な酒造地であった。しかし、江戸初期ごろから地方の酒造業が盛んとなり、それら名産の地方酒が搬入されると、京都の酒造はだんだんと圧倒されていったのである」というのが概略である。明暦三（一六五七）年の酒造株の設定、寛文五（一六六五）年の株改め、延宝七（一六七九）年第二回の株改めを経て、元禄一〇（一六九七）年に三度目の株改めが行われた。これが「元禄調高」で、これ以降は天明八（一七八八）年まで株改めはない。元禄一〇年の造石高は約一三万石（洛中一一万一三四〇石、洛外一万八八七七石）であった。酒屋は寛文九（一六六九）年には一〇八四軒、正徳六（一七一六）年には六五九軒（洛中五三九、洛外一二〇）であった。

請酒屋は地方産の酒の京都への流入につれて多くなり、「元禄・宝永年間（一六八八～一七一一）を境に勢力が盛んとなってきた」。その数は享保二（一七一七）年には四九四軒（洛中二五八、洛外二三六）である。

山科郷における酒造、請酒業ともに以上のような流れの中に位置づけて、その実態をさらに明らかにしていかなければならない。もともと農業以外の職種を追求するなかで、酒関係に深入りしたが、次に判明するのははるか後年の文政二（一八一九）年である。ところがそこで用いる史料には請酒屋が出てこない。どうしてか。

一二　各種商売・稼ぎの展開

前項の最後に、「請酒屋が出てこない。どうしてか」、と書いたが、実は答えはいまのところない。元禄一〇年や宝永八年の状況からみて、郷内に展開した有力な商売の一つであると考えられるが、その後の推移は今のところわからない。請酒屋だけの調査史料が別に有るのかもしれないがみつけていない。

以上のような制約があることを念頭において文政二（一八一九）年の状況をみていこう。史料は文政二年九月の「近年米価下直《したね》ニ候処、諸色《しょしき》之直段高直《たかね》ニ付き、農業之外諸商売或ハ問屋仲買等商売渡世《とせい》いたし候者有無《うむ》、且《かつ》米穀之外村方産物等御吟味ニ付き調書」（比留田家文書）である。最近米の値段が下がっているのに、米以外の諸色（米を原料とする物を含むいろいろな商品）の値段は下がっていない。この現象は農業以外の渡世《とせい》（商売や稼ぎ）が広く行われるようになったから生じていると考えられる。よって諸商売や諸産物を調べて報告せよという命令が代官所から来て、それに答えて村々が調べたところを山科郷としてまとめたもの（の控え）である。全体は郷村の部と追分・蹴上の部に分けられている。

まず郷村の部からみていこう。町場や市場でない所でどのような商売があったか、だれが営んでいたかを史料に出てくる順にあげると以下のようである。

一、質商売　　七右衛門（北花山）、平治（大宅）、吉右衛門（西野山）、磯右衛門（小山）
二、荒物商売　　権右衛門（北花山）、八右衛門・佐右衛門・常八（四宮）、岩二郎（大塚）
三、薬商　　新五兵衛・春次（厨子奥）、貞右衛門（椥辻）、医師善治（御陵）
四、舂米商《つきまい》（精米業）　　新兵衛（厨子奥）、半左衛門（御陵）、徳右衛門（大宅）、権右衛門（北花山）、

喜右衛門（髭茶屋）

五、酒造商　伝右衛門（大宅）

六、餅屋商　清介・常右衛門・半右衛門・久右衛門（四宮）、庄次郎（竹鼻）

以上が商売あるいは商いである。ついで挊《かせぎ》（稼ぎのこと）は以下のようである。

一、大工稼ぎ　久作（北花山）、万吉（椥辻）、平右衛門・宇兵衛（竹鼻）、治兵衛（大宅）

二、桶屋稼ぎ　兵助（四宮）、治郎兵衛（北花山）

三、水茶屋稼ぎ　定八（おとら茶屋）、嘉平治（おちか茶屋）、十介（北花山）、五郎兵衛・次郎右衛門（御陵）、新次郎・長二郎（上野）、仁兵衛・定二郎（竹鼻）、八兵衛・吉兵衛（日岡）、久右衛門・茂右衛門・藤兵衛・新蔵（四宮）

四、日岡峠牛車小上ケ稼ぎ　「日岡村中手透《てす》き之者」

五、歩行荷並びに牛馬稼ぎ（多数）

いくつか補足しておこう。質商売の四軒は質屋仲間の宇治組に属し、京・四条撞木之筋の質会所《しちかいしょ》の差配《さはい》をうけ、毎月銀二匁五分を宇治組総代の材木屋勘兵衛に納めている。舂米は搗き米で、精米業である。水車を用いていたと考えられる。大宅の伝右衛門の酒造業は一一カ年以前から始めたとあり文化六（一八〇九）年創業である。「農業手透《てす》き」（農閑期の、農業の傍らの）営業だそうだが、実態はどうだったのか。

大工もまた仲間に属して活動していた。京都大工仲間のうち山科組である。北花山村の久作は文化元～二年の東海道改修工事にも関係している。有力な大工だったのだろうか。一方、「牛車小上げ稼ぎ」は「日岡村中百姓手透き之者」とあるだけである。峠のたもとに待機していて、牛車の荷重を減らすために車の荷物を峠の上まで担ぎあげた人夫のことだが、日岡村以外の人もやれたのか、仕事に従事するための鑑札があったのかなど詳しいことはわからない。実態を知りたいものである。

「歩行荷並びに牛馬稼ぎ」は「当所産物竹木其之外大津駅問屋荷物並びに伏見駅六地蔵問屋荷諸方へ運送」する仕事であるが、この従事者は「郷中村々町々共」とあるだけである。ただし「名前之儀ハ多分之事ニ御座候故」とあるから、従事者は非常に多くて名前を書ききれないほどであったらしい。これまた牛馬を持っている者だけの仕事だったのか、そうではなかったのかなどはわからない。

次に追分と蹴上の状況をみていこう。両町とも「東海道筋立場《たてば》」で、京都三条と大津宿との中間の休憩所だった。まず追分髭茶屋町は以下のようである。

一、馬挊（稼ぎ）　治郎右衛門
二、古手《ふるて》・煙管《きせる》商売　吉兵衛
三、針・煙管・草履わらじ職商い　勘兵衛
四、荒物商売　喜右衛門（外に舂米商売も）
五、醤油荷ない売り　次郎兵衛
六、針・小車職商い　庄兵衛
七、煮売り商い・商人宿　伊右衛門・半左衛門・為右衛門・市右衛門

治郎右衛門の稼ぎは「大津伏見京都問屋荷諸方運送仕」る運送業である。使用する馬の数は増減があるので、何頭であると報告しにくいとあるが、髭茶屋町を代表する運送業者らしい。なお「運上《うんじょう》ハ差し出さず大津駅役馬相勤候」ことについては別に触れる。

吉兵衛の「古手」（古着の事。反物ではない、仕立てた着物のことをさす場合もある）商売も株仲間に属していて（「宇治組株之内」）、仲間入用銀は年二六匁である。また煙管製造も京都東組株に属し、「両御奉行所へ年頭御礼之節為御冥《みょう》加《が》金百疋ツツ毎年差上げ来り候」（南北両京都町奉行所に年頭のあいさつに行く時、冥加金を差上げている）とある。吉兵衛は地域の煙管製造業のまとめ役だったのかもしれない。ただし、三番の勘兵衛の煙管職商いは

「前々より何方《いずかた》へも運上並びに冥加銀等差出不申候」とある。両者の関係はわからないが、勘兵衛の方はいかにも小規模にみえる。五番次郎兵衛の醤油は「京作り醤油屋より請売り」である。作り醤油屋の名前はわからない。六番庄兵衛の「小車」は小型の荷車を製造しているということであろう。

七番の四名は同じ商売で、「煮売り」（『広辞苑』には「飯および魚・野菜・豆などを煮て売ること」とある。その店が煮売り屋である）のほかに、「京都仮宿株請いたし商人宿仕り候」とある。不勉強で「仮宿株」についてはなにもわからないが、商人宿も株仲間に組織されていて、冥加銀は年二回、銀四匁二分ずつであった。

追分八軒町では以下のようである。

一、針・小車・大津絵職商い　九兵衛・治右衛門・伊助・九平
二、煙草商い　弥七
三、針職商い　庄右衛門
四、針・小車・算盤《そろばん》職商い　宇兵衛・新助
五、針・小車職商い　孫兵衛
六、糀《こうじ》商売　長兵衛
七、青物・果物商売　庄兵衛
八、桶屋稼ぎ　喜八

ここでは特に補足することはない。針・小車・大津絵・算盤など伝統産業となる手工業がすでに展開していたことがわかる。

蹴上に移ろう。まず蹴上六軒町は以下のようである。

一、煮売り商い　太七
二、煮売り・商人宿　長兵衛

三、立場《たてば》　　　　　　　　　　いつつや（井筒屋）太右衛門・弓屋八郎右衛門

長兵衛の商人宿については「京仮宿致株入り商人宿仕候」とあり、毎年冥加銀六匁五分を京の宿屋仲間に納めていた。立場の二人については何も書いてないが、荷物の積み下ろしや輸送を請け負う運輸業者であろう。茶屋（休憩所）でもあったかもしれない。

次に蹴上九体町は、

煮売り商い　　　　　　　　　　清蔵・十助・吉郎兵衛・新蔵

以上、長々と一九世紀初頭の山科郷における商売や職商い（稼ぎ）を紹介してきた。先にも指摘したように、かなりの展開をみせていたと考えられる請酒営業が一軒も出てこないなどの疑問も残る史料だが、いちおう網羅的な調査結果といえる。

いくつかの村の多くの人名がでてきた。子孫が現存しておられるケースもあるのではないか。少し内容を検討してみよう。大工や桶屋は古くからの職種である。たぶん左官や木挽き・杣《そま》・屋根葺きなどもいたはずである。いずれも農業との結びつきが強く兼業とみなされて調査には出てきていないのかもしれない。また、鉄製の各種農具が普及していたから、その製造・修理のために鍛冶職も必要だったと考えられるが出てこない。

大工職は仲間を作って山科組と称していたことがわかる。京都大工頭中井家の統制の下にある京都大工仲間に属していたらしいが、山科組として独立した年代や経過については不勉強でわからない。組を組織していたからには組の代表（組頭とか惣代など）がいて、組の運営費が徴収され、組の規則などもあっただろうが、いまのところ不明である。私の知っている事例をあげると、「入り込みニ不相成様他之働き場所へは一切立ち入りまじく、もし心得違いにて猥《みだ》りに立ち入り、我儘《わがまま》仕り候者出来候はば、その者と仕業助け合い一切不仕申合せ《いっさいつかまつらざる》」などと決めている（『三田市史資料編　近世資料』）。請負仕事の現場に他の大工が参入することを禁じて、もし参入があっ

たらその者とは以後協力しないと自由勝手な活動を制限している。「一統人情ヲ捨て候テ、助け合いくれ候者無之候テハ、急仕業聊《いささか》之家普請請合い候テモ、漸《ようやく》主一人・弟子一人位《くらい》ニテハ、普請主之差し支えに相成」というわけである。他の大工の仕事に勝手に割り込んだ者に対しては、人情を捨てて協力しない。そうなれば親方一人・弟子一人程度の規模の大工は、家普請を請け負っても普請主の要望にこたえられないで困るだろう。だから互いの仕事場を尊重し、「仲ケ間一統水魚之交わり」で行こうという趣旨である。

幕府が天保の改革を行い、いわゆる株仲間解散令を出す。右の「職道定法帳」から抜粋した取り決めは、三田組の大工仲間が解散令に対応して、組織の内部固めをはかったものだが、山科ではどうだったのか。大工が山科郷全体で五名しか出てこないが、これは専業の大工職で、その周辺には農業のかたわら大工を仕事にしている人たちがいて、何らかの組織があったのではないか。

質屋もまた仲間に組織されていた。盗品の質入れなどを防ぐためにも必要だったのであろう。山科郷における営業の実態はいまのところまったくわからない。宇治組に属していたとあるが、『宇治市史』をさっとみたかぎりでは、宇治組についても、材木屋勘兵衛についてもわからない。貨幣経済が発達してきて人々の貨幣を使う度合いが増えるにつれて、質屋は有力な営業の一つになっていった。質営業の権利（質屋株）を持って、仲間に入っている者だけが史料に出てきているのではないかと考えられるが、それに限らず、さまざまな規模での金融が郷内に展開するようになっていったことは間違いないであろう。

追分や蹴上でも、先にみたように古手商売や煙管製造、さらに商人宿が（株）仲間に組織されている。これまた営業実態はわからない。街道と関連したいろいろな手工業の成立過程や生産・販売の実態を明らかにしたいものである。

両町にかぎらず郷内には街道と関連しているとみられる商売が存在している。餅屋や水茶屋はその事例である。さらに多くの郷民が荷物の運送にかかわっていたらしいことがうかがえる。現金収入源の一つであったのであろう。

史料の「米穀之外村方産物等」の記述は非常に簡単である。産物は米のほかは菜種・竹・木（ただし薪の類）と書くのみで、どのくらいの量が生産され、さらに販売されたのかについての記述はない。先に「村明細帳」で郷民が京都町中へ肥料となる屎尿《しにょう》をくみ取りに行っていることを紹介した。野菜の類との交換や販売があったに違いない。ただし郷内の各種生産が新たな産業を生み出すまでの展開をみせるということはなかったようである。たとえば菜種が産物だが、それが絞油業を生み出し、菜種油が特産物として郷内外に流通するというような動向はみられない。綿も栽培されているが、綿糸・綿織物業をうみだすほどではなかった。

以上のような状況が、運ばれる物資・物産の増加につれて人々の運輸・運送との関係をより深めていったと考えられる。もともと山科郷の地理的位置は運輸・運送とのかかわりを必然的にしてきていたわけだが、史料にも京都・伏見・大津・六地蔵などの問屋荷物を運送していると出てくる。その際、「運上《うんじょう》ハ不差出《さしださず》大津駅役馬相勤め来り候」と記述している「大津宿役馬」をみていこう。

これについては前に村明細で紹介した。その文面と対応する大津側の史料を突き合わせてみよう。「車石・車道研究会」の久保孝さんから「大津古文書輪読会」が翻刻した『大津町覚』を紹介された。江戸時代後期明和四（一七六七）年と推定される大津町の市勢要覧のような史料である。その中に交通運輸関係の項目があり、山科郷村々が出てくる。

一、山科郷村々日役馬　五拾弐疋　是ハ毎日大津へ入り込み御往来継馬役《つぎうまやく》相勤め申し候ニ付、古来より大津御伝馬助成《おてんまじょせい》之平等荷物馬之内、三歩通り付け込み致させ、七歩通り大津御伝馬役之者付送り仕り候、尤《もっとも》右御役馬壱疋ニ付、一ケ年ニ銀弐拾六匁ツツ馬借所《ばしゃくしょ》へ差出し申し候、馬数之儀ハ年々増減有之事

一、同余計馬　五疋　是ハ日役馬病馬等有之候節代馬として持ち立て申し候

一、山科郷村々（他地域名略）鞍銀牛《くらぎんうし》弐百六十疋　是ハ右村々牛毎日大津へ入り込み商人米荷送り仕り候に付

き、古来より鞍銀として一ケ年ニ牛壱疋ニ付銀弐拾弐匁五分ニ口米《くちまい》九升六合ツツ馬借所へ差出し申し候

（後略）

一、山科郷無銀馬《むぎんうま》　拾壱疋　是ハ禁裏様御用相勤め候に付、古来より無銀鞍馬印《むぎんくらうまいん》遣わし置き、諸荷物付送り
　仕り候

その他の引用は省略するが、各地から牛馬が入り込んで荷物運搬にあたっていた。一項目日の日役馬の説明は山科側の村明細のそれと同じである。大津宿で公用人馬の運搬の役を勤める義務を負い、その余りは一般の商人荷物の運送が認められている。その割合が大津七・山科三であった。この役馬として活動するためには年に二六匁の銀が必要であったことがわかる。予備の役馬もあった。さらに役馬のほか大量の牛が「鞍銀」を払って毎日大津へ行き、大津の「馬借」や他地域の牛遣いと競い合って商人荷を運んでいることが注目される。また禁裏御用のための鞍銀なしの特権を認められた馬もあったことがわかる。

ふたたび山科側からみよう。享保初年（享保四年か）に「この度大津馬借共と山科郷中馬持ども出入りニ付、惣馬当七月十七日より大津へ往来之儀馬借共より指留《さしとめ》め申す」という事態が起きている。出入り（訴訟）にからんで大津の馬借が山科馬の大津来着を阻止したというのである。訴訟の内容は現在のところわからないが、阻止されたのは「先祖より数拾代馬鞍無役之御免　奉　蒙《ごめんこうむりたてまつり》、只今ニ至り所持」の者と、椥辻村真右衛門・東野村六郎左衛門・御陵村彦三郎・竹鼻村孫兵衛・四宮村善兵衛である。この史料は写しで訴人七人がここに名前の出ている者らしいが、「四拾度余大津会所之帳面ニ無役之儀相印シ、即《すなわち》私共銘々名前ニ印形も取置き」とあるから、「無銀馬」の特権を持つ者たちが大津出入り差し止めの不当を訴えたのであろう。差し止めにより「諸駄賃之費《ついえ》頃日迄《けいじつまで》（先日までに）現米《げんまい》七百石余之違い御座候」とも訴えている。最近までの収入が現物の米七〇〇石余に相当するくらいなくなっているというのである。訴状だから誇張もあるだろうが、物流がさかんになり、その影響が山科郷にも及んでいることがうかがえる。

その結果郷内でも対立がうまれた。享保一七（一七三二）年一〇月八日の山科馬の活動をめぐって「南郷」と「北郷」が争っている。紛争の具体的内容はわからないが、早く結着をつけたいのでよろしくと惣頭比留田源治に「口上書」を提出している。出したのは「北郷」で、署名者は小山村庄屋伊右ヱ門・同村馬持ち惣代四郎兵衛、四宮村庄屋善七・馬持ち庄兵衛、竹鼻村庄屋藤右衛門、安朱村庄屋半左衛門・馬持ち長左衛門、御陵村庄屋平治・馬持ち治兵衛、厨子奥村庄屋平五郎・馬持ち伝三郎、北花山村馬持ち権右衛門・勘七・四郎左衛門である。「南郷」は西野・東野・椥辻や大塚・大宅などの村々だろうか。ともかくかなりの村に馬持ちがいたことが明らかである。これは一八世紀前半の状況だから、こののち馬持ちや牛遣いの活動の場はさらに、だんだんと増えていったとみていいのではないだろうか。前にみた村明細の農外稼業の記述も思い出そう。一例として大宅村の牛持清兵衛が村役人と連名で大津丑（牛）鞍役人にあてた「一札事」を紹介しよう（沢野井（忠）家文書）。「場銭札」のことで無調法があった（紛失か？）ことを詫び、新札の発行を願い出ている。上に出てきた「鞍銀牛」従事者だったと考えられる。

山科郷に農業以外にどんな商いや稼ぎがあったのかをみていたので、少しコースを外れた。元に戻ろう。はじめに取り上げた文政二年九月の「調書」に基づいて、幕府は同じ年の一一月に諸物価を調査したうえで、物価の引き下げを命令し、その結果の報告を求めている。その報告の写しが「諸色《しょしき》直段高直《ねだんたかね》ニ付引下直段取調被仰付候ニ付、則引下直段取調指上候訳書《わけがき》」（比留田家文書）である。内容をみていこう。

最初は荒物商売である。五人の商人の名前は「調書」と同じだから繰り返さない。彼らは「当商売直段引下之儀此度厳敷《きびしく》御触有之、尚又《なおまた》御吟味ニ付、元直段壱割通り引下、正路《せいろ》ニ相商ひ可仕候、尤《もっとも》品々数多《あまた》候儀故、逸々《いちいち》直段書指上げ不申候」と答えている。値段は一割下げである。

薬商四人の答えは「直段引下之儀御断り」である。その理由として「薬味直段甲乙御座候品故、当時《とうじ》何程《なにほど》可引下申哉《ひきさげもうすべきや》之《の》段《だん》難相定《あいさだめがたく》」といっている。「薬味」（薬の原料（薬種）のことであろう）の値段はいろいろでそれから作る薬の値段をいくら引き下げるかは決められない。「此後薬味直段甲乙之次第ニテ売薬増減仕、正路ニ売買可仕より外《ほか》無御座候故、自今《じこん》精々薬種買出応直段……売買」する、すなわち原料の値段に対応して製薬するほか仕方がないので、せいぜい薬種の値段に応じた薬の値段にするが答えである。

春米《つきまい》商売五名の返答もおもしろい。命令をうけて五人で相談したけれども、「何分《なにぶん》時之相場を以て売買仕候儀故、何程引下可申と申す儀難相定」、米の値段は相場物だから、いくら値下げできるかはきめがたい。しかし「自今銘々利徳之内五分通り引落」、以後利益を五％減らして、時々の相場に応じた売買を行う。利徳が薄くなったからといって「升実並びに春立《つきたて》等不実意之筋など決テ仕間敷候」と付け加えている。

酒造商売は元値段から二割下げである。ただし元値段はわからない。

餅屋商売は「壱銭文より次第望みニ応じ」る商売だから、値下げは勘弁してほしい。米値段に応じて「品柄《しながら》不衰様仕《おとろえざるようつかまつり》」商売するとしている。品質を落とさないようにするというのである。

大工は引下げ御断りである。山科の工賃は「元来他ニ替り下料《げりょう》ニテ、壱人工料弐匁五分」でしかない、むしろ「近来京地同様ニ工料値上げ仕度旨《つかまつりたきむね》申合せ罷在《まかりあ》」るところである。山科の大工工賃は他所より安く、むしろ京都なみに値上げしてほしいと相談しているところだから値下げは難しい。しかし、これからは「朝早く罷り出で、夕べハ遅く仕舞《しまい》、精々入精仕相稼《せいぜいにゅうせいつかまつり》」ぐといっているところがおもしろい。

桶屋は各種桶類販売ではなく「輪入れ稼ぎ第一」でやってきた。その工賃は一日二〇〇文でしかないから、この度の値下げは勘弁してほしいが返事である。

追分では一二業種が「一同申合せ自今都《じこんすべ》テ元値段壱割通り引下」と答え、蹴上も同様一割下げである。

歩行荷稼ぎ・牛馬稼ぎ・日岡峠牛車小上げ稼ぎは決まった運賃があるわけではなく、「遠近《えんきん》荷物《にもつ》之《の》寄模様《もようにより》差別御座候テ、荷主より運賃相場定メ相渡し」てきた。すなわち条件に応じて荷主が運賃相場を決めてきた。これからも正直に、心得違いなく稼ぐとしている。

さて、これで物価は下がったか。幕府の理屈では「近年米価下直《したね》ニ候処、諸色之直段《ねだん》高直ニ付、米穀ヲ以て造り出し候品ハ勿論《もちろん》其余之諸色諸物産共直段引下」るはずというが、その通りだろうか。幕末に向かう時期の、山科に即した、諸物価・工賃・賃金などを明らかにすることが課題である。なお仲間組織の商人宿、質商売、古手・煙管商売は京都奉行所管轄で、値段引下の結果についてはこの史料には出てこない。

農業がもっとも多くの人々の従事した職種であったことはいうまでもないが、その外にもいろいろな職種のあったことがわかった。また農業のかたわらの副業とみなされて調査に出てこない職種・仕事もあったのではないかとも推定した。これらに従事する人々の織り成す世相は、時代こそ違え、いつの世もという感をいだかせる。思いつくままにいくつかあげてみよう。

嘉永五年春からの「村用願書控え」（幸田家文書）で幕末の安朱村での出来事がわかる。六月には「常々不行《ふぎょう》跡者《せきもの》ニて農業をも不仕……此上《このうえ》如何《いか》様《よう》之《の》悪事《あくじ》仕出《しだし》可申哉《もうすべきや》難斗《はかりがたく》」として三一歳の倅《せがれ》勘当《かんどう》願が親から毘沙門堂の寺侍磯田豊前守・同和泉守・進藤左近に出されている。

別の村の事例だが、母と暮らす二八歳の無高百姓が「母捨置き当月（文政三年七月）一三日夜家出仕候ニ付、心当り相尋《たず》ね候得共尓今《じこん》行衛《ゆくえ》相知れ不申」、彼は悪事には関わり合いがなかったらしいが、「失《う》せ人御帳面ニ被成下」と願い出ている（沢野井忠家文書）。いわゆる帳はずれにするようとの願いである。なお行方不明と届け出ると領主は三〇日間捜索などを命令して領民を確保しようとした。その期間中に戻ってきた事例がある。「立帰り候ニ付家出之始末相糺《あいただし》候処……奉公稼《ほうこうかせ》ぎ仕《つかまつり》度《たき》存念《ぞんねん》ニ付《つき》罷出《まかりいで》、夫れより江州甲賀郡太子村平兵衛と申す方へ有《あり》付《つき》、奉公稼ぎ仕《つかまつり》罷有《まかりあり》候得共、思敷《おもわしき》儀《ぎ》も無之《これなく》立ち帰り候」と答えた。奉公稼ぎをするつもりで家出をし、江州で奉公したが、期待したほどのこともなく帰村したという。村から太子村へ問い合わせ、問題になるようなこともないようなので、無断家出をお許しのうえ帰住を認めてくれるよう願い出ている。

安朱村に戻ろう。翌六年三月一二日には火事があった。借家が一軒燃えている。「今朝卯半刻《うはんとき》（午前六時）頃不斗出火《はからずも》」「竈《かまど》之灰を取、火之気無之儀」と思ったという。「早速近隣者駆付打消候外ニ類焼等何之別状無御座」と報告している。四宮・竹鼻・上野・御陵村から見舞いがあり、跡片付けには一一人が動員されている。

開国後の情勢を思わせる出来事もあった。七年九月五日には「京都彦根屋敷より国元へ」大砲二挺が運ばれている。「御警衛御用」と書かれた札を立てて、「石火矢《いしびや》」「大筒《おおづつ》」が地車《じぐるま》二輌、人足二二人掛りで安朱を通っていった。目方八〇〇貫の壱挺には「伊豆韮山長谷川刑部秋貞」の鋳印があるとスケッチされている。長谷川氏は知らなくとも韮山の江川太郎左衛門や反射炉はご存知だろう。

安政と年号が替わった五年七月には大阪島之内筋道修町の何某《なにがし》が当所を通りがかりに俄《にわか》に病気になり、養生かなわず死亡、倅の希望で村送りで国元へ送る往来手形が発行されている。同じ五年七月六日には往来の大日川に「行倒れ者子供連れ」があり、竹鼻・四宮村庄屋立会のうえ三カ村で「養生食物壱日替わり」で面倒をみている。結末はわからないがセーフティネットが働いている。

少しさかのぼるが天明二年一一月のセーフティネットの取極めをみよう（「定」沢野井忠家文書）。奈良街道に関係する大宅・大塚・音羽・行燈町・小山・髭茶屋・八間町が結んでいるもので、「往来之病人村次ニ送り来候節、暮六つ時限りニ請取渡し」「右病人相果《は》て候節御公議（儀）様へ御届斗《ばかり》ニて相済候分は一ケ村ニ銀四匁ツヽ」「同《どう》断《だん》御検使之上相済候分は壱ケ村銀壱拾五匁ツヽ」出すなどと決めている。公儀とのかかわり方（役人が出張するかどうか）で要費が違っている。

郷外から、また郷外へ奉公人の動きがみられる。年季奉公から日雇いまで様々だが、なかには乳母《うば》奉公もあった。天保三年三月に東野村の女性が大宅村へ行く「乳母奉公人請状」（沢野井忠家文書）をみよう。「此のきしと申す女当三月より半季、給銀百目之約束ニて乳母奉公ニ差出申し候処実正《じっしょう》也」とある。この事例では給銀のいくらかを前借していたらしい。病気になったり、不埒なことがあったら代りの者を差し出すことが奉公人請状の決まり文句になっている。奉公は三月と九月が契約時期の半期奉公例が多く、ほかは日雇いで、もう長年期の年季奉公はみられないようである。

安政六年二月に音羽村の米屋藤兵衛・おうた夫婦の七歳になる子が京東川端三条上ルの晒屋長兵衛方に養子に行っている（「養子一札之事」八木家文書）。普通の養子縁組とみられるが、なかには悲しい事例もあった。「私儀近年身上不如意ニ付当年五歳ニ相成り候娘うた儀養育も致し兼ね候ニ付其元《そこもと》へ御願申上げ、一生不通ニ遣シ申所実正也」とある（「一札」八木家文書）。「一生不通」とは永久に縁を切ったということであろう。だから「御勝手次第ニて成人後奉公ニ御出し被成候共一言之妨《さまたげ》申すもの毛頭無御座候」というわけである。

こんな事例を見ていたらきりがない。泥棒の例でおわりにする。大宅村の妻子とも五人暮らしの農家に「昨夜（寛政一二年一〇月一二日）九時《ここのつどき》前（一二時前）と覚《おぼえ》候、居宅ニ続キ有之候牛部屋戸《と》締寄《じまりよせ》候所を明け、盗賊弐人連れニて這入り」、金五両一分・銀一五六匁ほど・銭七貫五・六〇〇文ほどと銀簪《かんざし》・女紙入れ（鏡付き）・木綿紺模様風呂敷・真鍮《しんちゅう》きせる・脇差（小柄付き）各一を盗んで逃げたという訴えが代官所に出されている（沢野井忠家文書）。結末はわからない。

一三　竹と山科・京都

酒など各種商品の取り扱いの有様は、山科の外で生産された商品が山科に流入してきていることを示している。これに対応して山科で生産された農産物などが山科の外に販売されていったと考えられるが、今のところその実態を明らかにしてくれる史料はみつからない。山科の農民は京都市街に肥料を求めて峠を越えて出かけている。そこで自家製の野菜その他を販売したであろうことは当然あったと考えられる。山科茄子などのブランド化はその証拠の一つであろう。また後にふれるが年貢納入前に米を売るなという触れが代官所からたびたび出されている。裏返して考えれば米の販売が広く行われていたことの傍証で、販売先が京都であることもまさに京都近郊に位置する山科にとっては当然であろう。ただ現在のところ山科在住の米商人の活動状況や個別農家の米販売を含む経営状況を明らかにしてくれる史料に出会っていない。このような状態の中で竹だけはある程度追求できそうである。すでに御所に季節の竹の子を献上している話や、藪といえば竹藪といえるほど竹藪が広がっていたらしいということをみてきている。山科で生み出され、山科の外に出ていった物産としてさらに追いかけてみよう。

山科から外へ出ていく竹はなによりも朝廷の御用を勤める形で出ていった。大嘗会《だいじょうえ》など臨時御用からみよう。現在のところ比留田家文書のなかでは、貞享四（一六八七）年三月の東山天皇の践祚《せんそ》の際の大嘗会御用竹史料が一番古い事例であろう。「目通りニて五寸回り、六寸回り」の竹八五〇本が「村々有来ル竹役」に賦課されている。次は元文三（一七三八）年一一月で三寸・四寸・五寸・六寸の竹五九四九本、将軍吉宗が貞享四年以来五一年ぶりに大嘗会を復興したときである。さらに寛政八（一七九六）年五月「御所掛諸御用ニ付入用覚帳」（この史料については次の項で詳しくみる）には「大嘗会ニ付竹木御用」として竹七一五〇本が記載されている。次いで文政元年九月の七一六五本がある（「口上書」「大嘗会御用竹木調進之儀」）。九月一五日に上花山村など六カ村から二〇三〇本、翌一六日音羽村ほか五カ村から二五二九本、一七日に東野村など三カ村から二六〇六本を「清和院御門外ニて御改相請、同御門前へ相納」めるよう打ち合わせている。嘉永元年八月「大嘗会諸御用留」では三〜六寸の竹七四〇六本を九月一日から二〇日の間に烏丸通下ル下長者町新在家御門外定御修理小屋」へ運び込む手筈になっている。

以上、判明する総本数だけをあげ、村別の割り当て数値などは省略した。竹のほかに松丸太・杉丸太・皮付き椴松《とどまつ》・椎葉も徴発された。これらを御所に運搬する人足の動員などを考えれば、臨時の御用とはいえ大変な負担であったであろう。各村がどのように竹を集めたかなど具体的なことはわからないが、「随分入念清浄致」すことが求められている。ここでは嘉永元年一一月の大嘗会の場合をもう少しみよう。

八月二〇日に郷寄合が開かれ、評定のうえ各村の用意する竹の数を太さごとに決めている。二三日には御用木一式の入札が行われ、大宅村佐兵衛が二貫三五〇目で落札。「大嘗会恐悦《きょうえつ》其の外万端《ばんたん》諸入用請負」の入札は銀二貫目で音羽村が落札。ところが入札で決めたことが代官所に知られて、「大切成《たいせつなる》御用向仮初《かりそめ》ニも入札ニて安値ニ落札儀　甚《はなはだ》不埒《ふらち》」ということで差し止めとなり、二七日に再度参会、松一式は大塚村蔵之丞・大宅村平治が請け合い納入、諸入用は大嘗会御用掛椥辻村利右衛門・大塚村蔵之丞が銀二貫五〇〇目で請負と決めている。なお竹木納入人足は各村ではなく郷人足として取り組むとしている。

日常的な負担は御用藪に掛けられた。御用藪は各村に設定されていたと考えられるが、ここでは宝暦九年七月の上花山村「御用藪並無年貢山反別書上帳」（比留田家文書）を紹介したい。御用藪は八カ所にあり、面積は三反六畝二一歩である。二畝から六畝二四歩まで八名の持主がいる。いずれも元持主のいる「当時持主」だから、御用藪の権利は売買されていたとみられる。「御所様へ右御藪より毎年筍並御用竹例年差上ケ来申候」とある。先にみた村明細では御用竹として「小竹」「のみ竹」「さし竹」が出てきた。「さし竹」は御蔵納入米検査のための道具（米さし）用かもしれない。大宅村の負担は「左義長竹」三六本、「小竹」二四四本、「のほり竹」一本であった。

山科郷にどのくらいの面積の竹藪があったかはわからない。明治前期の地図をみれば家の周りにも、山の斜面にも、集落を結ぶ道路の脇にも竹藪の記号をみることができる。うっそうとした竹藪の中の、あるいはそばの道を通るときは怖いくらいであったというような話を聞かれたことのある方はおおぜい居られることであろう。このような風景は江戸時代にさかのぼればさらにひろがっていたであろう。この竹藪から切り出された商品としての竹をめぐる動きをみよう。

比留田家の竹関係文書は文化末から文政期に集中している。商品としての竹の流通をめぐる諸問題がこの時期に集中的に表面化したことを示している。表紙に「文化十四丑年二月調之」とある「京都竹屋仲間と山科郷と出入りニ付願書並びに応答一条」で問題の推移の概略をみていこう。

京都竹屋（株）仲間が組織され、諸方から竹を買い入れ、売捌く「渡世」（商売）をし、「公役」も納めてきたことを前提として、文化一三（一八一六）年に京都竹屋仲間代表（年番組頭）が竹屋の商売がふるわなくて難儀している、「素人直売買《じきばいばい》」をやめさせ、竹藪持ちの者は切り出した竹は竹屋に売るようにとの御触れを出していただきたいと奉行所に嘆願し、それを受けて町奉行が触れを出したのが発端である。同年一〇月五日付けの触れは次のようである。

　在方より竹荷ひ売りニ罷越《まかりこし》候もの多有之、素人共買取其外当地町々普請等いたし候もの並びに竹多く入用之諸職人も、在方藪元へ罷越し、直買《じきがい》追々ニ増長致し候ニ付、竹売捌方悪敷《あしく》、仲ケ間衰微いたし難儀之由

とくに注釈をするまでもないであろう。本来働くべき竹屋仲間の統制が崩れ、御土居藪竹など公からの払い下げ値段があるにもかかわらず自由な竹取引が行われるようになっている。

　全体右仲ケ間外《がい》之者共竹直《じき》売買不相成る事ニ候処、天明年中火災後諸商売手広《てびろ》ニ可致旨触置き候に付、勝手

次第直売買いたし候者も可有之候得共、寛政十二申年右仲ケ間如元《もとのごとく》相立候上は、以来右仲ケ間之外ニて荷ひ売り之竹ハ勿論、在々藪元へ罷越直買《じきがい》致《いたす》間敷《まじく》、藪持之者共も猥《みだり》ニ素人共へ直売り不相成候間其旨可相心得候、竹屋共へも正路《せいろ》売買可致旨申渡置く

天明の大火（本書一五項参照）の後、町の復興を促すため手広く商売することを認めてきたためか、本来できないはずの竹直売買をやっている者もいるようだが、寛政一二年に元のように仲間の設立を認めたのであるから、竹屋仲間以外の売買や素人売買も禁止である。竹屋仲間へも正しい商売をするように申し渡す。

この触れが雑色の松尾左兵衛から一一月一九日に山科へ伝達されると、郷では比留田氏と「持切惣代」（この問題の専任代表であろう）の三人の庄屋が対応を協議し、松尾方へ行き真意を探ろうとするが、「何か竹屋之尻持ちらしく何事も明シ不申」、そこで竹屋仲間年番鍵屋九左衛門方を尋ね、おりから問題になっている西野村孫兵衛（竹仲買）の京都市中での仲買行為（京馬町大丸五兵衛への販売や山科西野村・川田村での竹仲買）を奉行所へ訴え出る件などで話し合ったが決着せず、山科郷の衰微にもかかわるということで、「郷庄屋数度寄合いたし、弥《いよいよ》当郷も願立可申に決定」となる。文化一三年一二月二一日の「乍恐奉願口上書」で、山科郷を代表して椥辻村庄屋貞右衛門、大宅村同伝右衛門、厨子奥村同新五兵衛の三人が京都町奉行へ提出した。かなり長文だからいくつかに分けてみていこう。

「去ル十月竹屋年番組頭之者より竹屋仲間致衰微難儀ニ付素人直売買不仕、藪持之者共より竹屋共へ売買可仕候様被仰触」と書き出している。奉行の命令に「承《しょう》知《ち》奉畏《おそれたてまつり》」、そのうえで山科郷側の要望を主張する。まず「山科郷之儀は往古より禁裏御所御用竹並びに筍調進仕来候、右御用竹之儀年々上納員数御増減有之、猶亦《なおまた》御大例（礼）之節抔《など》は別て上納員数格別夥敷《おびただしく》調進仕候儀ニ御座候」と禁裏御用として竹・筍を納入していることを確認したうえで、大嘗会などの時には大量の竹を納入していることを強調する。この点に誇張のないことは右にあげた数値で確かめられる。

この竹はどのように用意されるのか。「前年冬竹取悩好者成る者見立て、翌年之御用竹為請合」、「竹取悩好者」は当て字のようでどう読めばいいのかわからないが、竹について目利きの者ということだろうと考えられる。そういう人物に請け負わせて準備する。そのため彼は「郷中之年々附藪見立買請、御用竹□□（虫食）差支ニ被相成様手当仕置」、「附藪」とはどういう竹藪のことかわからないが、十分な量の良質の竹を準備しておくといっている。そのうえで「御不用」になるとみられる分、すなわち朝廷に納入して余った分を諸方へ売りさばいてきた。さらに「農業竹」や「家作竹」はどうか。これまでは「藪元ニて求メ来候」。はっきりしないが農作業用や建築用に必要な者が自由に竹藪持ちの農家から購入していたということであろう。

ところがこの度のお触れで「素人売買之儀御差留」になった。だから「京地荷ひ売」や「素人ニ売捌」はできないし、やらないとしたうえで、「山科一郷丈《やましないちごうだけ》之儀は相互ニ是迄之通り売買《ばいばい》御《お》赦免《しゃめん》被成下《なしくだされ》候《そうらは》ハハ《ば》」ありがたいと歎願する。山科郷内ではこれまで通り売り手も買い手も自由に売買することを認めてもらいたいというのである。

その理由は以下のようである。第一は「近来御取箇強く其上諸御用も不容易《よういならず》夥布《おびただしく》相掛」りである。年貢過重・御所御用過多であるとの主張である。第二は「不作打続困窮仕」りである。不作続きで困窮し、中には住民が「退転《たいてん》（村を離れる）」せざるを得ないような村もある。第三はこのたびのお触れである。お触れによって「藪持之者竹売捌き方手狭ニ相成り」、そのため「種々竹屋共より買請直段格別相進ミ候様相成り候テは（独占的に竹販売をする竹屋仲間が各種の竹の買い取り値段を引き下げるだろうから）尚更《なおさら》困窮仕」るだろう。竹の種類として御用竹のほか農業竹、家作修復竹、柵竹、常用竹が出てくる。さらに山科郷内だけでも自由売買を願うのは「全体御年貢未進《みしん》方皆済《かいさい》等ニ差詰り相続難成候もの共藪地立毛《たちげ》差繰りを以取続者多分有之」からである。藪地から切り出す竹を売って年貢納入をはじめ生活を支えているというのは、程度の違いはあろうが、山科郷の農民に共通していたと考えられる。

さて口上書は一二月二一日巳半時（午前一〇時ころ）に東奉行所（御掛り佐野肥後守様）へ提出される。ほどなく御白洲へ呼び出され公事方加納万五郎より明一二日五つ半時（午前九時ころ）出頭が命じられる。そこでは「山科郷並びに竹屋仲間共相談可相成様、席を定め出張対談可致、竹屋共儀ハ御触れ通り申募《もうしつのり》間敷《まじ》く、山科郷之儀は禁裏御用不申募、熟和《じゅくわ》可及対談ニ《たいだんニおよぶべし》」といわれて退出。要するに当事者同士で話し合って決着させよ、その際竹屋は奉行所触れ（素人の直売買禁止）にこだわらず、山科側も禁裏御用を強調しないで対談せよと命じている。この後山科郷定宿笹屋伝助や竹屋定宿吉田屋亭主も間に入っていろいろあるわけだがそこは省略。先斗町伊藤座敷で一二月二五日九つ時（昼一二時前後）に会い、その後年が明けた一月一〇日さらに二月一日・六日・九日・一〇日と奉行所御門前の宿屋などで会っている。

竹屋仲間年番鍵屋九左衛門・井筒屋徳兵衛・山城屋庄兵衛・竹屋五兵衛・井筒屋庄右衛門と上記の山科郷代表庄屋三名との話し合いの結果、文化一四年二月九日に双方が一札を取り交わしている。「対談之覚」としてまとめられたそれによると、

一、山科郷内是迄竹被致取扱《とりあつかいいたされ》候衆中（竹取扱いたし来候者）以来山科郷内ニ限り、竹取扱之儀是迄之通ニ被致取扱、尤《もっとも》伏見・大坂へも売捌被申候儀申分無之候（御承知被下候）、然ル上は近隣村他所は一切売買相《あい》成不申《なりもうさず》候事（致間敷事）、但京都竹屋仲ケ間へは右仲買体《なかがいてい》之衆中取引致不申候（右仲買体之ものへ取引不被成候）、地方《じかた》藪持之衆中是迄仕来《しきた》り通之事、

一、山科郷衆中是迄竹荷ひ売又は素人並びに諸職人へ直売致被来候得共《いたしこられそうらえども》、旧冬御触之趣ニ付以来一切被致間敷事（旧冬御触之趣奉畏以来一切為致間敷事）、

竹屋仲間から山科へ、（　）内は山科から竹屋仲間への表現である。山科郷内での竹取引は従来通りとし、さらに伏見や大阪を販路としてよろしい。また藪持主の竹販売も郷内では従来通り。ただし、山科の竹仲買による近隣村などへの販売や京竹屋仲間との取引は禁止である。山科の者が京都市中で竹の行商をしたり、竹を原料・材料とする職人に直売することは禁止である。

二月一一日にはほぼ同内容の済証文《すまししょうもん》が東役所に提出される。掛役人の質問に答えて山科側は「山科郷仲買体之者儀いづれ藪持之者ニて御座候、夫故自分竹を相払い候も仲買竹と相心得、竹屋共相求メ不呉《くれず》候ては差支え可申」と疑問を出しているが、竹屋仲間側は「山科仲買体之衆之竹ニても藪元之御名前ニて御取引有之候ハハ何も子細《しさい》有之《これある》間敷《まじく》」程度の答えしかしていない。竹藪を持つ一農民であれ、彼らから集荷もする仲買人であれ、生産者兼販売者としてできるだけ自由にまた手広く販売したい山科側と、生産者を統制して販売を独占したい竹屋仲間との矛盾は基本的には解決されないまま推移したと考えられる。

『資料京都の歴史』山科区編が活字化している文書は文化一四年一一月二日（西野村）、文政四年一一月八日（北花山村）、文政九年七月（上花山村）とも、手口は異なるが右の協定破りという点では共通している。西野村のケースは「内々ニて竹屋仲間中へ私京地へ売捌之竹、壱駄ニ付弐分三分程と其品物次第相応之口銭差出之間、京地へ売捌之儀被差免《さしゆるされ》候様及内談」というものである。一駄に二～三％の手数料を払ってもいいから京都で売りたいと竹屋仲間に働きかけている。北花山村の例はもっと直接で、「私持藪之竹六束大仏前竹屋卯兵衛方へ売捌」とか、「七寸壱駄代三貫文　馬町竹屋長兵衛へ巳十月晦日比《ころ》ニ売捌き遣シ運送仕」ている。上花山村の場合は具体的な内容はわからないが、「京地素人へ直売捌き」が発覚しての謝《あやま》り証文である。このような対応・行為は途絶えることなく続いていったのではないであろうか。文政四年には山科側から竹屋仲間と妥協して事態を打開しようとする動きもあったらしい。年欠、表題欠の文書で「京地竹屋仲ケ間へ山科郷より銀百目株入料、銀弐百目失脚料、毎月三百文宛役銭右可差出候間、竹屋仲間と山科郷小百姓と致取引可呉段」を仲間年番に申し入れたことがわかるが不調に終わっている。「株入料」・「失脚料」の内容はわからないが、取引を求める際に強調される点はすでにみたところと基本的に変わらない。京都への竹売買を禁止されては山科郷は年貢を完納できないという言い分は先にあげた。「山科一郷一体一村同様之組郷之場所」とか「山科一郷藪地一体藪元壱人と被思召」とか「漸く竹木之走りを以畑方並びに屎料抔《など》之補佐仕」など新しい表現も出てきているが、問題の基本的な構造は変わらない。文政四年には「其後三四ケ年売捌来候処、兎角《とかく》竹屋共と内実和融不仕候故不穏ニ付」という状態になっている。

以上のような竹屋仲間と山科郷との対立は天保期に画期を迎えたと考えられる。ご存知のように幕政改革が行われ、天保一四年に株仲間解散令が出された後の状況を山科側は「御改革之砌《みぎり》諸株潰《しょかぶつぶれ》ニテ」と表現しているが、その結果素人・諸職人への竹売買がまた行われるようになった。ところがその後また諸株が再興される。竹屋株も再興されて先にみた文化一三年町奉行触れが復活、文政五年六月に京竹屋仲間と取り交わした取極めへの対応を問われることになる。嘉永七年八月の「山科郷定書」は次のようである。

一、京竹屋株へ内々ニても加入致候者有之ハ村追払之事

一、郷中村々ニて竹売買人並びに竹切子人数定堅致間敷事

竹屋仲間への加入工作は行わないという項目はわかるが、次の項目はどういうことであろうか。竹仲買や竹製造者数を村で固定することはやらない、すなわちだれでも竹の売買や竹を切り出して商品にすることができる体制を目指しているようだが、竹藪所有者＝竹販売者だけでなく、所有から切り離された雑業層（竹切労働者）の利害にまで配慮した取極めであったのかどうかはわからない。

比留田家文書の中の竹関係文書は上の嘉永七年で途切れ、その後の展開を知ることができない。ほかに史料を求める余裕もないままだが、幕末期とくに開国以降の物価上昇が竹生産や流通にどのように影響したかは注目する必要がある。まさに「山科一郷藪地一体」の状態は変わりなく続いていくのだから。

一四　天皇（朝廷）との関係（一）――定式負担の概要

前項では時代は一九世紀の前半まで下がって、いろいろな村の、多くの人名が出てきた。地元の会報読者から、家の先祖の名前が出ていた、もっとわかっていることはないのかという問い合わせがあった。史料とした「調書」は代官所のいわば一般的な調査で、だれがどんな商売をやっていたかはわかるが、それ以上のこと、たとえば個別の経営内容などはわからない。大福帳・金銭出入帳・売掛帳・棚（店）卸帳・稲刈帳・土地（所有地）台帳（表題はさまざま）などの帳簿類や折りたたまれた一枚の紙に書かれた文書（一紙文書、「〜之事」という表題の場合が多い）があれば、解読のお手伝いをさせていただきたい。経営内容その他いろいろなことがわかる可能性がある。

今項から話題を変えて、天皇領としての山科郷の姿をみていこう。

近世の山科郷は一七世紀初頭、関ヶ原の戦い前後から以降は天皇領であったこと、次いでこの領有関係は近世期を通じて変わらなかったことを確認しておきたい。なぜこのことを改めて確認するのかといえば、天皇領といいながら領地・領民を直接に支配したのは幕府（京都代官）であったからである。支配の象徴としての年貢徴収は京都代官奉行や京都代官が行っていた。江戸時代になっても新たな検地は行われず、寛文五年に代官鈴木伊兵衛に提出された「名寄帳」がその後の土地台帳的な役割を果したこと、寛保三年に村明細帳が作成されたことなどは、私の知っている天皇領の一つである瓶原《みかのはら》郷（旧京都府加茂町　ここは藤堂藩領から天皇領になった）でも確かめられる（『加茂町史』第二巻）。京都代官による山城国内の天皇領の統一的な支配が行われていたのである。

それでは一般の幕領と全く同じであったかというとそうはいえないであろう。山科郷はいわゆる洛外に位置し、中世以来の天皇（朝廷）との関係を経て近世の天皇領になっている。中世における天皇（朝廷）との関係がどのようなものであったかを明らかにする余裕も力量もないが、それらが近世においてはどのような現れ方をしたのか（あるいは廃絶したのか）という観点は意識しておかなければならないであろう。たとえば戦国時代に山科郷は朝廷の警護にあたったことが知られているが、その担い手は近世の体制の下ではどうなったのか。これは山科郷士に関係する問題として後にとりあげるが、幕府による天皇（朝廷）統制の下では、天皇（朝廷）による領域・領民に対する独自の支配はありえなかった。したがって天皇（朝廷）と領域・領民との関係は、幕府（京都代官）による年貢徴収に象徴される体制下での、天皇領に特有の人と物の徴収状況に示されるといえよう。

近世になってからしばらくの間、山科郷村と朝廷との関係を体系的に示してくれる史料はみつかっていない。村明細帳によって概略をみてきたうち御所御用柿渋上納などは近世初頭以来存在したのではないかと考えられるが、その外について成立過程が明らかになっているわけでもない。なによりもまず賦課の体制について成立過程が確かめられなければならないであろう。

天皇領における年貢以外の負担の基本部分は「小物成」＝「御用夫代米」であるが、その賦課単位は「棟役」であった。これは郷全体で一一一棟であるが、まさに「往古より」（大宅村明細帳）の存在で成立過程をめぐってはわからないことが多い。前に紹介した上花山村明細の記述を思い出してみよう。朝廷への夫役が人（六人）から銀（一六〇匁×六）へ、さらに米（七石二斗×六）へと変化したこと、郷全体一七カ村中一四カ村の負担であることが述べられていた。

「棟役」とはなにか。棟とは家一棟などという棟＝家屋のことで、鎌倉時代から戦国時代には臨時の賦課として「棟別銭」（「棟役」ともいう）があった。棟に賦課するとはその棟の持ち主への賦課ということだから、棟への賦課を負担できるような（有力な）家（人）が山科郷に存在し、その数はたぶん変動しながらもやがて一一一になっていったと考えられる。一一一の内訳をみるために「記録」（土橋家文書）所収の史料に村高など外のデータも加えて表にすると表19のようである。「記録」では棟数合計は一一三になっているが、典拠とした元禄三年の史料が上花山と東野の棟数を勘違いしていたらしい。

表19からただちに室町・戦国期の郷村と近世の各村の棟数との関連をみいだすのは困難である。ただし、棟数が近世の村高と対応しているから近世に入って成立したものだともいえないであろう。一棟あたりの石高が五〇石前後の村が多いとはいえるが、例外の村もあり、なによりも棟役の無い村が三カ村ある。また禁裏御用の一例としてあげた貞享四年の大嘗会の際の御用竹も本数は村高あるいは棟数に対応していない。棟役の無い村＝郷士のいない村であることをヒントにして、棟数と郷士数との関係をみても、これまた対応していない。なお、享保六年の各村郷士数については郷士をめぐる問題として別に検討する。

以上のように各村の禁裏御用棟役数の根拠は現在のところ私にはわからない。ただ、棟役の無い村が存在するということは、村を単位として賦課するという近世的な支配原則から外れていて、棟役（棟役とはいわなかったかもしれないが）の成立が近世以前ではないかということを推測させる。棟役のある一四カ村が後小松天皇寄進の大般若経を毎年三回転読し、それに対し朝廷から米四石五斗が下されたことなども考慮する必要があるかもしれない。中世以来の朝廷と山科郷との関係が近世的に再編成される過程で、村として負担する体制の中に、江戸時代に郷士となっていく階層の負担（とそれにみあう「特権」）が混じりあっている状況のなかで成立したと考えられないだろうか。以上を念頭において、禁裏御用を具体的にみていこう。

朝廷との関係を示す現存の比留田家文書の中で最も古いのは承応二（一六五三）年一二月二七日の一札と思われる。承応二年八月から翌三年二月までの期間に、郷内から六人の「詰夫」を禁中に出した。その「給分」として米一一石を朝廷から受け取り、銀四二〇匁に替えて六人に渡したという内容である。上花山・北花山・厨子奥・御陵・安朱・安祥寺・四宮・竹鼻・下音羽の九カ村の庄屋が署名捺印して、比留田・土橋両惣頭に提出して

表19　村別棟役とその基準

山科七郷 本郷・組郷		近世 村名	棟役	村高 （石、合）	棟当り 村高	大嘗会 御用竹	棟当り 竹数	郷士	一人当り 棟役
野村	70	西野	13	703.260	54.1	33	2.54	10	1.30
		東野	17	617.466	36.3	55	3.23	18	0.94
大宅里	58	大宅	12	631.395	52.6	144	12	27	0.44
南木辻	30	椥辻	7	310.838	44.4	44	6.29	15	0.47
西山	71	西野山	10	819.951	82.0	77	7.7	10	1.00
大塚	25	大塚	6	276.849	46.1	22	3.67	9	0.67
北花山		北花山	3	306.709	102.2	66	22	11	0.27
下花山	44								
上花山		上花山	2	161.404	80.7	23	11.5	4	0.50
御陵	60	御陵	11	570.060	51.8	144	13.09	13	0.85
厨子奥	30	厨子奥	2	101.514	50.8	55	27.5	4	0.50
安祥寺	31								
上野		上野	0	37.995	—	0	—	0	—
四宮河原	22	四宮	7	263.854	37.7	33	4.71	10	0.70
音羽	42	音羽	9	513.250	57.0	33	3.67	12	0.75
竹鼻		竹鼻	7	297.390	59.5	66	9.43	9	0.78
小山	35	小山	5	227.920	57.0	55	11	8	0.63
		川田	0	298.969	—	0	—	0	—
		日岡	0	168.525	—	0	—	0	—

注①　七郷名は「山科家礼記」応永2年6月15日条による。郷名の横の数値は同礼記文明9年12月8日条「供御人」札数である。上・北・下花山で44枚、音羽・竹鼻で42枚である。上野は無い。
注②　下花山に該当する近世の村名は無い。安祥寺は近世には安朱村で、毘沙門堂領である。
注③　村高は慶長18（1613）年「山科七郷御前帳覚」（比留田家文書）による。
注④　「御用竹」本数は貞享4（1687）年「大嘗会ニ付き御用之竹（中略）有来竹役ニ割賦之事」（同家文書による）。
注⑤　郷士数は享保6（1721）年「山科郷村々御家人郷士名前帳」（同家文書）による。
注⑥　追分、蹴上の町場は省略した。

いる。

詰夫が六人なのに九カ村庄屋が署名しているのは、期間の途中で人が交代して結局九カ村から人が出て行ったからであろう。このような仕組みを元禄三（一六九〇）年一二月の「禁裏様夫米村々割賦帳」（以下、本項使用史料は全て比留田家文書）で確かめよう。同帳の前文は次のようである。

「禁裏様へ往古より詰夫六人相詰め、其の給銀壱ケ年壱人百四拾目宛、以上八百四拾目郷中より出し、即ち郷内之つぶれ百姓御奉公仕り居り申し候」

昔から六人が詰夫として朝廷に奉公してきたが、その給分を一人・一年銀一四〇匁と見積もり、その六人分を銀で徴収し、その銀で人を雇うようになった。雇われるのは農業だけでは自立できない「つぶれ百姓」であるというのである。

「山科拾四ケ村従往古《おうこより》相納来候夫代之事」（寛政七（一七九五）年「郷中諸願書留」所収）に、「今ニ御清所《おきよどころ》御奉公人ヲ山科ト申し成し候由申し伝え候」とあるように、朝廷の台所奉公人の代名詞となるくらいに郷民が徴発されてきた。しかし抵抗も強まり、毎年人がかわるのは朝廷側も使い勝手が悪いということで、人の徴発から銀の徴収に変り、農民層の変化が徴収した銀による奉公人確保を可能にしたとみることができるであろう。

銀の徴収が米に変ったのは上記「割賦帳」の前文によれば、禁中賄《まかないがしら》頭の高浜《たかはま》勘解由《かげゆ》が一人米七石二斗、その六人分四三石二斗の徴収を提案し、小堀役所もそれを認めて、元禄三（一六九〇）年以降そのようになった。元禄三年の詰夫中止により「以来其の詰夫之者共御抱えニ相成り候」として、中御門番（切米四石）二名、掃除之者（三石五斗）五名、山科之者（三石五斗）四名の名前が書かれている。

夫代米を徴収されることになった山科郷各村はその割付方法をめぐって対立したらしい。四宮・小山村は「高掛りニ割賦申すべし」と主張し、他の村々は「先規之通棟掛りニ割賦申すべし」と主張し、代官所へ訴え、代官の命令で「古法通り」となった。そこで村々は「即座ニ和ぼく申し互いニ遺恨不残《いこんのこさず》」に割付けることに決まった。

割付の基準・方法をめぐっては、わざわざ「即座ニ和ぼく」と断っていることからみても、高掛りを主張した四宮・小山村の一棟役あたりの石高をみても、かなりの対立であったように推定される。しかし結果は「古法通り」となり、その後基準が問題になることは無かったようだから、夫代米の意味（重み）も変化していったと考えられる。

次に寛文一一（一六三四）年四月六日の「請取申木札之事」をみよう。

「禁裏様御近辺もし火事出来《しゅったい》申し候ハバ、何時ニ限らず、村々札数の通り、人足早速御門外へ相詰させ申すべく候」、と御所近辺で火事があったらいつでも、かねて配布の札の数だけの人足を御門外に出張させることを誓約している。村明細があげた毎年の負担のほか、火事の時のようないわば臨時の負担もあったことがわかる。各村の札数と駆け付ける場所は以下のようである。

修理職衆…上花山（二枚）、厨子奥（二）、御陵（三）、音羽（三）、西野（六）、西野山（六）、東野（八）、行灯（二）、追分（二）大乳人……北花山（五）、御末女嬬…大塚（三）、表向…椥辻（五）、源内侍殿…御陵（五）、伊予殿…小山（五）、右近殿…安朱（五）、八十丸殿…四宮（五）、土佐殿…西野（五）、下野殿…西野山（五）、近江殿……竹鼻（五）、勘使所…大宅（一二）

御所の修理・造営を担当した役所である修理職の場所や、女官たちの詰め所の位置は御所の絵図などで確かめられたい。史料に近い年代では寛文元（一六六一）年や延宝元（一六七三）年に御所が焼けているが、具体的な状況を示す史料はみつからない。

恒例および臨時の負担をできるだけ整理してまとめてみよう（表20）。入用項目は延享元（一七四四）年を基準にし、時間的推移がわかるように三つの時点の史料をあげたが、各項目の表現・内容が微妙に変化していて厳密な対応は困難である。

延享元年を中心に各項目の内容を少し紹介しておこう。年頭祝儀入用の内訳は天皇に樽一荷（柳巻樽上諸白《もろはく》（酒）二斗入り）・昆布一折（上赤昆布百本二重繰り足付き大台のせ）・鯛一折（大鯛五枚同台のせ）、長橋局《ながはしのつぼね》（掌侍の筆頭で奏請・伝宣をつかさどる）に諸白一斗・昆布五〇本・鯛二枚を献上、取次・賄方・勘使・仕丁頭・長橋様取次・預り衆・御門定番へ鳥目、朝廷付き武家へ足袋六足・扇子八箱、献上用の水引・杉原半紙費用および運搬用人足雇い賃、「お礼ニ参上仕候惣代月番庄屋百姓飯代」などである。また東西両奉行所にも年頭に銭二貫文を差上げている。

蔵開き入用は蔵付け（御所の蔵に納米することか）の際の入用も含み、蔵餝松《くらかざりまつ》・草引き料・莚代・斗升掻き用竹・米指し竹代や諸入用である。

茶壷入用は朝廷用の茶の運搬費（京都・宇治間往復）で、これを請け負う京都請負人へ渡す費用（六尺・駕籠かき・荷物道具持ち人足雇い賃）と郷中から動員される人足・宰領（茶壷一つに九人、計四五～六三人）の旅宿代・合羽借り賃・蝋燭代などである。

「打上米」代は餅米について、「（餅米八〇石余上納に対して）納主へ壱石ニ付き粳米三斗ツツ増米 遣申《つかわしもう》シ」た米（代銀）で、生産費の補助らしい。

御用柿渋入用は渋搗き賃・樽・桶など諸道具費用などである。

新嘗会《にいなめえ》は「天皇が新穀を天神地祇にすすめ、また、親しくこれを食する祭儀」（『広辞苑』）だが、延享元年に出てこないのは書き落としたのか、行われなかったのかわからない。八朔（旧暦八月一日）祝儀入用は年頭祝儀入用とほぼ同じ内容で、銭で算出。

禁裏御庭入用は「禁裏様御庭土入れ替え、御泉水さらへ」などの、御所柿差上げは木練り柿とその籠代、運搬人足代などの、御膳米「上打米」は御膳籾につい

表20　御所御用費の構成と金額の推移

用費項目	延享元	明和９	寛政８
年頭祝儀入用	銭32.559	銭41.744	銭42.744
禁裏蔵開き等入用	250	359	205
禁裏茶壷入用	330	508.7	40、銭30.500
餅米当「上打米」代	2.400	2.400	2.214
禁裏御用柿渋入用	356	480	80
新嘗会粟米入用	（記載なし）	20	30
八朔祝儀入用	銭27.720	銭35.878	銭40.178
禁裏御庭入用	460	1.282	1.800
御所柿差上げ代	銭19.180 （1012個）	銭35.878 （1000余）	銭29.908 （1500ほど）
御膳米「上打米」代	585	3.828	4.050
御清所門番給	230	222	270
出火人足費等	銭11.700	銭23.400	銭7.200
筍上納入用	（記載なし） （1185本）	953 （1460本）	1.120 （1944本）
左義長竹入用	（記載なし）	55	180

銭（単位；貫・文）以外は銀（単位；貫・匁）、典拠は本文参照。

ての「打上米」の費用。

御清所門番給は年間米三石が定例だったから、額の変化は米価の変動によるものであろう。

出火人足費等は「京都出火之節山科郷中非常札数之人足共御所様へ馳せ付け候賃銭」で、延享元年には「去亥年四ケ度の分也」とある。

筍は「御役藪より毎日竹子之節凡そ三十日余程之日数弐十本ツツ定式差上げ」が基本だが、その後日数が増たり、仰せつけられ次第の差上げもあった。

以上、三カ年度に共通する項目をみてきたが、この外にある年度にしか出てこない項目や、年度によっては「臨時御用」をあげている。金額の大きい項目もあるから簡単にみておきたい。

延享元年の「打上米」には「御蔵付ケ早納め」を命じられて納入した分も含まれている。年貢の一部を定例の期限より早く納入させられたらしい。なお、納入米のうち膳米は籾で納入したが、そのため「植付候節稲草又ハ地方《じかた》等見立て」、さらに「取り込み候節村方ニテ念入り用心仕《つかまつ》」る。御所におさめる米だから田植えの時、苗や田をとくに吟味し、収穫の時もいろいろに注意したとある。そのため銀五〇〇匁ほど余計の費用がかかっているが、それは「御膳米所」の五カ村—四宮・竹鼻・音羽・小山・大塚村が負担している。膳籾については後で触れるつもりだが、興味深い記述である。

延享元年にのみ出てきて、しかもかなり金額の大きい（銀八貫六八〇匁余）ものに「御納米弐千八百石余之込《こみ》米欠米《まいかんまい》」がある。納入までの目減りを防ぐというような名目で納めさせた米で、年貢米一石あたり四升ずつ。なぜこの年度の史料だけがとりあげたのかはわからないが、込米、欠米自体は毎年あったはずで、後には口米として出てくる。また棟役夫代米の代銀もこの年の史料にしか出てこない。これも毎年の負担であったことは明らかである。なお、「御所様御歳暮御祝儀申上候節、両御武家へ差上げ来候牛蒡並びに台代又ハ人足賃銭等」銭二貫八〇〇文余もこの年だけである。これも毎年だったのではないだろうか。

延享元年に「右之外」となっていて上の表に入れてない項目もある。その一つは「御所様御吉事御凶事等ニテ警護役被仰せ付け候得ハ、庭上六門・外九門へ侍凡そ四拾人程相詰申し候。此の節御門定番へ心付け祝儀又ハ勤め申し候者共へ袴料《はかまりょう》遣わし候入用掛り物」である。延享元年にはこの任務（「役儀」）はなかったということで金額は書いてないが、郷士の問題をみるときに関係する項目だから指摘しておく。

延享元年の「右之外」のその二は「御所様御庭木植え替え之節」提出を命じられた松・雑木・下草・芝などの費用である。これは毎年の「御庭入用」とは別の臨時入用だったようで、延享元年には「亥年ハ右御用不被仰付候ニ付き入用掛り不申候」とある。

その三は金額の記載がなかった「禁裏様左義長竹」の説明で、大竹三六本・小竹二四四本計二八〇本、荷数一四、人足一四人・宰領二人で、一月一二日に大宅村から羽林家山科中納言に納入する。

続いて明和九年に移ろう。恒例の負担の部で新たに項目として出てくるのは「御膳籾新俵皮六石分」銭一〇貫一八〇文ぐらいだが、この年度には直近に大きな「臨時御用」があった。「御所様御元服御祝儀」・「御譲位御祝儀入用」・「御即位御祝儀入用」・「御入内御祝儀御用」・「若宮様御誕生御祝儀入用」・「姫宮様御誕生之御祝儀入用」である。明和七年一一月に後桜町から後桃園へ天皇が替っている。祝儀の内容は樽・鯛・海老・昆布・鯣《するめ》である。天皇への祝儀を例示すると、元服の時は酒一樽（二斗入り）・昆布一折（一〇〇本）・大生き鯛一折（二枚）・海老一折（二〇）、譲位の時は樽一・昆布一・鯣《するめ》一（五島産五連）、上皇には一斗・五〇本・三連、即位の時は（数量は元服に同じ）樽一・鯛一・海老一、入内・若宮誕生・姫宮誕生の時も同じである。なお長橋様へも前にみたように数量を違えて贈られた。費用は御所役人への祝儀なども含めて銀一貫七六三匁・銭一六〇貫六四八文である。

大嘗会も行われた。竹六五四四本などとその納入費用は銀三貫一〇八匁と銭三九貫七一六文であった。さらに前に触れた郷士四〇人が警護に動員され、その際の心付け・祝儀・袴料などは銀二二五匁であった。また「御即位之節高御坐御用《たかみくらごよう》並びに右諸道具行事官より持ち運び人足」二〇四人余への「ろうそく代」(一人あたり三〇文)が銭九貫七〇〇文あった。史料によれば以上の「臨時御用」総合計は銀五貫四六匁、銭二〇六貫四六四文(銀換算二貫六八六匁余)である。

寛政八年に移ろう。この年度で付け加える項目は「御清所竹木」で、命令次第に献上するが年々増減があり、この年は銀おおよそ五〇〇匁だった。御膳籾新俵・上俵縄六石分は銭一五貫五〇〇文に増えている。また夫代米や込米・口米の代銀も計上されていて、それぞれ銀三貫六八〇匁、同一七貫である。

この年にも「臨時御用」として大嘗会諸費用と御所様元服以下祝儀費用が記載されている。明和九年と比較するために金額だけをあげておこう。大嘗会の竹木等とその納入費は銀三貫九二四匁と銭一一五貫九〇〇文に増大している。祝儀入用は「恐悦献上物入用」と表現されているが、その納入諸費は郷士警護諸費や高御座《たかみくら》諸費のほかに「仙洞御所御庭」関係諸費も含めて、銀八貫一六九匁・銭一六八貫六〇〇文(銀換算一貫六五二匁二分八厘)計銀九貫八二一匁二分八厘となっている。中味が少し違うとはいえこれも大幅増である。

以上、三つの年次の「山科郷中入用掛り物」の概略をみてきた。史料名と史料が記載する総合計をあげておこう。

延享元年子三月　宇治郡山科郷中入用掛り物之覚　銀一六貫一三〇匁余・銭八三貫四〇〇文余(銀換算一貫二五〇匁余)計銀一七貫三八〇匁余

明和九年辰六月　禁裏様御料城州宇治郡山科郷中ノ入用掛物覚帳　(定式入用)銀二七貫一〇八匁一分銭一三一貫三〇一文(銀換算一貫七〇六匁九分七厘)計銀二八貫八一五匁七分　「臨時入用」銀七貫七三二匁余　「常式・臨時入用銀合」三六貫五四七匁七分三厘

寛政八年辰五月　禁裏様御本料御所諸御用ニ付入用覚帳　(定式入用)銀四〇貫三六七匁　銭一七三貫二三四文(銀換算一貫六九七匁六分九厘余)　計四二貫六四匁六分九厘　「臨時御用」一五貫八二一匁二分八厘

「定式臨時入用銀」合計五七貫八八五匁九分七厘

各年次の内容が微妙に異なっていたから、合計金額を単純に比較してもあまり意味はないかもしれない。しかし増加傾向にあることは確かであろう。ただしこれらの負担が軽いか、重いかはこれまた単純にはいえそうもない。

以上朝廷からの負担の概略をみたが、それだけではなく「御公儀様」（幕府）からの負担もあった。「大川筋御普請御入用銀国役高掛り」と「大津表御通りニ付聞き合わせの入用あるいは三条街道伏見道筋掃除入用」である。淀川改修工事費や幕府役人や公家などの通行の際の道路整備費である。延享元年には銀二二貫匁、明和九年には銀一七貫余（街道関係のみ）、寛政八年には銀六貫余となっているが、年により増減した。

朝廷の負担とおなじように幕府も機会があれば負担増を試みている。とくに街道交通関係の人馬徴発が多いが、これに対し郷側も抵抗し、拒否しようとする。その際持ち出されるのが朝廷との関係である。とくに信長が、朝廷の御用を勤めるのであるからそれ以外の諸役負担は免除する、と約束したことが強調される。これは前に紹介した。朝廷との関係は山科郷にとって負担であると同時に、他の負担を拒否する「特権」にもなっていたとみることができそうである。

毎年納めなければならない負担のうち、年頭お礼などのいわば儀礼的なものについては定式化して、とくに変化することは無く続いていったとみられる。量的（金額的）に大きい夫代米などは事実上年貢米納入と一体化していく。これらは後で年貢納入の推移を考察するなかで確かめよう。そこでここでは前に「上打米」の存在を指摘した「御膳籾」や餅米についてみていこう。

覚《おぼえ》

一つ、御膳籾九十石

一つ、餅米七十三石

一つ、莚六十枚

右之通り割賦申し付け候間、郷中申合せ、莚は九月二十日迄ニ御蔵庭へ持参、餅米は十月中旬より追々御蔵納め可致候（後略）

午（嘉永五年か）八月十二日

このような命令が小堀代官所の蔵方役所から月番庄屋・年寄にくる。数量は年々変化している。餅米の例をあげると、元禄一四年には上花山・厨子奥一石、四宮・竹鼻・小山・椥辻・東野二石半、大塚三石、御陵・大宅・西野山三石半、音羽四石、西野四石半合計三九石半であった。村別は省略するが、郷全体ではその後宝永七年までの一〇年間に四一石半・四二・四六・四八・五一・五五・五七・五二・六一半と推移している。

御膳籾についても籾納入をめぐる問題、それを精米する人手の問題など特有の問題があった。文化七年九月の「口上書」によれば、宝暦元年から天明元年までの三一年間に四七五三石七斗の膳籾が蔵納めされている。この史料は役所からの質問に答えたものだが、先に紹介した史料とともに、興味深い内容である。

まず、膳籾作一反当たりの収量と用いた肥料および要した費用はいくらかという質問に次のように答えている。

「上作」の場合の収量…籾四石、ただし籾を精選して二石を上納

「中作」の場合の収量…籾三石二斗、ただし同上

肥料…干鰯《ほしか》　代金一駄につき約銀三六匁　油粕　同　糞小便　一反につき約銀四〇匁

さらに「御膳籾田作り一反ニ付き入用凡そ積り」で生産費を見積もっている。

種籾八升、苗代拵え手間一人（種蒔きまで）、田地牛漉《うしすき》賃　代銭一貫二〇〇文（鋤起こしより植付まで）、植付早乙女賃　米四升（郷中村々ニて増減有り平均ニて）、草取り賃　米二升（但し早乙女賃に同じ）、尿及び焼酎粕一駄銀三六匁、油粕　同三六匁、糞小便　同四〇匁、平均三七匁三分三厘ほど、植付後水回料　六〇〇文、稲刈り捨て賃　六〇〇文、稲こき賃　五匁、植付よりこなし迄拾人手間（記載なし）、様摺《ためしずり》両人改め　籾二升（但し手本米・手本籾差上げ候）、右様摺之節人足三割半人（記載なし）、壱反ニ付き籾弐石相納め候仕立て

之縄俵　代二匁一分（ただし依八つ縄六把代）、御膳籾弐石御蔵場へ運送賃　一斗二升、
御膳籾作り候田地壱反ニ付き凡そ平均高壱石四斗之積りを以て御年貢並びに村入用共割掛り候分　上納米一石五升　代七三匁五分（但し郷相場平均七〇匁替えの積り）

意味のよくわからない項目もあるが、種籾の選定から始まって収穫までにいろんな作業があり、さらに俵詰して御所の蔵に運搬するまでを含めて人手のかかっていることがわかる。また品質のいいものを納めるために費用がかかったこともうかがえる。

それでは御膳籾納入経費はいくらと見積もられているか。まず人足料など銭で四貫六七二文、これは「相場平均九匁三分替え」で銀に換算すると四三匁四分八厘である。次に米で五斗一升、これは「相場平均六十五匁替え」で銀に換算すると三三匁一分五厘である。最後に肥料代などが銀で一一七匁九分三厘、合計銀一九四匁五分六厘になる。

なお、籾を米に換算する方法らしい「込籾」とか「四カ摺」はよくわからないが、御膳籾生産者農民の負担を軽くしようとした「上打米」は「毛付高割」で「村弁《むらまどい》」をもって反当たり上米六斗を「作人へ遣わす」とある。「但し籾石ニ付き三斗打ち定式」である。籾一石につき三斗を限度とするということだろうか。御膳籾生産者への手当を村が負担しているのである。

よくわからないまま細かなところに深入りしたかもしれない。現在のところ御膳籾の郷全体あるいは村別の数値が江戸時代を通じてどのように推移したかはつかめていないが、判明する限りでみていくとだんだん増徴されて負担になっていったと考えられる。御陵村では宝暦元（一七五一）年から天明元（一七八一）年の間に一一石から次第に増加して二五石になっている。また音羽村では寛政一二（一八〇〇）年一一石がやはり増加して文化六（一八〇九）年には二五石半である。郷全体では宝暦元（一七五一）年一二八石五斗、同六年一四八石五斗、明和元（一七六四）年一六四石九斗、同五年一五八石五斗、同八年一四六石五斗、安永八（一七七九）年一九九

石と推移している。そして文化七年には「東宮御所御膳籾相増し難渋候ニ付き」と訴えるまでになっている。「難渋」するまで負担が増える背景には、単に籾の量が増えるだけではなかった様相がうかがえる。籾から様《ため》摺《ずり》して良質の米を得る歩どまりを郷側の「村定め」では八〇%とみているが、実際には四〇~五〇%台だったらしい。そのためその差を補う「郷升」が増減し、さらに米値段（「郷相場」）の変動が絡んだ。たとえば寛政一二年、上納籾二石・「上打米」五斗の厨子奥村では一斗五升八合の「御膳籾摺不足」を生じているが、これらも郷全体の費用を増加させたと考えられる。

御膳籾の問題はその生産から納入までさらに調べる必要があるが、ここでは文化八（一八一一）年五月の「乍恐御請書《おそれながらおんうけしょ》」をみておこう。かなり長文なので要点だけを提示する。

このたび山科郷中召し出され仰せ渡され候には、近来《きんらい》山科郷中より相納め候御膳籾並びに納米とも、近年だんだん米症《べいしょう》あい劣り、御膳米おん摺立てに相成り候ところ、悪米多く出、御賄方《まかないかた》よりも症合《しょうあい》よろしからず御膳にあい成りがたき趣にて、（中略）納米の儀も（中略）以前は山科米の儀は厚くお用い、お扶持方《ふちかた》の内お払いなられ候も之あり候えば、御値段合も外米《ほかまい》よりは格別に相開き候儀の由に候ところ（中略）、御下行《げぎょう》米《まい》にならでは御渡し成られ難き程に米症相劣り、御蔵にてもお差支えに相成り、当未年《ひつじどし》より御膳籾の儀はもちろん、以前のとおり御清所お渡し等に相成り候ようなる籾症選び立て、蒔き付け格別吟味いたし作り立て、相納め候よう致すべく、且つまた、納米仕立方《したてかた》、縄俵《なわたわら》拵《こしら》えなどの儀毎年仰せ触れられ、（中略）一体に米症宜《よろし》からざる上に、仕立方なども不行届《ふゆきとどき》（中略）いわれなくみだりに買納《かいおさめ》いたし候村方も多く之あり、村方により出生米《しゅっしょうまい》売り払い、他所米《たしょまい》買入候かた勝手に相成り候おもむき、御所表にて専《もっぱら》御風聞《ふうぶん》これあり、御吟味不行届きように相聞こえ候、（中略）出生米選び立て相納むべく、以来買納は決して相成らざる事に候おもむき仰せ渡され候、（後略）

山科郷（の代表）に申し渡すが、最近納入の膳籾・納め米の質が低下している。膳米を摺って（白米にすると）

とても悪米が多く、賄方からも食用にならないといわれる。山科米は（上質で）扶持方が払い下げるときは他所米より高値であったが、今は下行米《げぎょうまい》（山科への下行は大般若読経など）にしかならない。今年からは良い籾を選び、栽培に注意せよ。全体として米質が悪く、俵装もいいかげんだが、理由もなく米を買って納めている村もある。自分の村で生産した米は売って、他所産の米を買って納めているという噂がもっぱらである。今後は買い米をやめて自村産の米を納めよというほどの内容である。

取り立てる方は取り立てを強化・拡大すると質の低下に悩まされていることがわかる。納める側の買い米も興味深い対応である。明らかに、買わないと納められないというのではない。自家産米を高く売って、安い他所米を買って納めるというしたたかな対応である。負担の増大も抵抗を受けながら実現していたとみられよう。

一五　天皇（朝廷）との関係（二）――御所炎上と天皇即位

天皇領における臨時の負担はどうであったか。代表的事例は大量の郷民動員となった御所焼失大火と、天皇の代替わり（即位）とそれに伴う諸行事であろう。

まず火災からみていこう。近世の京都は何回か大火にみまわれるが、その中でも大規模であったとみられる天明の大火について、土橋家文書「記録」が詳しい。「天明八戊申年正月晦日　京都大火之事」という記事は「正月晦日巳之日朝七つ時建仁寺町どんぐりの厨子より出火いたし」と書き出されている。「大風ニて早鐘などハ当地へ聞こえ不申」、はじめは下京での火事ということで、「人足小勢差し登せ」ていたところ、「段々大火之由ニ付き」、二番出・三番出と差し出し、とうとう後には「郷中村々拾五以上之男、六拾以下之男」は残らず御所へ詰めよという触れが出されたというのが第一項目である。

第二項目には延焼の状況が書かれている。火元は建仁寺町団栗《どんぐり》の図子《ずし》で、そこから宮川町へ、以下原文を紹介したい。

夫《それ》より東石垣下寄り半分程《ほど》、夫より四条寺町下ル永養寺へ飛火移り、夫より大恩院或は四条高倉辺、又仏光寺通りハ西へ焼け通り、火口ハ十六七ケ所にも相成り、辰巳之方より始終大風ニて消ゆへ《べ》き様なく、同日昼四ツ時迄ニハ西北へ焼け通り、両御奉行所前・小堀役所・御城辺迄焼失ス、折々舞風ニテ四方八方へ焼け移り、下ハ六条辺迄焼け通り候得共、七条通りハ焼け残り、東六条御堂ハ同日暮れ六つ時に焼失ス、上《かみ》ハ其の頃戌亥《いぬい》之方へ焼け通り、二条御城北ノ角やぐら、西東共炎上ス、東ハ其の頃二条堺町辺ニテ大分しめり候様子ニ候処、小雨抔《など》ふり出し、様子宜しく相見え候処、亥之方より風吹き来たり、夫より此の風未申《ひつじさる》へ廻り候ニ付き、又々北東へ焼け広がり、御所様へ近火ニ相成り、甚《はなはだ》危うき御事（中略）（翌一日明け方）火元は又々北東へ焼け、川東へ飛び火移りて、二条新地大方《おおかた》焼失ス、（中略）程なく夜もあけ、二条新地ニテ焼け留まりしとや、北ハ大徳寺辺・鞍馬口迄焼失ス、此の時聖護院を始メ岡崎村黒谷寺内或は南禅寺・永観堂其外東山辺之寺々ハ申すニ不及、山中へ無理むさんニ逃げ込み候老若男女夥《おびただしく》敷、其の数を知らず、誠に大乱也、御所方不残炎上ス

御所や二条城をはじめいろんな地名・通り・寺院などが出てくる。『京都の歴史』第六巻六二頁に焼失範囲を示す地図が載っている。応仁の乱以来の大惨事であったといわれ、人々の記憶に残り、「のちにはわらべ唄にさえなっていった」そうである。

さて、御所に詰めた人々はどうしたか。この時点ではまだ御所は焼けてはいない。次のような警備体制をとったと書かれている。

詰人足之儀ハ追々相詰め候処、御蔵方原田太左衛門殿壱人也《なり》、右ニ付き御事多く候ニ付き、上花山村権藤太・御陵村佐左衛門・音羽村十右衛門、是等《これら》下知《げち》として諸方之人足夫々ニ役割いたし、提げ札等相渡し候事

一、中口　六人　西野村　　一、十文字御長持　上花山村
一、表御長櫃　人足二〇人　御陵村　　一、一文字御長櫃　御陵村
一、奥御長櫃　人足八人　同村　　一、獅子柏　音羽村
一、御取次　人足三人　音羽村　　一、勘使　小山村・大塚村
一、御膳方　人足一三人　八瀬村　　一、御賄方　四宮村
一、御末口　人足二〇人　四宮村　　一、御日記方　人足五人　修学院村
一、御東司　人足八人　修学院村　　一、一文字御長櫃　八人　修学院村
「女一宮様御用相勤め申し候事」

人足九人　西野山村　同二人　幡枝村　同六人　竹鼻村　同六人　鷹峰村　〆《しめ》（合計）二二三人　此の宰領西野山村田中安之丞也

一、人足八人　小山村、人足二人　三室村　右之外諸方人足七〇人余りは對屋《たいのや》女房衆御用之手当致し置き（中略）右之外いつれ之村々よりも追々人足近着、御清所へ相詰め御用相勤め候、（以上のように役割分担をしたけれども）後ニ入り乱れニ相成り候テ御用相勤め候事

この火事では天皇はまず下加茂神社へ避難し、さらに聖護院に行く。その時、動員された人々の動きは以下のようである。

御陵村より追い人足之内壱人御庭へ相廻り候テ、御庭ニおいて菊之御紋之焼印有之候御提げ札相渡り候も有之、又、内侍所《ないしどころ》より急御用ニ付き御陵村人足六人・竹鼻村人足三人・東野村人足三人、都合人足拾弐人、此の下知人御陵村木下佐左衛門、内侍所へ相廻り候処、行事官抔の差図（指図）として、晦日昼九つ半時、御鳳輦《ごほうれん》部屋を開き、御鳳輦をかき（担）出し候テ、紫宸殿《ししんでん》《ししいでん》のわき、立花（橘）のあたりへ据え奉り、ひかえ居り候事、

昼六つ時より次第近火ニ相成り候故、御堂上様紫宸殿より御宝物たるへき御品、或は唐獅子抔之品御移し成られ候テ、暫く又々控え居り候処、其の頃内丸太町鷹司様抔へ火移り候由、無程《ほどなく》御下知有之、御鳳輦を紫宸殿の上へ上げ、左右ニ人足相添え差し控え居り候処、又々程なく真南より大風吹き付け、火のこハほし下りのごとく夥《おびただ》しく御庭へ吹き来り、御下知有て、御鳳輦をかき出し、紫宸殿の前に据へ、白川様祈念有テ、晦日之夜凡《およ》そ四つ時（午後一〇時）過ぎ、南門より御出門、御鳳輦の四方ニ赤き緒を付け候テ、御堂上様方御ひかえ被遊候事、（中略）

上様（下加茂神社の）拝殿の西の方之社内へ入御《にゅうぎょ》、女中様方ハ拝殿へお入り、御鳳輦ハ東之方拝殿のごとくの所へ据へまし、御せん（膳）相済み候頃、又々加茂へ火のこ飛び来り候ニ付き、聖護院へ還幸之由仰せ出

だされ候事

右之通り程なく還幸之所、御鳳輦方人足もつかれ、くらかけ（鞍掛け）持ちを失ひ候ニ付き、往来人加茂の口に居候を召出し、御用之由を申し、くらかけ抔を持たせ、且又《かつまた》、御鳳輦も甚だ重く候ニ付き、又々伏見火役之者六七人召し出し、御用を申立させ候テ、木下佐左衛門右之通り下知いたし、無滞《とどこおりなく》聖護院御殿へ入《にゅう》御被為遊《ぎょあそばせられ》候時、翌朔日暁方なり

御陵・竹鼻・東野村の人足一二人と下知人（指揮者）御陵村木下佐左衛門が鳳輦（天皇の乗り物）を担ぎ、下加茂神社へ避難、さらに聖護院へ向かう有様を想像することのできる描写といえよう。有数の大火であっただけにいろいろな記録が残されており、木版のいわゆるかわら版も発行されたようだから、興味ある方は調べてみられたい。

本題に戻って、郷中からの動員状況とそのための負担がどれほどであったかをみていこう。

右之通り炎上当日・翌日、十五以上六拾以下之男、不残御所へ相詰メ、二日よりかわりかわりニ八拾人宛、昼夜相詰め、御用相勤め申し候、後に人足・宰領弐人共都合五拾人ツツ相詰め、其の後一村限りニ三人ツツ、其の後郷中ニテ廿人ツツ、其の後宰領共十六人宛、後に拾人宛、三月朔日迄相詰め、御用相勤め申し候、二日より御赦免被仰出《おしゃめんおおせいだされ》候事

大火の当日と翌日は全員、その後二月二日からは八〇人、やがて五〇人、さらに村別三人ずつとなり、その後、郷全体で二〇人、一六人、一〇人となり、三月一日まで続いた。

この記録の通りとすれば一段落するまでに全体としてどのくらいの人々が動員され、そのための費用はどれくらいであったのだろうか。大火の時の動員人数と費用の全体をみていこう。「京都大火之節御所様近着人足並びに諸入用勘定表、小堀家へ書出し候覚え」（比留田家文書）という絶好の史料がある。

まず村別の動員（人足）延べ人数は以下のようであった。（　）内は宰領数である。

上花山四五（二）人、北花山四八（二）人、厨子奥三一（二）人、御陵八五（五）人、竹鼻七三（三）人、四宮五八（三）人、音羽七九（五）人、小山六九（二）人、大塚五九（三）人、大宅一〇五（五）人、椥辻五八（三）人、東野八三（五）人、西野九八（六）人、西野山七五（三）人

合計九九六人。要費総額は銭五九七貫六〇〇文となっている。その積算根拠は次のようである。

右ハ正月晦日より追々差し出し翌朔日之夜九つ時迄詰め限り相勤め申し候、但し村方においてハ、壱人を三人立てニ致し遣し候ニ付き、都合二千九百八十八人なり、但し一人ニ付き飯事料として鳥目《ちょうもく》二百文ツツ遣わし候入用　如斯《かくのごとし》　外ニ宰領四十九人

一月三〇日から翌二月一日夜一二時ころまで出動した。（一五歳〜六〇歳の男全員という命令であったが）村では男三人を一組としてそこから一名を差し出したので、延べ動員数は二九八八人になった。一人当たり食事代銭二〇〇文を支給した。ほかに宰領（監督、まとめ役）として四九人が出動したとあるが、彼らの要費は書かれていない。外に米六石ほど（この代銀五七〇匁）が、「右ハ人足詰め切り中、晦日夕より村々より持ち運び候飯米、凡そ如斯」としてあげられている。

以上は二日間に及んだ火災当時の状況だが、すでにみたように動員はその後一カ月続いた。その内訳は次のようである。

二月二日から六日まで人足四〇〇人、五日間一日八〇人ずつ昼夜詰切、村では二人一組として対応、動員数は延べ八〇〇人、二月七日から一五日まで人足四五〇人、九日間一日五〇人ずつ、延べ九〇〇人。

二月一六日から二二日まで人足二一〇人、七日間昼夜三〇人ずつ、延べ四二〇人。

二月二三日から二五日まで人足六〇人、三日間相詰め　延べ一二〇人。

二月二六日から三月一日まで人足七〇人。五日間相勤め　延べ九四〇人。延べ人数一人につき二〇〇文の食事代が支給された。

直接の人足動員は以上のようだが、負担はこれだけではなかった。上に書いたように火事の際に白米を上納している。これをめぐる描写も火災当時の状況を彷彿させる。

二月一日昼七つ時に、御陵村木下佐左衛門が人足のことで賄方市川右門と会っている。そこで市川は次のように命じている。

最早《もはや》御米無之候テ、漸々《ようよう》弐三斗ならでハ無之候間、其方急キ片時も早ク罷り帰り、御用白米上納可仕《つかまつるべし》（中略）尤値段ハ何程高値ニテも不苦《くるしからず》候間、今晩中ニ参着《さんちゃく》いたし候様達《たっ》テ仰せ渡さる

もう米が無い。急いで山科に帰り、値段はいくらでもいいから米を集め、今晩の内に届けよ、とたっての仰せであった。そこで木下はいう。

拙者儀ハ御鳳輦之方御用承《うけたまわ》り罷在《まかりあり》、殊《こと》ニ以《もって》御堂上様方より分参（分散）致《いたす》間敷《まじき》旨被仰渡《おおせわたされ》罷在由《まかりあるよし》申之《これをもうす》

私は天皇の乗り物の御用で出動しており、待機しているようにといわれている。この返事に対し市川は「左様ニ候へ共」といいながらも、さらに命じる。

此の分ニ候ハハ最早御別条これ有るまじく候間、早々罷り帰り、御用白米急キ参着《さんちゃく》致すべし

この様子ならもう延焼はないだろうから、早く山科へ行って米を用意せよ。そこで木下は承知し、鳳輦の用があったらよろしくといって山科に帰る。村々の様子はどうだったか、それでどうしたかというと、

村方白米有無《うむ》吟味仕り候処、家々へ京都町人銘々へ多くかくまい居り候ニ付き、白米一向無之趣ニ付き、荒《あら》方《かた》之百姓拾軒へ申し付け、壱軒役ニ米壱斗程つつ即刻《そっこく》搗かせ候処、早速相調え候テ、都合壱石御所へ持参候処朔日之夜四つ時也

村に白米があるかどうか調べたところ、どの家も京都町人が避難してきていて、白米（の余分は）まったく無いということなので、「荒方之百姓」（どういう農民かよくわからないが、米を持っていそうな百姓家の大部分という

ことか）一〇戸に頼み、一戸当たり一斗をめどに玄米を搗かせて白米一石を用意でき、それを御所に届けた時は二月一日の夜一〇時ころになっていた。

その後郷中から納めた白米は合計九二石になったが、その処理はどうしたか。

此の白米前年之年貢郷中七百石余不納ニ付き、右白米九十二石を御蔵米百石ニ御立て被成候テ、前年之年貢ニ御差次被成候事

山科郷は天明七年の年貢を七〇〇石余も滞納していたが、白米九二石を蔵米一〇〇石に見立て、滞納分と差し引きした。年貢滞納については別にみることにして、ここでは大火の際に納入した白米や御膳籾の納入経費を確かめておこう。

「御用白米納めニ付き搗入《つきいれ》運送人足覚え」によれば、人足・飯代・手当は以下のようである。

搗入人足二一五人、飯代（一人につき一五〇文）銭三二貫二五〇文。「下知人」の月番・年番庄屋延べ二九人、飯代二貫九〇〇文（「右同断」とあるから一人当り一五〇文とすると数値が合わない。史料のまま）。運送人足一七二人（一人につき五〇文を支給）、銭八貫六〇〇文。御膳籾納入人足は九七人、一人一五〇文を支給、銭一四貫五七〇文。下知人月番・年番庄屋の諸雑用（運搬時の分も含め）銭一貫二〇〇文。御膳米運送人足七四人（一人に五〇文を支給）、銭三貫七〇〇文。

仙洞御所（上皇の御所）御用の御膳籾摺上げ人足一〇人、上白米搗き上げ人足二〇人。それぞれに一人一五〇文支給、諸雑用も含めて銭四貫八〇〇文。運搬人足四人、宰領四人。人足一人に五〇文、宰領には一人一〇〇文を渡した費用が銭六〇〇文。「当年御膳籾増割賦《ましわっぷ》被仰付《おおせつけられ》」た費用が銀約一貫五〇〇匁。炎上ニ付き上納の竹一〇〇束、銀約四五〇匁、その運搬人足一〇〇人、宰領一〇人、手当各五〇文、一〇〇文、要費が銭六貫文。女院（天皇の母など）御所・女一宮（第一皇女）御方御用、この「士」三人、人足二〇人、諸雑費銭四貫三〇〇文。

以上、長々と天明八年の大火の時に山科郷から動員された人・物についてみてきた。史料の末尾を紹介しよう。

人足〆《しめ》六千八十人

此の諸雑用　銭〆千五十八貫八百文、銀〆二貫五百二十匁

右之通り相勤め候ニ付き、尚また御褒美として青銅百貫文頂戴仕候事

大変な人と物の徴発があったことがわかる。しかもそれだけでは済まず、京都町奉行からの人足要請に対しても対応しなければならなかった。山科郷は「重役《じゅうやく》」（役が重複する）になるとして断るが、その経過についても簡単にみておこう。

禁裏御所方二条御城炎上ニ付き、御用人足、高百石ニ付き四人宛、山城国中御料私領共差し出すべき旨《むね》二月十三日御奉行所前より御触書を以て仰せ付けらる

この度の火災につき、山城国中から石高一〇〇石につき四人の割合で御用人足（灰掻き人足）を徴発しようとしたことがわかる。これに対し山科郷は二月一六日に「乍恐口上書」を提出する。

（前略）山科郷の儀臨時諸御用多く、平世《へいせい》共急御用の御手当場所にて、御用仰せ付けられ次第相詰め相勤め申し候、此度出火の節は晦日朝六つ時より人足・宰領追々差出し（中略）右いずれも此節迄怠懈《たいけ》なく昼夜人足・宰領差出し御用相勤め申し候

山科郷は朝廷の臨時御用も多く、普段でも急な御用の調達場として御用を勤めてきている。此の度の大火でも出火当日は早朝六時ころから、翌日にも人足・宰領を出し、（中略の部分で右にみてきた人足動員を述べている）（出火後の）この時期まで昼夜とも御用を勤めてきたことを強調する。以下は省略したが、右に見てきた人足だけでなく、いろんな物品も納めたことや、御所だけでなく仙洞御所などの御用をつとめたことも忘れずに付け加えている。その上で次のように願い出る。

御公用人足の儀、昨今日《さくこんにち》は先達て御割付仰せ付けられ候通り差出し申候へ共、多分相掛り候て一向難渋・迷惑仕り候間、御憐愍《れんみん》をもって、此後御公用人足差出し候儀、御赦免《しゃめん》成し下され候様偏《ひとえ》に願い上げたてまつ

り候

役所から割付けられた人足については費用も多く掛り、大変困っている。今後公用人足提供の件は免除していただきたいという内容である。

さらに今後の負担を避けるべく、山科郷は御所役所にも手をまわし、御所から奉行所へ山科郷への人足割付中止を働きかけるよう工作している。その結果「御所より附武家《つけぶし》へ向」い申し入れが行われた。「附武家」とは禁裏付の武士のことで、大火時は建部大和守広般であった。山科郷は小堀代官の管轄であるから直接町奉行への申し入れはどうかなど、いろいろとあったらしいが、ともかく次のような書付が町奉行所へ行く。

（山科郷は）禁裏御所より申し付け候例役《れいやく》多く、其の上此の度炎上の節、当日・翌日五百人程《ほど》も相詰め、二日より今《こん》拾五日迄一ケ日平均七十人程ツツ相詰め、御文庫より御道具運送並びに御所々々へ持運び物、女中方往返等の手当として相詰めさせ、其の上御米搗入等も申付け、品々御用多く相勤め候儀に付、農業にも怠り、重役にも相成り候儀に御座候間、相成《あいなる》べき儀に御座候はば御用捨これ有り候様仕り度《たく》存じ候、右願書相添え此段申し上げ候

朝廷側も大量動員であったと認識しており、また動員された人々の任務も具体的に指摘されている。そのうえで農業にも支障があり、負担が重複するから、公用人足は容赦するようにしてほしいという内容である。

御所役所への申し入れには音羽村庄屋粟津十右衛門、御陵村同木下佐五兵衛の名前が出てくる。そして一六日の夜には御所役人（御取次）から土橋平之進・比留田権藤太・木下佐左衛門に呼び出しがあり、奉行所へ申し入れたから、再度、郷からも奉行所へ願書を出すようにいわれている。二月一七日附けの願書は内容が先の願書とほぼ同様だから省略するが、史料の最後にやや小さい文字で「右の通り願書差上げ置き候処、其の後御公用人足仰せ付けられ候儀これ無き事」と書かれているから、成功したことがわかる。

臨時の負担のなかでも最大級であったろうと考えられる事例をみてきた。もう一つの大規模な事例は天皇の代

替わりにともなう負担であろう。

江戸時代を通じて、後水尾・明正・後光明・後西・霊元・東山・中御門・桜町・桃園・後桜町・後桃園・光格・仁孝・孝明・明治天皇が即位した。ただし、どの天皇の即位の時にも必ず大嘗会や新嘗会などの重要な儀式が行われていたのではないようである。そのためか朝廷との関係の概略は先に三カ年次についてまとめた史料で確かめたが、個別・具体的な事例を示す史料はあまりみられない。そういうなかで文化一四年の仁孝天皇の事例が比較的史料もあるようなので、これを代表としてみていこう。

文化一四年三月六日と九日に小堀中務蔵方役所から山科郷惣頭の二人（土橋六郎・比留田権藤太）に通達が来る。

来る二十二日　行幸・行啓・剣宝渡御《とぎょ》に付き、拾弐ケ所竹柵番《たけさくばん》弐拾四人・九口御門勤番《きんばん》十八人都合《つごう》四拾二人郷侍、麻上下《あさかみしも》着用、二拾二日暁寅の刻迄ニ相揃いあい勤むべき旨《むね》、御所より申し来り候間、右刻限間違いなく罷り出で、勘使所え相届け候様取計うべく候、以上

三月二二日の行事のために四二人の郷侍が麻上下着用で寅刻（午前三時ころ）までに御所に出頭せよとの通達である。

事前打ち合わせで三月一〇日に月番庄屋の椥辻村貞右衛門、東野村伝右衛門が小堀役所に行くと、蔵方の高田吉左衛門・一柳政右衛門が、寅刻では遅いから丑刻（午前一時）に揃うようにとの御所からの要望である、子ノ半刻（午前〇時）に集合し、勘使所に届け出るようにせよと命じている。なお同じ三月一〇日には「去る五日申合せの通り」として惣頭から村々に大嘗会御用竹とその納入手順などが連絡されている。

その前、三月九日には蔵方役所から月番庄屋に以下のような召状が来て、出頭した月番の二人は次のように申し渡されている。

此度御道具持ち運び人足の儀仰せ付けられ候、其の儀凡《およ》そ明十一日より来る二十一日頃迄に人足都合三百人程《ほど》差し出し、右員数《いんずう》の内、日々増減これ有り、即《すなわち》増減の儀は前夜前夜ニ申し遣《つかわ》すべし、尚又《なおまた》右三百人の儀

御料賃銭割り出し相成り候、併《しか》し皆々買上《かいあげ》と申すにてもこれ無く候え共、凡そ三分通り程は山科へ掛るべく、余《あまり》は三万石へ割り付け、又表向きは山科郷より人足員数差し出したと言うて、其割り方は三万石へ割り付け、外《ほか》御料の分は賃銭差し出させ、山科郷は表向き三百人程出して、実は賃銭割戻しを遣《つかわす》べく候間其の旨《むね》相含み、今日請書して帰るべし、何分山科は割宜《わりよろし》敷く候、尚又《なおまた》御代官ニも右等之割合ニ付き御心配これ有り、山科の割悪《わりあし》敷くは取斗《とりはからい》これ無き間、左様心得うべし、且又《かつまた》右人足ニ朝飯・昼飯・夕飯の三度御台所にて下され候間此旨心得うべし

分かりにくい申し渡しだが、どのように解釈されるか。一一日から二一日ころまで道具運搬人足を三〇〇人調達せよ、徴発人数は毎日異なっていて、その日の人数は前夜に連絡するというなんとも勝手な通達である。その費用については山科郷の負担は三〇％程度である。他は幕領三万石に割り付けるし、外の天皇領からは賃銀を出させるから、山科は三〇〇人出したといっても賃銀をうけとれる、また三食付きだということであろう。

二人の月番庄屋は、毎日三〇～四〇人の動員だけでも大変なのに動員人数が前夜にならないと分からないというのでは郷内は混乱するだろう、この場で請書を提出することはできない、郷へ持ち帰って相談したいと答える。役所側も了承し、「帰村之上、夜参会ニテも相催し」などと助言、一一・一二日の人足徴発はとりあえず中止になった。なお一〇日には山科以外の天皇領のある村々も役所に集められ、人足費用の割付けに承知の旨の請書提出を求められている。「(代官は)山科ひいきらしき御利解《おりかい》、人足出し割戻し頂戴《ちょうだい》がよいか、又は外郷の様ニ賃銭割り請《うけ》るがよいか、何やら訳知れず」と月番は感想を述べている。代官は山科をひいきにしているようだが、郷としては人足提供がいいか、賃金負担がいいか判断できなかったのであろう。

夜六時ころ帰った二人は比留田氏と相談、翌一一日の役所への返事は、約一〇日で三〇〇人だから一日当り三〇人を差し出したい、急に三〇人以上必要になった時は他の天皇領の村から徴発してもらいたい、また三〇人以下で済むという連絡は前夜でもよろしいという内容であった。さらに続けて、「此段御憐愍《おれんみん》可被下《くださるべく》、三事被下《さんじくだされ》候

儀、何分田舎者之儀故《いなかもののぎ》、間酒迄ハ不被下候テハ《ケンスイまではくだされずそうろうては》空腹カ《ガ》リ可申、何卒四事頂戴仕度《よじちょうだいつかまつりたく》」といっている。

此の度は食事を三度支給されるとのことだが、田舎者だから「間酒」を下されないと空腹だと訴えるだろうから、食事は四度いただきたいという要求である。「間酒」には「ケンスイ」とルビがふってある。『広辞苑』には（上方語）として「間水（ケンズイ）　定まった食事時以外の飲食、特に、昼食と夕食との間の飲食、おやつ」とある。山科で今も使われている言葉・表現だろうか。

話を役所に戻そう。御所からの連絡を待っていると、「明拾弐日より弐拾参日迄　郷人足拾人宛」であった。「御所之女中々左様之者ニあらす《ず》」（どういうことかよくわからないが）という印象を持っている役所役人からは、その程度で済むはずはない、何時増やしてくるかもしれない、郷側も心得て「品能可相勤様《しなよくあいつとむべくよう》」などの発言があって、結局「桜町御所様（仙洞御所ノ事）へ御道具持ち運び人足」については、「何時ニよらす人足差し出すべき旨仰せ聞かされ候ハハ早速人足召し連れ罷り出で申すべく」という、人数にふれない漠然とした請書が提出されている。

夜七時ころ帰った月番は比留田氏に報告、相談のうえ、明早朝からという急なことであり、まず月番村が引き受け、一二・一三日は東野村、一四日は椥辻村から出すと決める。

翌、一二日昼ころ惣頭から触れが廻る。持ち運び人足の用意をしておくことのほか、一五日朝に（先に通達しておいたように）「御用竹請負の入札同日札開きニ候間、村々ニて庄屋年寄頭百姓三人を取り決め、右三人の内望みこれ有り候分入札、庄屋受け取り北会所へ持参」、庄屋印形持参のことなどの内容である。

以上、長々と郷側の動きを追ってきた。人足動員の実態を明らかにし、朝廷の行事にたいする村のホンネらしきものがうかがえないかと考えたからである。それはともかく、この時、最終的にどのくらい動員されたのかは現在のところわからない。三月一九日の小堀役所差紙に「御道具持ち運び人足　明十八日も弐拾人差出し候様申し来たり候間其意を得べく候」とあるから、毎日一〇人では済まなかったであろうと想定される。

もう一つの負担であった大嘗会御用の竹木の件をみていこう。右記の惣頭発の廻状からみると、請負制で、請負希望者は入札で決定する方式である。

どのように納入されたか。「手控」によれば御用木は「精々土地出生生木伐り出し、不足之分ハ最寄り郷ニて買得《ばいとく》仕、滞りなく相納むべし」とされている。この時は松一〇二本（長さ二間、目通り六寸）、同三六本半（長さ二間、目通り一尺九寸）、同四本（長さ一丈、目通り一尺六寸）、杉一本（長さ三間半、目通り一尺六寸）だった。具体的な納入状況についてはわからない。ただし、「御影（蔭）ヲ以て御用滞りなく相調い大慶ニ奉存じ候」とする史料があるから、予定通り納入されたと考えられる。

余談になるが、右記の史料は文政元（一八一八）年三月の「奉願口上書」で、提出者は「御用木請負仰付けられ」た安朱村の木屋清七である。彼は入札に参加して、代銀一貫八〇〇匁で落札していた。その口上（申し出）によれば、「運送積り違い仕り、其上火急御用故山方も外並みと大ニ違い、殊之外《ことのほか》之高値ニ相成り、大ニ不勘定ニ相成」ったという。木材運送費の見積もり違いと、急な御用による「山方」（木材生産地）での木材値段高騰のため、請負金額では引き合わなくなった。そこで「増銀」をお願いしたいと比留田氏や各村庄屋に申し出ている。金額などは書かれていないし、どうなったのか結末もはっきりしないが、前年秋の行事の清算段階でのエピソードとして紹介しておこう。

「大嘗会御用竹」に戻ろう。（文化一四年）寅の九月一〇日辰の刻（午前七時）に惣頭から各村に触れが出された。記載事項はまず納入日と納入村および注意事項である。

九月一一日納め　上花山・北花山・厨子奥・御陵・四宮・竹鼻村
同一二日納め　音羽・小山・大塚・大宅・椥辻村
同一四日納め　東野・西野・西野山村
「右日割・村割の通り、日々正辰《しょうたつ》ノ刻迄ニ日ノ御門前へ持ち附け、月番総代厨子奥村・小山村へ員数相渡すべき事」、各村から宰領一〜二名を出す、宰領・人足とも着服（きちんとした服装でということであろう）、「道筋がさつこれ無き様」注意すること。

次は「札持ち宰領・人足」で、

一一日　宰領二人（四宮・音羽）、人足二人（西野）、一二日　宰領二人（竹鼻・小山）、人足二人（大宅）、一四日　宰領二人（西野山・大塚）、人足二人（西野山）

これは朝廷御用であることを示す札を持って運搬の整理に当たる任務である。

「先へ壱枚中切壱枚、右中切札は壱町程間を明け、往来相滞り居り候もの道切させ、往来差支えざるため候間、此の段宰領より札持ちへ下知《げち》これ有るべし、但し、清和院御門ニ右札差し置き、御築地内ハ無用の事」とある。竹運搬の道中の様子を想像してみよう。

そのほか「竹数之儀はこの間割符之通り之員数」、「勿論晴雨に拘《かか》わらず相納め」「右之外諸事去る五日申合せ之通り」などである。

ところが先にみた「手控え」によれば、村の組み合わせは同じだが、納入日が違っている。納入竹数も書いてあるからもう一度上げておく。

上花山など六カ村　九月一五日　二〇三〇本、音羽など五カ村　九月一六日　二五二九本、東野など三カ村　九月一七日　二六〇六本

今のところ納入した竹の種類や大きさ、あるいは村別の納入状況などは、史料の探し方が不十分なため不明である。また納入竹木に対する下行（支給）が、たとえば明和二（一七六五）年には竹木分銀一四四匁余・人足分銀四六匁余であったことがわかるから、文化一四年即位の時にも支払われたと考えられるが、金額はわからない。

最後に山科郷士の宮門警備などの動員状況に移ろう。郷士の負担の一つが宮門の警備だが、その歴史的な経緯はその起源が近世以前にさかのぼるであろうと推測されているだけで、具体的に明らかになっているわけではな

い。文化一四年即位の時点で郷士たちにどのように意識されていたのかを確かめておく必要がある。

すでにみてきたように山科郷士（軒＝株）は一四カ村に一一一軒であった。当然ながら時間の経過とともに変化する。文化一四年時点では、正確な数値はあげられないが、「（往古ハ山科郷士百十一軒ニ御座候）中古追々分家仕り、当時百六十余ニ相成り候」という状況に近いものであったと考えられる。郷士は本来一一一軒であったが、分家によって現在では一六〇余軒になっているという。

郷士の日常的負担は「夫代米」であるが、夫代米になった経過を郷士たちは次のように認識していた。「山科郷之儀昔年より本御料分旧来御用相勤め来たり候内、於御台所ニ山科役かつ中御門番六人之者、寛永年中迄郷士庶流之者ヲ以て日々交代相勤め」てきた。この任務が「定詰」（人が交代しない）となり、その分を銀で、元禄三年からは米で負担してきた。この経過は前にみたが、負担をめぐって郷士は「外々より相納め候夫代トハ事変《ことがわり》ニ御座候」（ほかの天皇領の村々が納める夫代（夫役の代わり）とは意味が違う）と意識している。門番という具体的な負担は江戸時代の早い時期から形を変えているわけで、即位の際の負担（動員）はまさに臨時のそれで、しかも郷士のみが負担するものと意識されていた。これからみていく内容は単に負担とはいいきれない、郷士のみが負担することをめぐる特権的なニュアンスをまとわりつかせていたであろうことが、上記のような経過から想定される。郷士の問題をみていく際の重要なポイントの一つと考えられる。

これまでのところを念頭において、文化一四年即位に集中してみていこう。九月九日に小堀役所から惣頭宛に以下のような内容の連絡がくる。

一、きたる九月二一日当日　御鳳輦舎《ほうれんしゃ》前　二人（是ハ土橋六郎・比留田権藤太相勤むべし）
二、東木戸外　二人、平唐門外　四人、九口御門加番　二人ヅツ
三、諸大名使者罷出候節三日間（日限追って達す）九口御門へ二人ヅツ（但し、中立売御門へは四人）
先格之通り相勤むべき旨御所より申出来たり候間、来ル弐拾一日暁七つ半時揃《そろい》之積り罷出ずべし

即位当日、どこの村の誰が警護役を務めたのかはいまのところわかっていない。ただ鳳輦舎前詰の二人については少しふれよう。即位の日が九月二一日と決定したことを知った比留田家では古い記録を調べ始める（「御即位記録」）。それを基に、惣頭の連名で口上書を提出している。

御即位ニ付き私共従前々《まえまえより》御鳳輦舎前ニ熨斗目《のしめ》麻上下着用相詰め罷り在り候、此度も先格之通り私共相詰め候様御披露下さるべく候、宜しく奉願候以上

熨斗目とは『広辞苑』によれば「小袖に仕立てて、士分以上の者の礼服として（中略）麻上下の下に着用」した衣服である。前の即位の時もこれを着用していた、先例に基づいて今回も着用を命ずる一札をいただきたいと要望しているのである。

この口上書は九月六日附けで、「御執次衆《おんとりつぎしゅう》」宛になっているが、朝廷との窓口であったと考えられる門番衆川那辺清兵衛のところに土橋氏が持っていき、彼から仕丁頭今村辰五郎へ、そこから執次の土山淡路守へというルートをとっている。九月八日には川那辺から出頭の連絡があり、土橋氏が出かけて、「郷士詰之儀ハ比留田土橋手継キ故別段召出ニ不及」という返答にたいして、「先格別段郷士へ御書付も御渡し（中略）先格違い候テハ郷士共相嘆き申すべく」と訴える。その結果、郷士へも動員命令の書付を渡すことになり、郷士総代が御所に出頭している。惣頭への書付は申刻（午後三時ころ）には渡されたが、「郷士惣代別段《べつだん》召し出だされ（中略）彼是《かれこれ》おそく成り、暮れ前ニ罷り成り、諸役方退出、御台所ハ大混雑、旁《かたがた》以て容易ニ御下《おさげ》ニ相成らず、漸《ようやく》相済み申し候」と描写されている。

右記の、九月九日附けの連絡は以上のような経過を経ている。くだくだと手続きにふれたのは郷士の意識をうかがえるのではないかと考えたからである。彼らの言うとおりであったかどうかは、以前の即位の際の状況も調べる必要があるだろうが、郷士としては朝廷から直々の書付がほしかったのではないだろうか。天皇領といっても日常的には小堀代官の支配下にあり、負担の多くは他の負担と同じく米や銀で納めている。天皇領に生きてい

るが、日常的に天皇と結びつきがあるなどと意識することはなかったのではないか。それだけに、自分たちが決めたわけでもなく、また日常的に行われるわけでもない、その意味で臨時の、たとえば即位というような行事に際して、後々、証拠として残る朝廷からの書付を求めたのではないか。また郷士たちにそれを求めさせるような時代になってきていたのではないか。比留田家文書をみるかぎり、この時期から幕末・明治初年にむけて、山科郷（山科郷士）と朝廷との関係が頻繁になっていくように感じられる。感じるだけでなく、実際に史料によって確かめていくことが今後の課題であろう。

以上、長々と仁孝天皇即位をめぐる動きをみてきた。ただしいかにも不十分で、山科郷の人々が宮門の警護に動員されたり、荷物や竹木の運搬にかりだされたことはわかったが、人々がどのように対応し、どんな感想を持ったかなどは推測するしかない。宮中の行事だから庶民には関係ないことだったのかもしれないが、少なくとも御所の中や、御所の建物の中に入って荷物を運んだし、儀式の進行を警備している宮門からみていたとも考えられる。もしかしたら大嘗会用の竹木も運び込んだだけでなく、会場設営に関係したかもしれない。こんなことを考えるのは、次のような町触れの写しをみつけたからである。これは通常の小堀代官所経由ではなく、雑色の松尾左兵衛から伝達されている。郷内にどの程度徹底されたのかはわからないが、「文化十四丑年九月二十日朝郷中村々二わけ回文と相見へ候」とあるから、廻されたことは確かで、「二わけ」とは二方面に分けてということだろう。

触れは「明後廿一日　御即位ニ付き前日拝見停止之事」という事書《ことがき》のあと七項におよんでいる。

一、重服《じゅうぶく》之者御当日並び廿二日廿三日三ケ日参内停止之事（父母の喪のような重い忌服《きぶく》の者は三日間、内裏《だいり》に参上禁止）

一、明廿日より廿三日迄九門内牛馬車往来差し留めの事

一、右当日あけ竹之内拝見、男百人女弐百人、切手札を以て、南門通東宮門より入り、同門より出る事（「あ

け竹」とは会場の仕切りか。男と女の人数の違いもどうしてなのかわからない。「切手札」は許可証ということだろう。）

一、右は局《つぼね》方客上ニて拝見難成《なりがたき》り分斗《ぶんばかり》（この項目もどういうことかわからない。女官たちの詰め所で儀式を拝見できる町衆がいたようにも読み取れる。それ以外の許可証所持者が前項の男女だったのか。）

一、御当日僧尼拝見停止之事

一、御当日南門開かれ候間ハ往来停止之事

一、同廿二日廿三日男女僧尼拝見、卯刻より申刻迄入り候事、札切手に及ばず、建春門より入り回廊外ニて拝見、西御築地宮門より出候事

但し、右両日惣御門之内清和院・同堺町・中立売・今出川右四前御門より拝見之者罷り通り候、其余の御門より往来堅く相成らず候

即位当日こそ僧や尼はじめ見学禁止だったが、翌二二・二三日は午前五時より午後五時まで、許可証がなくとも見学可能だったようである。御所とその中の建物のどの辺をコースとしたのか想像してみたい。最後に「老人・幼少・足弱之類堅く拝見ニ罷り出で間敷く候」ことを付け加えて、以上を洛中、洛外へ触れることを命じている。

この触れを読むかぎりでは、許可証の入手手続きなどはわからないが、即位当日でも御所に入れたし、翌日からはコースこそ制限されていたとしても入ることができた。山科から見物に行き、感想を書き残した人はいなかったろうか。この後、弘化三（一八四六）年に孝明天皇が、慶応三（一八六七）年に明治天皇が即位する。この時はどうだったのだろうか。

天皇領山科郷（の村々）と朝廷との関係について、恒常的なつながりと臨時の関係に大きく区分してみてきた。

近世前半の時期に展開したであろう恒常的関係（負担）の形成過程を経て、一応、延享～寛政期には体系化されてとらえられていること、それは寛保の村明細帳にみられる村側の認識ともほぼ一致していることが確かめられた。臨時の関係（負担）については、京都大火の際の動員と、即位（大嘗会）の際の動員と竹の納入を事例としてとりあげ、それらの実態をみた。

江戸後半とくに幕末期になれば朝廷との関係はだんだん頻繁になっていくようにみえる。これまで確かめてきたところと比較、対照しながら幕末期の実態を明らかにしていくのが順序かもしれないが、このテーマは別の機会に廻したい。

「付」—村の住人をめぐって

時代をふたたび江戸時代前半に戻し、朝廷からの動員に対応する村について私が「おもしろそうだ」と思った史料を紹介したい。ただし、個々の史料の間にはとくに関連はない。

延宝三（一六七五）年八月一日に椥辻村の四郎兵衛から、親類・庄屋・年寄・惣頭も連名で、「江州柳ケ瀬御関所無相違罷り通る」ための「切手」の発行願が奉行に出されている。柳ケ瀬関は現在の滋賀県長浜市（旧伊香郡）余呉町にあり、彦根藩が管理していた。四五歳の女性（四郎兵衛の妹）と一五歳の女性（四郎兵衛の姪）の女二人が、椥辻村から加賀国小松京町新行寺にいる橋本立伯のところへ旅行するための出願である。橋本立伯という名前からすると医者ではないかと推定されるが、女性二人は彼の妻子だそうで、出願の背景にどんな事情があったのかいろいろ想像をかきたてられる。

いずれにせよ江戸前期には郷内に住んでいたのは農民だけではなかったらしいと推定される。浪人がその一例である。大石内蔵助が山科に隠棲していた話は有名である。元禄四（一六九一）年八月に「刀指し候者」の調査が行われている。結果はいない村が九カ村、居る村が八カ村であった。紹介しよう。

音羽村住居　戸田蔵人　松平丹波守扶持人
上野村〃　中井一入　本多隠岐守扶持人（この二人は「京都火事之時分御住まいと申す役人」とある）
西野山村〃　進藤元休　松平安芸守家来（「此の者隠居仕り当村ニ罷り在り候」）
〃　香山三郎兵衛　浅野内匠の家臣進藤源四郎の家来、当村で留守居
〃　島村勘六　中川佐渡守家来田近竹因の家来、　〃
〃　渡辺可清　三宝院家来
〃　進藤伊予守　西岩屋大明神神主
西野村〃　木村平太夫　水野周防守浪人（天和三年由緒書提出）
〃　北河原佐兵衛　藪大納言扶持人（この仁（じん＝人）つねずね御用承り当村ニ罷り在り候）
大塚村〃　皆川伊兵衛　（この仁、京御幸町通り竹屋町下ル丁ニ居り申し去ル午（元禄三年）ノ霜月ニ当村へ参られ候、由緒書京都ニテ指上げられ候）
上花山村〃　高山市郎左衛門　（此の仁、弓の指南仕り当村ニ罷り在り候、父は酒井宮内正浪人、すでに死亡）
〃　寺本与八郎　（浅野式部少輔家来寺本八左衛門せがれ、「弓為引当村ニ罷り在り候」）
〃　坂井藤内　（浅野式部少輔内坂井長兵衛せがれ、「寺本与八郎と一所ニ罷り在り候」）
東野村〃　飯田出雲守　東野村三ノ宮大明神神主
北花山村〃　井上重郎兵衛　去年由緒書差上げ（「当年当村へ参られ候」を墨消）
〃　七里不伯　天和三（一六八三）年七月由緒書提出

以上一六名が書き上げられている。私は農身分の者だけが住んでいる農村しか知らない。だから上記の人々の各村での存在状況などは想像すらできない。

京都に屋敷を持つ大名の家臣でたまたま山科に住んでいる者（「扶持人」）や隠居した者および寺侍、神主、公

家の家臣などのほか、陪臣と考えられる「留守居」の者がいる。彼らは普段は農業をやっていたのであろうか。いわゆる浪人は由緒書を奉行所などに提出して身分を承認され、所在を確認されている者らしいが、「浪人」と明記されているのは木村・井上・七里の三氏である。長期間村に住んでいたようには読めないが、生計はどのようにして立てていたのであろうか。

肩書きのない上花山村の高山氏などは親子二代で村にいたように読めるが、「弓の指南」とはどういうものか。村人に弓を教えていたとは考えられないが、京都へ出張していたのであろうか。

分からないことだらけで紹介にもなっていないが、京都という都市の郊外だけに見られた現象のように考えられる。現在のところ比留田家文書の中で浪人に関する史料は上記のほかは、元禄七（一六九四）年に上花山村居住の米多比三左衛門が鉄砲改めを受けているものを確かめている。彼が元禄四年の調べには登場していないことからみて、浪人の居住は短期間にとどまっていたのではないかと考えられる。なお、進藤家文書の中の「請状」は元禄一四（一七〇一）年だから、元禄期頃までは浪人が住んでいたことがわかる。その後は寛保三年の帯刀人調査の際の上花山村の回答（後出）しか確かめていない。江戸後期には存在しなくなっていったのではないか。

ついでだから大石の「請状之事」も紹介しておこう。

一つ、此度播州赤穂浪人大石内蔵助儀、我等親類ニテ御座候ニ付我等方へ亡人ニ罷り成り引越申し候、此者慥《たしかなる》成者ニテ御座候、万一此内蔵助儀ニ付何様之六ケ敷《むずかしき》儀出来候共、我等罷り出で急度《きっと》埒明《らちあけ》、村中へ少も御苦労掛ケ申間敷く候、尤おごりたる儀致させ申間敷く候、宗旨之儀禅宗、即寺請状此方ニ取置申し候、依テ後日のため請状如件

元禄十四辛巳年七月　　　進藤源四郎（印）

庄屋　太兵衛殿

年寄　五郎右衛門殿　同　庄右衛門殿　同　徳右衛門殿

同　久右衛門殿　同　源右衛門殿

（※『資料京都の歴史　山科区』も参照のこと）

それでは以後、村に刀を差す者はいなくなったか。そんなことはない。少なくとも惣頭の二人が「刀ヲ帯び御用相勤」めている。「刀差し」は身分にかかわる象徴としてこれからもたびたび問題になるであろう。なお大石内蔵助については、半ば伝説化しながら地元で語り継がれていたようである。山科神社文書の整理が進めばもう少しわかるだろう。

一六　近世中後期の年貢と定免をめぐる動き

天皇領として郷全体の負担の内容を確かめてきたが、実際に負担する個々の村々、村民にとってどのような意味を持ったのかというところまでは踏み込んでいない。たとえば御膳籾が増大傾向にあり、負担過重を訴える村が出てきたことも、指摘にとどまっている。誰にとってどのように負担であったのかという観点からの分析なしには、御膳籾生産者に村から手当を出すというような対応の意味は明らかにならないと考えられる。

この課題に近づくためにも近世の中期から後期へと時期を移しながら、負担の本筋ともいうべき年貢についてみていこう。「余りは全部取る」、生産物＝米《こめ》で取る、村単位で取る（村請制）などの年貢をめぐる原理・原則については繰り返さない。

前述の近世前半の年貢と年貢率の推移に引き続く元禄期以降の動向を、山科神社文書によって西野山村の場合でみていこう。残念ながら史料は連続せず、限られた年次しかわからないが、近世後期の文化・文政期まで見通せそうである。現在のところ他の村の年貢納入関係史料はほとんどない状態だから、西野山村の事例で一応の見通しを立てたうえで、全郷についてみていこう。

西野山村の村高は八一九石九斗六升九合で、これは幕末まで変わらない。参考までに延宝三（一六七五）年の取米（年貢米）は三四四石三斗八升七合であった。村高から「砂入皆無《すないりかいむ》」（水害で収穫なし）一石八斗二升を除いた高に対し四ツ二分（四二％）になる。これが元禄一三（一七〇〇）年には取米二八〇石九升四合になる。高にたいし三四・一六％である。延宝にはみられなかった神社への「御供米」一石五斗と「庄屋へ年々被下」（庄屋給米）二石が現れ、取米から除かれている。両者の数値は幕末まで変わらない。また、「夫代」（夫役＝棟役、西野山村は一〇棟）三石六斗九升四合が現れ（この数値も幕末まで変わらない）、銀納されている。

このような年貢構成は正徳期まで続く。村高から減免分を除き免を乗じて取米を決定、その十分の一および三分の一は銀納、米納分から定額の供米などを除いて蔵納めとし、ほかにこれまた定額の夫代（銀納）を加えるという構成である。判明する年次の取米と免をみておくと、元禄一六（一七〇三）年三三〇石四斗四升八合（四〇・三％）、宝永五（一七〇八）年三〇三石三斗八升九合（三七・五％）、正徳元（一七一一）年三二一石八升七合（四〇・五％）であった。

これが次の判明年・享保一七（一七三二）年には大きく変っている。年貢は全部米納となりそこから定額分を除いた蔵納めに夫代を加える構成である。明らかに幕府の年貢徴収方法の変更を受けていると考えられる。将軍吉宗の定免制（年貢額固定制）が山科でも実施されたことは確実である。享保一五戊年八月の嘆願書（比留田家文書）を少し長いが紹介しよう。

当春山科郷中始て御定免仰せ付けさせられ候ニ付き、田畑旱損・水損之村方数多《あまた》御座候得ハ、達而《たって》御定免御赦免之御願申上候処、新倉様仰せ聞かされ候ハ、格別之旱有之候ハハ御見分之御下ケ《げ》成らるべく候間、御上御大切ニ存じ奉《たてまつ》り候ハハ御請申上候様ニ仰付けさせられ候故、乍迷惑無是非《めいわくながらぜひなく》御請申上候、然ルニ当夏長々打続旱仕《うちつづきひでりつかまつり》、百姓共難儀・迷惑仕り候ニ付き、郷中右御見分之御願申上候処、（中略）高百石ニ四拾石以下之引方御大法ニて御立て成らるる儀ニ仰付けられ候得ハ無是非儀奉存候、然ル上ハ野道具等迄売払、当年ハ御上納致させ申すべく候得共、皆無《かいむ》合毛等ニ不作之百姓相立ち申さず、御田畑共次第ニ亡所仕り候、兎も角御慈悲を以て相立ち申す百姓之儀ニ御座候間、乍恐《おそれながら》相続仕り候様ニ奉願上候、以上

今年の春、山科郷に初めて定免が命じられた。旱損・水損の村が多いから定免は勘弁してほしいと願い出たところ、新倉様（代官所手代だろう）から御上大切とおもうならばなどと説得されて定免を受け入れた。ところが今年の夏は日照り続きで、減免をお願いしたところ、四〇％以上に及ぶ減収でなければ立見（検見）はできない

表21　西野山村の年貢構成と年貢額の推移

年次	取米（石、合）	口米（石、合）	納米計	銀納計
			石　合	匁 分 厘
享保17（1732）	347.201		347.701	140.3.7
同20	373.606		373.606	204.5.5
元文３（1738）	374.202		370.702	?
同５	308.802	9.264	318.066	354.3.7
寛保元（1741）	366.028	10.98	377.008	304.0.8
寛延元（1748）	285.265	8.558	281.765	936.3.4
宝暦４（1754）	281.134	8.434	281.132	648.8.7
明和５（1768）	338.724	10.162	338.724	1085.5.9
天明２（1782）	373.532	11.207	373.532	996.8.5
同４	328.066	9.843	328.066	1089.2.5
寛政10（1798）	179.111	5.374	179.111	707.0.8
文化15（1818）	244.984	7.35	244.984	801.0.7
文政３（1820）	234.461	7.035	234.461	646.2.1
同５	242.47	7.275	242.47	732.0.9

山科神社蔵文書、各年の「御物成納払御勘定目録」・「御年貢皆済目録」による。
取米—供料・庄屋給（３石）＝内蔵納である。表示は省略
口米は取米の３％である。寛延元年から銀納になる。夫代（３石694合）は定額、銀納
天明２年から「芝手米」３升１合定額がある。銀納。元文３年の銀納額は銀米換算値段不明のため空欄になっている。

ということであきらめた。今年は「野道具」を売り払ってでも年貢を納めるが、百姓は立ち行かなくなり、田畑も荒れていくであろう。「御慈悲」がないと立ち行かない百姓であるから、なんとか相続できるようにお願いしたい、という訴えで、定免の強引な施行がわかる。

その後の推移をみよう。「皆米納」となった年貢取米から供料・庄屋給を除いた残りが御蔵納めという構造が続く。元文五（一七四〇）年には「口米（年貢の三％の付加税）」が現れ、これも寛延元（一七四八）年には銀納になっている。また天明二（一七八二）年には年貢の内に五升の「見取《みとり》」がみえ、ほかに「芝手米」三升一合（銀納）もあり、ともに以後定額で続いたようである。年貢額は三四〇石前後から三七〇石前後で推移するが、時々大きく減少して不作の年であったことがわかる（表21）。元文五年には前年来の年貢未納や手当米の返済（「返納」）が四五石もあった。

以上のような西野山村の年貢収取の動きを念頭において山科郷全体の動向をみていこう。現在まで探し出した

郷全体のわかる史料は三点でしかないが、表22のようにまとめられる。史料は延享元年「子之御免定之写」（比留田家文書）、明和七年は「寅年免定留メ帳」（土橋家文書）、寛政九年は「郷中諸願書留」（比留田家文書）の中の「当巳新規定免吟味請印帳」である。参考までに前に用いた「山科郷毎年免割帳」（表8－2）の末尾の年の数値もあげておこう。

史料を簡単に説明しておこう。幕府がときどき全国各地に巡見使を派遣し、地方の情勢を監察させたことは御存じであろう。いわゆる諸国巡見使は次第に儀式化していったそうだが、国々御料所村々巡見使は幕府領監察の役割を果たしていた。延享二年にも勘定・支配勘定・徒目付の三人一組で巡見している。その際、年貢徴収の実態調査のために作成された資料が「子之御免定」で、郷頭が写しを残した。「神尾若狭守様、堀江荒四郎様　右順（巡）見　折節宝（豊）作ニて格別之御取増　迷惑申し候」とメモされているから、高い免率とはどのくらいかを示す史料である。

表22　免率の推移

社名＼年次	寛永８(1631)	延享元(1744)	明和７(1770)	寛政９(1797)
上花山	50.3	50.8	20.2	44.1
北花山	47.4	50.2	24.9	42.7
厨子奥	54.8	60.3	34.8	52.8
御陵	60.8	65.7	28.2	52.9
上野	55.8	60.8	16.2	46.4
四宮	68.5	64.6	39.5	54.8
竹鼻	50.0	53.7	31.9	46.3
音羽	50.4	65.6	21.2	48.4
小山	63.3	73.2	52.7	61.5
大塚	49.8	51.2	23.2	45.8
大宅	51.0	51.7	28.8	46.0
椥辻	50.3	39.1	34.7	33.4
東野	44.9	38.1	25.8	32.0
西野	55.2	51.4	25.8	47.9
西野山	47.9	48.4	23.2	40.6
日岡	64.8	58.9	31.6	47.4
川田	44.0	47.2	10.3	34.6

典拠は本文参照

ついでに、どのくらい「豊作」であったかをみておこう。延享元年の年貢額決定にあたって、代官が「坪刈《つぼがり》」（一坪の稲を刈り取り、その米収量を調べ、その量を基礎として全体の収量を算定する方法）や「検見《けみ》」で稲の出来具合をみたうえで、どれだけの収穫になるかを判断したと考えられる。現実には耕作不可の地（その理由として永荒《えいあれ》、砂入、堤切れ砂入、堤敷き、池床、水損など）があり、その分は引かなければならない。要するに「豊作」とはこの引きができるだけ少ない状況をいうとみることができる。延享元年の場合、最大の引きは椥辻村で、村高三一〇石余の内一九石余（六%）が砂入で収穫〇《ゼロ》とみなされた。一方、上花山・上野・川田は引き〇、すなわち村高は一〇〇%実現したとみなされている。その他引き一%以下の村が多い。これが「豊作」の内実であった。

逆に明和七年は不作の年の免率を示している。此の年は非常な旱魃の年で、すべての村で「当寅旱損皆無引《とうとらかんそんかいむひき》」があり、それが大きい村ほど免率が低下している。検見をおこなって引きを確定し、「毛付《けつけ》」（実収高）を確かめて、それにもとづいて定めた年貢高を郷内の村々に納入を命じた。

寛政九年の史料は寛政七年から文化四年までの郷内からの願書を惣頭比留田家が書きとめた「願書留」に納められている。寛政六年も旱魃不作で、一二五年以前の（右記明和七年の）旱魃大不作に近いありさまだったので、検見による免率の引き下げをお願いしたところ、定免願いを出すよう命令された。郷側は反対したが、押し切られて寛政九年に承知した。その時の年貢額によって算出した免率が表の数値である。

表の数値を検討していこう。表から明らかなように、一八世紀後半の時期でも免率は郷内一律ではなく、村ごとに違っている。近世初期の免率の状況と比較してどのように推移したのかをみよう。

免の数値自体は豊作ならば上昇し、凶作ならば下降しているといえる。その差の大きさに注目してみていくとどうか。

まず寛永八年と延享元年を比較すると、音羽、小山を筆頭に延享元年の免のほうが高い村が多いことがわかる。まさに「格別御取増」で迷惑したのだろうが、豊作にふさわしい収穫をあげていた可能性のある村ともいえよう。逆に豊作にもかかわらず免の下がった椥辻・東野などの村は近世初頭以来の高免を修正せざるをえなかったのではないかと考えられる。

次に延享元年と明和七年を比較してみよう。明和七年の旱魃のひどさが改めて確認される。免五〇％台は小山のみ、しかも四〇％台は一村もなく、すべての村の免が低下している。まさに旱魃が全郷に及んだことがわかる。大河流域ではない山科郷では河川洪水などの水害が郷全体に及ぶことは少ない。水害状況は各村の地理・地形の影響をうけてさまざまな現れ方をしたと考えられる。一方、ある村だけが旱魃に見舞われるということは考えられない。だから延享元年との差の大きい村ほど旱魃に弱い村だったといえるかもしれない。

明和七年と寛政九年とを比較すれば、差の大きい村ほど旱魃の打撃から立ち直っているといえそうである。ただし差の大きさがそのまま寛政九年の免率の高さと比例しているわけではない。先に指摘したように寛政九年の免は「定免」である。定免については後にふれるが、領主がその村の年貢負担力をどのようにみていたかを示す指標であった一面を持っていることに注目しておこう。

表23　年貢率からみる村の順位

	寛永８	延享元	明和７	寛永９	享和元
四宮	1位	4	2	2	定免
日岡	2	7	6	7	同
小山	3	1	1	1	同
御陵	4	2	8	3	破免
上野	5	5	16	8	同
西野	6	10	9	6	定免
厨子奥	7	6	3	4	同
大宅	8	9	7	10	破免
音羽	9	3	14	5	定免
上花山	10	12	15	12	同
椥辻	11	16	4	16	同
竹鼻	12	8	5	9	破免
大塚	13	11	12	11	同
西野山	14	14	13	14	定免
北花山	15	13	11	13	破免
東野	16	17	10	17	定免
川田	17	15	17	15	破免

以上みてきたところを寛永八年の順位を基準として、各年における一七の村の順位をみることで、村々の相対的な位置とその推移としてまとめてみよう（表23）。参考までに享和元（一八〇一）年の状況も附け加えておく。破免とは定免の年季明け（期限）のとき、次の定免期間ではそれまでの定免の率を変えなければならないことを意味する。

四宮・小山は近世初頭から上位に位置しており、農業生産も安定していたとみることができる。寛永八年に下位を形成していた村々はその後も順位は上がっていない。農業生産力は相対的に低いとみられていたのであろう。両者の間の村々には順位を上げていった村と逆に下げていった村がある。相対的な順位で見ているだけだから、これだけで農業生産の動向を指摘することはできないが興味深い動向とはいえるであろう。いくつかの村の順位が乱高下している。その結果が寛政期の定免につながっているとすれば、それぞれの村の乱高下の理由を調べなければならないが、現在のところ材料を持っていない。

それでは定免の問題をみていこう。とりあえず定免を簡単に定義しておこう。過去五年（あるいは一〇年、二〇年）の年貢額を平均して年貢額を定め、一定期間（定免年季という）、その年の作柄が豊作か凶作かにかかわらず、定額の年貢を徴収するという徴租方法である。将軍吉宗が幕領で年貢増徴を目的として享保期から実施し、幕府財政の立て直しをはかったことが知られている。領主にとっては安定した年貢を確保できる仕組みだが、村・農民にとってはどうだったか。毎年検見《けみ》を行って、その年の年貢額を決める検見法という従来の方法とくらべて、どんな影響を村や個々の農民に与えたかをみる必要がある。検見に立ち会う面倒がなくなったという程度のことではなかったと考えられる。

現在のところ定免をめぐる動きが判明するのは寛政七年からである。同年の山科郷一七カ村が提出した「口上書」には次のようにある。

去寅年よりは少々作方《さくかた》も宜敷《よろし》く御座候処、当郷中之儀全体近来不作打ち続き、相続困窮仕り罷り在り候ニ付き、郷借在銀《ごうしゃくざいぎん》も有之処（中略）御上納不足之分は借在銀を以て漸く御年貢皆済《かいさい》仕る候様成る儀ニ御座候（中略）其上恐れながら御所様諸入用ならびに郷中入用等も多く相掛り候得ば、御取箇辻《おとりかつじ》少々御用赦《ようしゃ》成し下させられ候ても、村割之処ニては甚だ高免ニ相掛り申し迷惑仕り候、何卒《なにとぞ》長ク御下《もと》ニ相続も仕りたく奉存じ候得ば、右之趣御勘考成し下だせられ、当卯御取箇辻之儀（中略）格別之御下免被為成下《なしくださせられ》候様、郷中百姓共一統奉願上候旱魃の寛政六寅年より今年は少しは良い収穫だが、山科郷は近年不作続きで、借金をして年貢を納めている状態である。その上御所の御用費も多く掛り、郷中の運営費も増加している。そのため個々の村の負担は高免になって迷惑している。今年も免を下げていただきたい。

おおよそ以上のような内容である。この嘆願書がいうように不作続きであったのか、借金しなければ年貢を納められない村財政であったのか、これらは年貢減免を求める側のいわば決まり文句みたいなものだから、実態は別に史料に基づいて確かめなければならないが別の機会にしたい。

歎願に対する領主側の反応は「近来御定免相願候様、毎々仰せ付け」であった。「御検見之上御取箇御免定成し下させらる」という方法を止めて定免とする。どのぐらいの免率ならば定免として引き受けられるか答えよとの圧力である。

これに対する郷側の「口上書」の要点は次のようである。

当郷中之儀は御存知も在らせられ候通り、大河水掛りも御座無く、山之生水《しょうず》又は溜池等ニテ田畑相養い候故、近年は不作打ち続き来たり候上、御大切之御年貢御定免請け奉り候儀は何共無覚束《おぼつかなく》存じ奉り候故、縦令《たとえ》拾ケ年又は弐拾ケ年之御捄シ（漢和辞典に「きゅう」と出てくるが、訓読みはないようで、なんと読むのかわからない。あるいは「おならし」とでも読ませるつもりか）御定免ニテも、請け奉り候儀は何卒御容赦成し下させられ候テ、乍恐《おそれながら》是迄之通り其年々田畑立毛御検見之上、御免定成し下させられ候様偏《ひしえに》願上奉り候

大河もなく云々という山科郷の農業生産をめぐる表現は的確であると考えられるが、だからといって「不作打ち続き」であったかどうかは、右にも触れたように別に確かめなければならない。要するに、たとえ一〇年あるいは二〇年の年貢額の平均値であっても、それが定免では納入はおぼつかない、従来どおり検見のうえ年貢額を決めていただきたい、という主張・要望である。

先の免下げの歎願は「郷中百姓共一統」だったが、寛政八辰年二月は「大小之百姓共一統」である。意識して書き分けたのではないだろうが、定免という徴収方法は「大」百姓と「小」百姓それぞれに対して持つ意味が違ったのではないかということを考えると、郷あるいは村での寄合の様子を知りたくなる。

いずれにせよ「郷中百姓一統承知致さず」ということで、当番元締鷹屋作右衛門に提出する。これに対し代官所は二月下旬にまたまた次のようにいってきた。

表24　申請値と定免値

	申請値	定免値	比率
	石	石　合	
上花山	65	71.160	109.5
北花山	118	130.961	111.0
厨子奥	48	53.567	111.6
御陵	275	296.070	107.7
上野	11	17.647	160.4
四宮	116	124.350	107.2
竹鼻	150	170.610	113.7
音羽	257	248.435	96.7
小山	136	140.231	103.1
大塚	115	126.759	110.2
大宅	275	290.647	105.7
椥辻	85	103.945	122.3
東野	178	197.769	111.1
西野	316	336.785	106.6
西野山	290	332.632	114.7
日岡	65	79.971	123.0
川田	95	102.500	107.9

比率は村申請額にたいする領主側提示の定免額の比

> 是非定免請申す間敷哉《まじきや》、何方《いずかたの》郷中より定免請《うけ》候テも苦しからず哉《や》と存じ候取箇辻《とりかつじ》、大体弐拾ケ年程見なら
> し候テ書出シ掛け申間敷き哉

なんとか定免を受け入れられないか、どこの村でもこれなら定免でもいいという年貢額を、二〇年ぐらいを平均して算出して報告できないかといったところであろう。その際、元締小田孫太郎は「是より年々御取箇辻は次第ニ相増し候故只今之内に定免請くべき方宜しかるべし」と「御憐愍《おれんみん》」を装って圧力をかけている。

これに対して村々の農民は連帯して受け入れない。郷惣代月番の大塚村と大宅村の庄屋はあまり何度も領主の申し入れを断るのは恐れ多いという理由で、「村方百姓共相談仕り候通り」の数値を三月に報告した。報告数値と実際の定免年貢は表24のようである。郷全体では申請値二五九五石にたいし定免額は二八二四石三升九合だから、平均すれば一〇八・八%になる。

具体的な状況はわからないが、西野山村の年貢の推移からみて定免制は長続きせず、やがて検見取に戻っていったと考えられる。この経過を念頭において寛政八年に戻ろう。

表24をみると、予想されたことだが、郷側が提出した希望定免数値と決定定免数値を比較すると、提出値が決定値を上回ったのは音羽村のみで、上野村にいたっては逆に決定値が提出値より六〇%余も多い。この二カ村は例外としても、日岡・椥辻村の二〇%台をはじめ一三カ村が一〇%～一五%の増になっている。この間の郷側の動きをみていこう。

寛政九年正月二一日、比留田氏（種茂）は京都代官役所に出かけ、地方《ぢかた》役藤田半九郎・林田民右衛門、元締鷹尾作右衛門らに会う。彼らが「此の度御料一統定免請くべき様仰せ触れられ候ニ付き、其郷内之儀も是非今度ハ相願い候様」と強要したことは前に触れた。比留田氏は「当郷中之儀は一統旱魃、其上困窮村々ニテ候得は何方定免之儀は幾重ニも御断り申し上げたく、夫れ共一統ニ御願候米辻ニて仰せ付けられ候ハハ畏《かしこみ》候」、旱魃で苦しんでいる困窮村方であるから定免は御断りしたいが、郷側から申請した数値ならば御請すると答える。対して鷹尾は「関東表より取締役差し登され候て御吟味之上、所司代《しょしだい》表《おもて》より是非定免請させ候様」いわれていると江戸や京都所司代まで持ち出して定免請を迫る。そのうえ「当秋検見之節添検見差し遣わされ、地所見分申し付け」ると圧力をかける。「添検見」とは後でまた出てくるが、この時点ではそれを受ければ「当秋御取箇格別ニ御取増ニ相成る」（年貢が格別に増加する）ことにつながると認識されていたらしい。

寛政七年一一月、翌八年二月と下免願を提出したことは前にみた。続いて日照りの被害がはっきりしてきた一一月に再び下免願を提出する。その実情は「（立毛（収穫）は検見の時には）地所水掛りニより大体之穂柄ニ相見え」たが、検見の後「次第ニ虫入り枯穂等多く現レ甚だ穂上リ悪しく相成り」、ふたたび検見をお願いしなければなどと話し合う状態になった。たびたびのお願いは恐れ多いということでみあわせていたが、「段々刈入こなしなど仕候処、弥《いよいよ》以《もっ》て枡実少ク、甚《はなはだ》悪米ニて小米・しいな等多く候」（実際に収穫してみたら籾量も少なく、しかも「こごめ」や「しいな」が多い）状態であった。年貢の下免（減免）をお願いしたい。

さらに個別の村（この時は西野山と川田村）からも要望が出される。それぞれの村の財政状況などがうかがえるが、それは別にみることにして郷全体の定免問題を追おう。

上記のように「添検見」まで持ち出した役所側の返答を持ち帰った比留田種茂は、一月二九日に北会所に郷中の庄屋を招集、「添検見有之候て万一検地入り候得ば大難儀、左候はば只今之内請くべし」という方向で衆議をまとめる。「漸《ようや》く夕方一決いたし」とあって、会議がもめた様子もうかがえるが、万一検地するなどということになっては大変だという村（農民）の対応も興味深い。

翌正月晦日、比留田種茂は役所に出かけ、藤田らと対面する。

（比）「（百姓が）御取箇之儀拝見仕り度と申し候故、大体之所承りたし」

（役）「此の方より米辻申し聞かせ候と申す事は嘗《かっ》て申さず、其方より申し出ずべし」

（比）「此の方より申し出候は昨辰年申し出候通りにて候、夫にては御取上げも御座なく候（中略）内々御認め下され候へば其意を含め相談遂《と》げ申したく」

（役）「委細《いさい》尤《もっとも》之儀に候間、二月四日迄に調べ置き候間、夫まで延引いたし度」

以上のような遣り取りがあって、二月四日に種茂は役所に出かけて掛け合う。

役所側は「山科郷之儀は格別之加役等も有之候へば、其申し立てにも相成べきか」と朝廷の負担に理解を示しながら、「少々宛増米」がなければ上に伺いもできないというような前口上があって、前にみた各村の数値が出てきた。

二月五日再び郷中の庄屋が参会、提示された数値を検討し、「大体に一統一決」したが、「村々小百姓へ未だ不及評議村方も有之候はば、今晩百姓申し聞かせ明日及返答」ということで、いったん村に持ち帰っている。六日の会合で「一統承知之旨返答、然らば右之趣願書相認め」となる。願書（「乍恐奉願口上書」）の内容をみよう。

当山科郷村々田畑立毛之儀其年々御検見之上御取箇《おとりか》御免定成し下され候処、近年は御取箇も御高免に相成り、其上御所様諸御入用並びに郷入用銀〆にては夥しく相掛り候儀故一統当惑仕り罷在り候処、近来毎度御定免相願候様仰せ触られ候へ共、川掛り之用水と申すは一切無御座、漸く聊《いささか》之清水又は溜池水等用水に仕候に付き、まことに旱魃不定地之儀故、無拠《よんどころなく》段々御断り申上げ奉り候得共、此の度は是非御定免願候様仰せ触られ候に付き（中略）何卒《なにとぞ》去る辰年迄拾ケ年平均にて、二ケ年之間御定免仰付けられトし置かれ候はば難有く存じ奉り候（後略）

山科郷の年貢は毎年検見のうえで決まったが、最近は年貢の率も高くなり、御所御用や郷入用も多くなり一同困っているのに、年貢定額を要求される。旱魃に弱い土地柄なので、定免は無理だと御断りしたが、今回は是非と強要された。どうかせめて過去一〇年の年貢額の平均値を定免とし、定免期間も二年間としていただきたい。

要点と考えられるところだけを掲げたが、要望定免期間を僅か二年としているところが注目される。また西野山・東野・音羽・川田村は「旱魃不定地」、椥辻村は「水場にて甚だ難渋」ということで、「拾ケ年平均之内別段に御慈悲之御勘考」を求めて別の「口上書」を持ってきている。

二月八日、比留田種茂は上記の「口上書」を提出する。すでに紹介がだいぶ長くなっているが、定免決定まではまだ溜池跡地や砂入り地の減免年季明け問題や、豊かそうに見える町場の免率回復問題があり、役所とのやりとりが続く。役所としては従来認めてきた減免分を元に戻してでも期待する定免額の確保をはかったのであろう。

以上のような経過を経て、（三月九日か）役所から「郷中一同定免請印相取り候故、来ル十三日郷中一統庄屋年寄百姓総代三人宛罷り出ずべし」という連絡が惣頭のところにくる。種茂が役所へ出かけ、「然らば弥《いよいよ》御治定の御取箇拝見致したし」と写して帰宅。翌一〇日に郷中寄合で披露、一同の了承を得た。

（三月一四日）「巳之刻神前苑町（神泉苑か）笹屋伝助方へ郷中庄屋揃い、直様《すぐさま》（種茂が）何れも召し連れ役所へ出、公事場《くじば》ニて連印取られ候趣」ということで、「元締鷹屋作右衛門並び地方役藤田半九郎立会」で始まり、鷹屋氏から「左様之儀ニ候得ば弥《いよいよ》連印取り候、全体此の儀（小堀）縫殿《ぬい》申し渡し連印取らる筈《はず》ニ候得共、今朝より風邪故、拙者ハ地方役之儀故手前へ申付らる」という口上があって、「当巳新規定免吟味請印帳」が提示された。本来なら代官の小堀が請印を取り定免を申し渡すはずであるが、今朝から風邪気味で地方役元締の鷹屋氏が替りになど、描写にはなかなか臨場感がある。

種茂は「全体定免之儀は右之通り連印相済み、且又壱村限り委細ニ地所之事共或は困窮村ニ候へば其訳何々ニ付き村方困窮仕ると申す様成る訳相認め、先ず所司代並びニ御所取締役並びニ江戸役方へ相伺い、右三ケ所伺相済み候上、亦又《またまた》表向きニて申付けられ候と相見え候」と記し、「甚だ事面倒成る訳合い共御座候、且は一向明細成る認方ニて候」と感想を述べている。

郷と役所の間で折衝にあたった種茂の記述をどのように読み解けばいいのか。少し気になるのは、所司代・御所取締役・江戸役方三者の了解済みであるかのように書いているが、どうもそうではなかったらしく、まだ決着がついていないのである。長くなるが、最後までみていこう。

六月二五日に役所から差紙（指紙とも…呼び出しの連絡）が来て、翌二六日出役すると、地方手代藤田半九郎から次のようにいわれる。「追付《おっつけ》東町奉行所ニて取締方並びに御勘使立会ニて、今一応定免調べ有之候、然らば定めて取米石数村方ニ相増し候様申付けらるべく候間、若し左様之儀も有之候はば堅く申し募り、壱合ニても増米請けざる様致すべし、若し又乍聊《いささかながら》増米請候テは、当役所不調之趣相聞候間、此の段得と相勘考致し返答に及ぶべく候様いたしたく候間、此の旨郷中不残心得違い無之申し含め置」と。

この申し渡しをどう理解すればいいのか。いずれ東町奉行所で、町奉行と取締役・御所勘使役立会のうえで、もう一度定免調べがあることになった、たぶんさらに増米が命令されるであろう、その際は一合の増米も承知するな、承知しては代官役所の処置がおかしかったことになる、だからここのところを良く考えて返事をするよう郷中で意思統一しておくようにということであろうか。どういういきさつがあったのか分からないが、舞台は京都町奉行所に移り、京都代官所のメンツにかかわる事態になった。七月一日に郷中参会、一同承知となっている。七月五日に差紙が来る。「其郷村々定免増米之儀御所役人並びに御取締方立会、今一応吟味有之候間」出頭せよとあり、同日惣頭からの郷中回文が回る。なお栗栖野新田はすでに定免請であり、蹴上六軒町・九体町は日岡領で地子銀納だから定免問題には加わっていない。

さて、七月九日になると人々は指定の「五つ時（辰刻…午前七時）」にまず小堀役所に集まった。そこで上記の小堀役所申渡しを再度確認のうえ、役人同道で東町奉行所へ向かう。町奉行所も代官役所もどちらも二条城の廻りにあり近くである。

町奉行所では「白砂《しらす》ニては無之、御取締方之部屋」で、立会人は御所御賄頭町田長三郎、御取締役岡　長治郎、公事方与力西尾新太郎（当時筆頭）、御勘使（氏名は書かれていない）の四名である。

これからは、「今一段増米致すべし」という奉行所側と、それではとても「相続仕まつらず候故幾重ニも御赦免」を願う村側との遣り取りが続いて、「最早九ツ時（一二時）中飯ニ引き取り」、人々は小堀役所に戻る。役所では手代の藤田半九郎が、もし増米になれば「当役所不吟味ニ相聞候故」増米拒否を続けよと命じ、彼もいっしょに奉行所に戻り、午後も午前中と同じ経過をたどる。

とうとう取締方が「段々検位《ママ》（権威）を以て（増米を）申付られ、郷中一統当惑」という事態になる。そこで「藤田半九郎取持ニて」とあるから仲裁に入ってということのようだが、新たな数値が出てさて、郷側は「無余儀承知仕り、即ち請印いたし」となった。「退出刻限暮時ニ成り」小堀役所へ引き上げ、そこで藤田から「段々利戒（理解）」があったとある。なんだか役所側の出来レースのようにもみえるが、どうだったのだろう。

以上、長々と寛政九年の年貢定免の決定過程をみてきた。ところが実はこの年は決まった通りの年貢額にはならなかった。いくつかの村々の歎願をみて状況を確かめ、「破免一件」の概略をみたうえで、最後に経過中に出てきた数値を表にまとめて全体を理解したい。

用水不足による旱魃被害の拡大、年貢の高免化、御所御用・郷入用の高騰など郷歎願と共通するところは繰り返さず、個別村に特有と考えられる状況や村（村民）の状況をみていこう。

西野山村の寛政七年末の歎願の背景には寛政元酉年以来の年貢「取下げ」（減免）の期限が来たという事情があったらしい。さらに減免を続けてもらうために次のように村の状況を訴えている。

1、「高八百十九石余之内高九十三石余無地高《むちだか》相弁《あいまど》い、其上高二百五十石余村惣作高《そうさくだか》有之、右ハ是迄段々潰《つぶ》れ申し候百姓共村方ニ差出し申し候田畑ニて、殊之外《ことのほか》悪地ニて、木畑ニ相成候も有之、或ハ芝原荒地と相成候も多有之」「少々宜敷《よろしき》地面も壱反歩ニ付漸々宛米《ようようあてまい》弐斗或ハ参斗程より上り申さず」

村高の内九三石余は「無地高」として扱わなければならず、また二五〇石余の「村惣作地」もある。破産した百姓が村に出した土地で、だいたい地味の悪い耕地である。「木畑（雑木が生えているような畑か）」や荒地もある。良くても反当たり「宛米」は二～三斗ほど。

2、「其まどい年々村借と相成り、凡《およそ》村借銀弐拾五貫目余も出来」

3、「当村之儀……往古ハ百軒余も家数有之候処、右無作高其外惣作田之まどい並びに潰れ百姓之損銀相掛り、多ク之百姓相潰れ、株絶え仕り候者数多《あまた》有之」「当時ハ高持百姓漸く弐拾四・五軒ニ相成り」

4、「去寅年御年貢之不納七十石余も不足……村借銀拾貫目も相残り」

村には高持百姓の持っている田畑のほかに、いわば村有の土地もあったことがわかる。「無地高」とは村高の内で年貢を負担しなければならないのに、それに対応する土地がない状態を意味する。また村有地で、その土地の年貢のために（希望する村民に貸し付けて）耕作する土地の高が「惣作高」であろう。これらの土地は不良地で、良くても「宛米」（そこから得られる貸し賃）二～三斗（反あたり）だから、経費はそれを上回り、さらに村の負担を増やしたというのである。

「相弁」は二項目に「まどい」と平仮名で書かれている。『広辞苑』の「償う」をみると、「つぐなう、うめあわせる、弁償する」とある。村が負担しなければならず、そのため二五貫もの借金になった。四項目に借銀一〇貫とあるのは「氏神之山林小柴ニ至る迄皆切売り」して「それを村借ニ打込」んだことを項目としては省略したからである。氏神は西岩屋神社（現在の山科神社）だが、その境内の木や小柴を伐採し、売り払って村借銀の返済に充てたという。この間にかって一〇〇軒あまりもあった高持百姓数は二四～二五軒になってしまったうえ、年貢不納分が七〇石余もある状況である。

川田村はどうか。

1、「高二百九十五石余之内高五十石余田畑荒村弁高……村借銀六貫目余」

2、「少々御座候藪も拾四五年以前よりしねんこと申候病入り候テ、一向借在銀之助ニ相成候儀毛頭御座無く」

3、「去卯年御年貢米之内三十四石余も段々不納仕り」

4、「前々より田畑所持仕り来たり候百姓も所持の田畑ハ残らず村方ニ差出し、勿論家屋敷売払い沽却《こきゃく》仕り候潰百姓御座候」

藪（たぶん竹藪）に付いた「しねんこ（じねんこカ）」とはどんな病気だろうか。村財政の助けにならない状況にある。潰れ百姓は七軒ばかり。借銀の利息は年二五貫目である。

村有地になる経過とその結果の説明は村共同体の働きを示していると考えられる。

「右村方へ差出候様成《なる》田畑之儀ニ御座候得ば何れも畝詰の田畑故、跡譲り請け候者も御座無く候ニ付き、村用捨ニて夫々相応ニ宛下げ作らせ申し候故、残りの御年貢不足仕り候分は皆村弁いニ相成り」（村に提出された田畑は歩延びも少なく、引受け手もいない。村有地にして耕作者に手当を出す必要があり、そのための年貢不足は村負担になる）、音羽村では「旱損場所へ残り田方所持之者共より壱ケ年ニ米参拾石宛融通いたし遣《つかわ》し候様村定め」（旱魃被害農民に米三〇石を融通する村決め）を定めている。

町場はどこも共通して秀吉による諸役免除を強調し、冥加銀納入が安永七年の高入れ後は高率の米年貢となって困窮していると訴えている。「往来之旅人宛ニ茶店など出し、或は大津表より荷物等を京都へ持送りわずかの賃銭を以て其日を相送」る生活で、困窮のため戸数が減少しているということも共通する。挑灯町では一三軒が「人別次第ニ忘却仕り当四人」、行灯町では一三軒から「段々家数へり五六軒迄ニ相成り」としている。歎願という史料の性格から誇張があると考えられる。具体的な数値などは年貢未納高以外はさらに検討が必要であろう。いまその余裕はないが、旱魃に苦しむ村々の状況は理解できよう。

「破免一件」に移ろう。寛政九年の収穫が見通せる時期になると、新規定免請をめぐる交渉と並行して、「田方反別三分以上之痛毛（三〇％以上の収穫減少）」の有無が問題に成り始める。八月二日には該当村々は「小前帳」（被害田畑の所持者別一覧）を作成し、六日には比留田氏に届け、七日に役所に提出、一〇日検見と進む。「当巳年痛毛見分のため明後十日暁卯ノ刻出立ニて、浜常右衛門・人見唯五郎蹴上井筒屋へ向かい……日岡村始めニ見分致され候間、出向ひ等万端例之通り無礼無之様」「痛毛之分不残立て札致さるべく」「早稲方刈取度（坪刈をしたい）」など、検見の様子を彷彿させる記述である。

見分の結果をうけて、八月一四日郷寄合のうえ、一一カ村が見分を願い出る。役所からは例の藤田半九郎が「検見相願候はば御勘使並びに御普請役等之添検見有之候故、麁絵図《そえず》（概略の絵図）並びに帳面等差出し」を命じる。「添検見」とは代官役所の検見のうえにさらに行われる検見であることがわかる。

八月二八日添検見のため役人が西野村に宿泊し、晩に普請役が一一カ村を集め、「此度此方共添検見ニ罷り越し候、然ル処三分以上ニ拘《かか》わらざる村方有之候てはとても破免相斗《はから》れず候間、とても三分以上之御引方立間敷くと思い候村方有之候はば願下げ致すべし」と申し渡す。今度添検見に来たが、被害三〇％以下の村があれば破免はできない。良く考えて破免は無理という村は願を取り下げろという。一一カ村は協議して検見をお願いすると決定して、その旨の嘆願書を提出する。

「二十九日昼より検見相始り候テ拾一ケ村ヲ九月五日ニ相終い、六日より帳面之調ベニ相掛り、九日朝当所発足ニて候」、これがこの時の経過である。「以上出入り拾弐日也」「古今珍しき長逗留と一統申す事ニ候」（一二日もかかる長い滞在で、珍しいことだとみんな噂しあった）とある。

定免問題がずいぶん長くなった。そろそろまとめにはいろう。これまでの経過の中で出てきた数値は以下のようである。

①寛政九年二月四日代官役所提示の定免額　②同年三月一四日「当巳新規定免吟味請印帳」③「添検見」による増米　④同年七月九日東町奉行所での請印定免額　⑤同年破免一一カ村の年貢額概略

定免年季五年目となった寛政一三＝享和元年にふたたび定免が問題になる。定免を強要する役所側と検見取りを歎願する郷側との対抗関係は変わらないから問題の経過は省略するが、参考までに⑥としてこの年の定免額もあげておこう。①〜⑥の数値が表25の①〜⑥各欄の数値に該当する。

表からどんなことがいえるか。前回にみたたとえば明和七年大旱魃年から寛政九年旱魃年までの間の年貢の推移を確かめていないので、考えられることは限られるがみていこう。

まず、寛政九年の定免年貢額はどのようにして設定されたのか。定免は過去数年間の実年貢額を基にしている。現在判明している数値により推定してみよう。豊作年（延享元年）と旱魃不作年（明和七年）の年貢額を平均するといちいち数値はあげないが、寛政九年の定免額より低い村は小山・柳辻・川田の三カ村のみである。明和七年から寛政九年までの間は不作の年ばかりが続いたのではなさそうである。そこに注目して領主側はたとえ僅かでも、「添検見」をやってでも増米を実現しようとしていることがわかる。

次に、前にあげた寛永八年の数値を近世初期年貢額の代表として寛政九年の数値と比べると、程度の差はあれすべての村で寛政のほうが低い。唯一の例外は竹鼻村だが、ここは村高が増加しているから年貢額が増えるのは当然である。

表25　寛政期の定免決定過程　　単位；石、合

村名	村高	①	②	③	④	⑤	⑥
上花山	161.404	71.160	71.160	0.201	71.361	48	69.221
北花山	306.709	130.961	130.960	0.200	131.161		131.100
厨子奥	101.514	53.567	53.567	0.193	53.760	38	53.760
御陵	560.060	296.700	296.070	0.484	296.554	179	294.200
上野	37.995	17.902	17.647	0.030	17.090	9	17.600
四宮	227.102	124.350	124.350	0.148	124.498		124.503
竹鼻	368.747	170.608	170.610	0.200	170.810		170.700
音羽	513.250	248.435	248.440	1.094	249.529	116	249.529
小山	227.920	140.231	140.230	0	140.231	111	140.231
大塚	276.849	126.759	126.760	0.200	126.959	87	126.800
大宅	631.395	290.647	290.650	0.700	291.347	208	291.300
椥辻	310.838	105.575	103.950	0.674	104.619		103.601
東野	617.464	197.769	197.770	0.070	198.460		170.439
西野	703.260	336.785	336.790	0.280	337.065	244	337.065
西野山	819.969	335.632	332.630	1.297	333.929	179	333.929
日岡	168.525	79.784	79.784	0.187	79.971		79.500
川田	295.953	115.543	102.500	0.369	102.869	64	102.869
行灯	18.824		3.751	0.013	3.778		
提灯	4.836		1.465	0.005	1.456		
髭茶屋	8.372		2.511	0.009	2.521		
八軒	4.095		1.228	0.004	1.233		

①～⑥は本文参照

第三に定免を押しつけても、旱魃に見舞われれば破免の村が出ることは避けがたかった。一一カ村の年貢減免率は二〇～三〇％台が多く、最高の小山村は四八・七％に及んでいる。この状況を反映して、享和元年の定免も低迷している。

第四に定免による年貢率を村別にみると、六一・五％の小山村を筆頭に、五〇％台四宮・厨子奥・御陵、四〇％台音羽・西野・日岡・竹鼻・大宅・大塚・上花山・北花山・西野山、三〇％台川田・椥辻・東野である。この構成は近世前期と大きくは変化していない。近世前期以来郷内の農業生産状況に特別の変化がなかったことを反映していると考えられる。

以上から、領主側は近世後期になれば前期のような年貢収奪はできなくなっていた、そこでなんとか取り立て

ようとして定免制を強要したのではないか。定免年季があけるごとに若干でも増米をして新たな定免を継続しようとしたのもその表れであろう。これに対し、いろいろな生産不安定要因をかかえた郷民の抵抗が繰り広げられたといえよう。

　定免問題の経過をみると節目節目に郷民が会合（寄合）をもって協議したことがうかがえる。前に代官所が郷内に会所を設けて費用の節約をはかるよう命じたことを紹介した。それは実行されて山科郷内には東会所と北会所と二カ所の会所があった。いずれも建設年はわからないが、史料をみた感じでは、椥辻村にあったといわれる北会所が主要な集会場になっていったらしい。これが文政七年二月に改修される（「会所和泉屋繕普請目論見注文書」比留田家文書）。和泉屋とは会所運営を請け負った和泉屋貞蔵に由来した呼称であろう。

　改修の一つは「新座敷繕普請」で、六畳間の「壁九条土ニて上ぬり」、畳表替え（備中表・紺べり）、障子洗い張替え（美濃紙）、玄関明り障子、小便所東之壁ぬり替え、座敷先に高塀一間、湯殿（古便所跡五尺ニ壱間屋根瓦葺き）など、一つは「本家取繕」で、床脇の縁側釣戸入れ・庭の建仁寺垣繕い・南縁側薄べり入れ・新湯殿・押入れ前の壁中塗りなどである。文書裏表紙の走り書きに「小堀家御内儀関東より御出で、小休ミニ可相成か、泊りニ可相成か、何れ御頼みニ付普請積り立て」とある。銀二〇〇匁を渡し、残りは和泉屋持ち、ただし不足分はいずれ「大勘定」のときに申し立てるであろうと予想している。郷会所は現存していないが、語り伝えられたことはなかったであろうか。

一七　水害・旱害と水利――農業経営の諸相

郷民はもちろん抵抗だけしていたわけではない。先人が農業生産の発展のためにどんな努力を傾けたかを明らかにすることは重要な課題である。災害とそれに対する郷民の努力をみていこう。

近世の山科郷を苦しめた自然災害はいろいろあったと考えられる。代表的な災害の一つは谷川の水を集めて盆地中央部へ、さらに南部へと流下する小・中河川のもたらす水害、もう一つは盆地の扇状地地形が生み出す旱魃であったといえる。災害を生み出す自然条件が近世を通じて大きく変化したということはない。また山科郷では古代・中世にさかのぼるような人為的な地形の変化、たとえば大規模な用水池の築造とか盆地を貫く長大な用水路の掘削などの事実も確かめられない。他地域の災害と比較すれば小規模であったかもしれない、しかし、山科郷にとって甚大な被害をもたらした災害について、現在のところ災害史年表を作成できる段階までいっていないので、本項では主に比留田家文書によっていくつかの事例を紹介したい。

延宝四（一六七六）年八月に領主による災害復旧費用（「普請扶持米」）が一四カ村に一二石支給されている。原因は「当五月洪水ニ付、西野村・御陵村・東野村・西野山村堤破損」で、四カ村にわたって堤防を壊す洪水であったことがわかる。

旱魃のケースをみよう。日照りの解決策としての用水問題を伴っている。明暦三（一六五七）年八月に西野村で用水路をめぐって村内が対立し、両惣頭が仲裁した件の発端は「用水ノ池日でりに付水出申さず」であった。村中で相談して池を掘り広げると決定する過程で、その場所が問題になったが、「用水出し申す池ノ南ノ端ニ西樋口より東ノ藪ノ根迄ははゞ（幅）弐間ニふかさ北之池並ニ在所中として池御ほらせ」る仲裁案で解決した。その結果「四町野よりまいり候水先年のこ《ご》とくに」なっている。「あみた堂・大道之浦・ぬくいへも、四町野・厨子奥藪之内より水参《まいり》候間は御取り有べく候」という表現は、盆地中央部の田地への用水の流れ方を示唆しているようである。土地勘のある方はどんな工事をしたのか想像されたい。宝永六（一七〇九）年の事例からは、西野山村字中とひの田地三町歩余の用水は「川上ハ西野村領、溝筋ハ東野村領を通」っていることがわかる。だから東野村で「用水溝ニ三ケ所関留を仕り、五尺斗《ばかり》上ノ田地へ水かへ上げ」とか、「溝底弐尺斗も掘り申し水ためをいたし」とかすれば、「中とひ三町余の田地日損に及」ぶことになり、紛争になるわけである。

東野村と西野村はたびたび用水をめぐって紛争している。まだ時間的な推移にそって変動する紛争の内容をとらえきれていないが、ここでは両惣頭の仲裁による元文五（一七四〇）年の「済状一札」をみておこう。一つは四宮川今屋敷堤の普請の件である。両村の境で東野村は字今屋敷といい、西野村は東河原と呼ぶ場所である。堤のかさ上げをめぐる問題で「双方論ニ及び」当事者では解決しない。そこで今後は「京道より川上之堤山科郷中割普請ニ相極《き》メ郷中へ頼」むとしている。両村だけでなくさらに下流の村々にも影響するだけに「郷中普請」とする解決策が出てきたのであろう。もう一つは両村共有の用水池「広ミ池」の利用をめぐってである。西野村へは字九蔵田の取入口（「水替え場」）から、東野村へは池続きの金屋堀から取水していたようである。「かへ口新法ニ築出し」とか「地築だし木苗植え」とかでもめている。なお「本願寺古屋敷の内ニ新法成る儀又は竹木新法ニ生え立ち候ハハ《(ば)》、毎年各々御両人御頼み申し見分ヲ請け、指図ニテ伐り払申すべし」としていて興味深い。焼き討ちされた（天文元（一五三二）年）本願寺跡が草原になっていたように読め、入会地として利用していた慣習「法」を知りたいものである。

寛政元（一七八九）年の御陵村と日岡村の争論は村の境界の問題からさらに個別農民の用水（池）、山林、田地の境界をめぐって、さらには利用方法をめぐって非常に広範囲にわたる争論である。一つ一つは省略するが、紛らわしい境界には「證石《しょうせき》」を置き、そのほか川境、道境、田地限り、岸限りなどの境界を定めている。したがって以後は道筋・川筋は勝手に変えてはならず、川浚《かわさらえ》も関係者の了解がいり、田地境・川境のところは「山をこぼち申す間敷く」、道筋には「諸木柴等生え立て申間敷く」ということになり、それらを守るための罰則が厳しい。

一つ、川境之田地へ切添《きりそ》え候者　　　詫料銭拾貫文
一つ、山をこぼち田地切添え候者　　　詫料同拾貫文
一つ、松木雑木伐取り候者　　木料同拾貫文
一つ、柴下草落葉牛馬飼料入込伐取り候者　　柴料同三貫文

なお切添えとは田畑の地続きを開墾することや開墾した田畑をいう。

文化二（一八〇五）年の「小山村・音羽村・大塚村田地養水川筋堰論和談内済《わだんないさい》」によれば、三年前の享和二年「戌年六月二十九日小山川筋洪水ニテ二ノ井手之辺川床堀損所」が出来ている。翌亥年の春に一間六尺の門樋から南に石樋を通す、そのため大塚村山岸まで六間五尺、高さ五尺の堰普請が行われ大塚村と紛争になった。これも長期間にわたり、全貌把握は今後を待ちたい。

文化四（一八〇七）年の洪水はかなり大規模だったようである。惣頭比留田氏が代官所の役人を案内しながら郷内を視察した時のメモと考えられる表題なしの史料で洪水の様相をみよう。

文化四卯年五月二十三日大雨ニ付、同夜丑ノ刻時分（深夜午前二時前後）安祥寺川筋石橋下《した》より下《しも》、北堤外原五十間同所続き切離れ拾間、百姓家三軒損所、潰れ候家主文七、土砂ニテ埋《うず》ミ之者吉右衛門・七右衛門
字山谷川北原長さ五間同所続き長さ四間、同所むかい原長さ四間、右弐ケ所切はなれ
字国川筋堤弐拾間切はなれ、同所むかい堤長さ拾五間大かけ
安祥寺川西よりかか田ノ橋まで水高サ凡《おおよそ》五六尺斗《ばかり》、橋東安朱村領ニテ安祥寺川筋南堤八間、北堤拾四間切はなれ有之ニ付、橋東之分も凡三尺斗町筋水満ち申し候、御陵・御廟野往還筋へ左右ニテ田地七ケ所砂

入り、西野村東野立会場之芝四宮川筋之下西御坊より南ノ橋より南へ十二間切り込み、尚又《なおまた》御陵村字なかろ川堤切ニテ厨子奥西野村野之向き向き水押《みずおし》ニ相成、西野田地畑地共ニテ凡《おおよそ》野七分通り程水ツキニ相成

引用は以上にするが有様を想像してみよう。代官小堀中務がじきじきに見分したコースは五月二八日大宅・椥辻（北会所泊り）、二九日四宮・竹鼻・東野、会所で昼食後に御陵へ、蹴上で小休して帰京であった。

なお椥辻村からも次のような口上書が惣頭宛てに提出されている。

先月二十三日大雨洪水ニ付き、音羽川並びに四宮川の流れ打ち合い、小山川筋隣村東野村領ニて内外共押し切り、当村領右川之請堤弐ケ所ニて凡そ延長拾七八間切れ落ち……田畑共今以て一円水下ニ相成り…荒所小前帳差上げ置き候田畑上中下合六町六反四畝拾壱歩、分米合八拾石五斗六合、石砂入或は床掘り水押し之分ニて…右川上より切り込み候澪先《みおさき》ニて居宅之向きは悉《ことごと》く水入…今ニ村内川通り之様ニ相成り

現在の山科区役所あたりを思い浮かべれば、水害の状況が想定できそうである。この大雨は大宅村にも被害を生んだ。同村庄屋が惣頭に提出した「堤切荒場石砂入帳」が残っている。それによれば、字横堤山川筋上・下で堤切れが長さ七間と七間半、字音羽川下大川筋で堤欠所《けっしょ》長さ弐拾六間、この「先月二十三日夜大雨ニて切損シ」た結果生まれた「石砂入荒場所」は、詳細は省略するが、田高三一石二斗六升二合七夕（反別二六町九反三歩）、畑一反であった。畑の方が高地にあって水害をまぬかれていたことがわかる。

もう一例あげよう。文化一三年の水害もかなりの規模だったようである。個別の村の被害状況は調べていないが、日岡と大宅村を除く一五カ村が翌一四年に利息三割、五年賦返済の条件で種籾の拝借願いを代官所に提出している。西野山村約一七石、西野村一二石余、御陵・音羽村七石台、椥辻・東野・川田村五石台などが主な借用量の村であった。

時期を追いながらいくつかの事例を紹介した。このような事例を一つ一つ拾い上げて山科郷の自然災害状況の移り変わりを明らかにしたいものである。

もちろん先人たちは自然の猛威に対して手をこまねいていただけではない。これもまた重要な究明課題だが、ここでは「年季御定免も相続相成りがたく」なっていた文化一二（一八一五）年の北花山村の事例をみておこう。

この村はもともと「生水《しょうず》並びに山谷川水を以て田地養水ニ仕り来たり候旱損村」であった。盆地特有の湧水や谷筋の川水を用水としてきたが旱魃の被害をまぬがれない。対策として昔から「山谷川筋横切り掛け越し長さ九間余之筧《かけい》」を設け、そこからの流水で耕作する田が二町歩ほどある。この辺り一帯を「市田川筋」というが、木造の筧は腐りやすく、水漏れする。また谷川の水も不足がちで旱損が多く、年季定免の年貢の納入も続けがたい。そこで、従来の筧は撤去して、新たに「長九間高凡そ四間根敷凡そ拾弐三間堤笠幅凡そ壱間半斗《ばかり》」の堤防を築き、「堤笠ニ壱尺五寸三方の川筋を付け」筧の代わりとする。またこの「堤下ニ長拾弐三間斗の樋伏仕り、即ち堤内ニて谷川ニ馴れ凡そ二三反歩程之溜池ニ仕立て候積り」である。そうすれば「上下川筋ニて凡そ反別拾弐町歩程之田地」の旱損が無くなり、年季定免も続けられるであろう。

この史料（「乍恐奉願口上書」）は工事費用として銀二貫匁の支出を小堀役所に要請している。「谷川ニ馴れ」とはどういうことだろうか。丘陵の斜面に堤防を築き、溜池にして水を確保するという工事のようだが、「市田川筋」に詳しい方の御教示をお願いしたい。

ついでに文化一四年三月二一日の雹《ひょう》に関する史料を紹介しておこう。「田方畑方其の外藪地立木ニ至迄相痛み」「郷中冬作分残らず皆無ニ相成」る被害が出ている。「前代未聞老人共承伝も無之程之荒れ」となった郷中の村々は役所の視察をうけ、「苗代荒れ種埋不足蒔き直し候分何卒種籾拝借之儀御願申上げ……諸方ニて融通相頼みあらあら調達仕り漸く此の節跡蒔きニ取りかか」るところまで来る。しかし、その後いくつかの支障にぶつかる。

その一は肥料の手当である。「尿之儀此の節より追々買入仕らず候ては手遅れニ罷り成」るが、従来は「（菜）種作立毛《たちげ》質入れニ仕り……融通他へ相頼」んで費用を生みだしてきた。それが困難になる。その二は当面の「取続き料（生活費）」の手当である。従来「その年之麦作取得候て植付中之取続きニ仕」ってきた。ところが菜種・

麦作とも雹にやられてしまった。さらに「尿料其の外諸入用之手当」にしてきた「草草《くさぐさ》の立木迄も悉く枯れ木同様」になり、「（竹）藪地立毛之儀も相痛み此の節ニて葉枯等多」い状況である。そのため「耕作相成りがたきニ付き漸く妻子相育み之手段のみニ取り掛り居る」有様になっている。郷中で肥料代その他必要経費を概算してみたところ「四千両以上無之候ては迚《とて》も相応之儀も相付けがた」いということになった。

このような状態だからなるべく多くを御手当として拝借したいというのが四月三日の歎願内容だが、これには一七カ村の庄屋・年寄全員が署名捺印している。たった一枚の嘆願書だが山科郷の近世後期の農業経営（生活）の一端を示している。農業以外の「妻子相育之手段」は牛馬稼ぎだろうか。みてきた自然災害の状況を前提として人々が農業経営をどのように考えていたかを探ってみよう。

個別の農業経営がわかる史料は乏しいが、ここでは三ノ宮神社別当妙智院と土橋家が組んで東野村で二年間農業を営んだ事例をみよう。（土橋家文書文政七年「（前略）荒々《あらあら》訳書《わけがき》之事」）。背景には東野村の村財政の悪化があった。文政七（一八二四）年には年貢が「年後れ」になっていた。年内に完納できず領主に頼み込んで延納を願うような状態になっていたようである。そのため、妙智院所有の田の耕作を村で引き受け寺に納めるべき徳米五石余も年々不納であり、土橋家にも「（惣頭給としての）頂戴米拾石相滞り甚だ困り居り候」状況をもたらしていた。「村之難渋見受け兼ね」、「御蔵さへ不納の時節」だから「自身勝手《かって》儘《まま》之事も致しがたく」というわけである。そこで村寄合が開かれ、「村方困窮ニ付、惣作田畑此の外出作年貢起しニ付諸方より戻り地面、村中へ配分致し小前直持ニいたし候」という相談がまとまる。惣作田は村の共有の田だが、近現代の土地所有の概念では理解しづらい土地慣行が存在したようである。他村民の所有に帰して出作となっている土地であっても、「年貢起し」のためならば戻さなければならないように読めるが、「年貢起し」とはどういうことか。いずれにせよ共有の土地であるが、これを「村中へ配分」というのは、希望者だけでなく村民全員で耕作を請け負い、年貢を負担する体制にしようということであろう。この惣作田の一部を妙智院が譲り受け、費用を出し、土橋家が耕作を行うことで、寺納米滞納分を確保したいという目論見だったようである。

知り合いの村民は惣作地は「難場」（条件の良くない土地ということだろう）であるとして反対する。しかし寺が野菜も作りたいなどというのを聞いて、「耕作 弥《いよいよ》 御望みならハ、先《ま》ず田地四五反程試みニ御作り成らるべく候、左候得ハ百姓之 味《あじわ》ひ相分り申すべく候」と助言する。「百姓ハ薄徳之ものニて迚《とて》も思召し通り之利徳ハ無之」ともいい、一反の耕作も一町の耕作も同様だろうという質問には「なかなか左様ニハあらす、大作ハ甚だ之損なり」と答え、「村方配分之地面ヲ譲り受け成られ、其の上人ニ作らせ、出来米御取入成られ候得ハ宜《よろ》敷《しく》候、奉公人も道具も雑用も入り不申」と土地を貸し付けることを勧める。さらにどうしても耕作したいならば、条件のいい田や畑だけを引き抜いて、「御寺徳米と当家（土橋家）勘定と差引成る」だけの地所にすることを勧める。まとまった土地を希望しても字舞台の周辺にしかない、そこは「昨年無水、終《つい》ニ植付さへ不出来、荒らし候場所」であり、今年も旱魃になる可能性があるからである。それなら溜池をこしらえるといえば「無覚束《おぼつかない》所存いかが、能々《よくよく》考え見るべし」が答えであった。

以上のようなやり取りがあって、「字舞台之辺より下川筋迄田地弐町余、畑壱町余の場所」の譲渡が村惣寄合できまる。土橋家は徳分が出ればよし、もし損銀ということになればどうするのかと、あまり乗り気ではなかったようだが、ともかく耕作にとりかかる。まず去年旱魃で種籾がない。農民四人から「三十石」「西ノ岡」「早稲」「もち」（稲の品種）を二石ほど買い入れる。村では「種籾六七升まけバ米三石も四石もとれると申されテよろこんで居られ」ると噂した。三月になって「作り男」（作男、半季の男性農業奉公人）三人が決まり、西野山村から牛も購入した。四月一一日には「なわしろおろし」であった。苗代に種籾を蒔いたのであろう。その後日時不明だが植付にかかる。手始めに「長田」で二カ所田植をするが水が少なく苦労する。「村方大方植付相済み候得共、当家斗りハ水ニ差支え候故雨待ち居り、折能《おりよく》雨降り候故下川之流水を以 俄《にわか》ニ植付」と記されている。村からの手伝いは牛をつれた農民四人、牛なしの手伝い五人、女性の手伝い四人であった。畑作にも着手した。ところが去年旱魃で植付できなかった土地のため「たで（蓼）夥《おびただ》しく生え」て（おなじことが稗でもあった）、人を雇って抜き取らなければならない有様である。また日照りで水不足気味、「車を以て水ふみ之日々」が続く。揚水のための踏車である。溜池を作るべく黒鍬（土木工事の専門家）を呼んで見積もりさせたら、銀三貫五〜六〇〇匁かかるということで中止、旱魃を心配していたら雨が降ったりして、早稲刈入れの季節になる。さらに秋作もおいおい取り入れ、「ほし物、こなし物」におわれる。途中で「日々京都へ米運送いたし都合壱貫三百目」ほどの米を売っているが、一一月二四日に「百姓一件之勘定」をしたところ二貫六〇〇匁の不足になっている。損銀を増やすだけだから次年度の耕作は中止という意見に対し、寺は続行を主張し、「明年ハ耕作ニ遣い候牛と又飯米取之牛と二疋牛もち申す積り」といっている。「飯米取之牛」とは駄賃稼ぎの牛ということだろう。

人々の意見は「牛ハ至《いた》って損之もの也、牛持てもふけ（儲け）てももうけるにあらす、牛を削りて食物ニするよふな物なり」、「勿論百姓してたんともふけの有ものならハ此方共も奉公人沢山ニ抱え農業致させ候へ共迚《とて》も人抱へ候テ百姓ハ勘定ニかかり申さず」、「此の方共ハかねを出して求メ候田地ニテさえ近年ハ甚だ不勘定故、内ニテ作らす《ず》皆下作へ当テ置ルニ」などであった。ただ寺が香具屋久右衛門から銀三貫を、一〇カ月分の利息二七〇匁を負担して村に融通してやったり、「東野村困窮取立之セ話ニ付（寺が）鳩居堂へ相頼まれ候テ追々当村世話いたし」というようなことを背景にしてか、二年目も耕作することになる。余談だが香具屋は他の村でも名前をみせるようで注目しておきたい、また鳩居堂熊谷蓮心の表徳碑が東野にあることはご存知であろう。

三月出替わりで奉公人を一新し、五月冬作取り入れ、とても払方不足ということで香具屋から一〇両借入ときて、秋作の収穫は米二〇石四斗であった。ところが一二月の年貢徴収の時になって年貢を払うようにといわれ、これまで村への貸し分と年貢を差し引きするつもりが、「仕方立ニ相成り事替り」になる。「仕方立」とはどういうことかわからないが、「村方仕方立ニ付是迄作り候田畑村方へ差出し小前へ割付ニ相成」とあるから、村借財への対応方法を変更してということかもしれない。最終的には取入米二四石、年貢一四石余、徳米は六石余

（「但し拾石ハ差引ニ成、年貢之内」とあるから土橋家給米差引はおこなわれたのかもしれない）、ところへ金二二両のこの年の百姓雑用損借金があり、これを土橋家が負担せよということで大変難渋しているというところで記事が終わっている。

なんともすっきりしない終わり方だが、日照り、水不足や旱魃にたいする心配が非常に強い、奉公人を使っての大規模な手作り（自家）経営は勘定に合わないと考えられている、自家経営より下作（小作）に出そうという傾向がうかがわれるなどを読み取ることができる。土地所持状況が不明のままだから推測の域をでないが、これは明らかに大規模な土地を所持する農民層の示す傾向と考えられる。自家耕作による経営と小作に貸しつける地主経営との境目はどの辺にあったのだろうか。一方、自家経営の利益を上回るような小作料が成立しているのであれば、それを負担する小作経営はどうして成り立つのだろうか。答えてくれる史料をみつけたいものである。

農業経営（稲作栽培）に水が必要であることはいうまでもない。これまでの記述でも旱魃をおそれ、水（用水）の確保に苦労していたことがうかがえる。水をどのように用いていくかもまた重要な問題であったと考えられる。この点にしぼって史料をみていこう。まず土地譲渡証文（百田家文書）から。

譲り渡し申す田地之事

一つ、字ならの中田壱反六畝歩　分米壱石九斗弐升　番水夜水壱反水　宛米弐石六斗

一つ、字あせわら下田壱反壱畝九歩　分米壱石壱斗三升　番水夜水壱反水　宛米弐石五斗

一つ、字ならの壱反壱畝廿壱歩　分米壱石壱斗七升　番水朝水壱反水　宛米壱石八斗

反別合　三反九畝歩　分米〆四石弐斗弐升也

右之通我等所持ニ有之候得共此度勝手ニ付代銀壱貫匁慥《たしか》ニ請取其処許《そこもと》へ譲り渡し申す処実証明白ニ御座候

（以下略）

これは天保四年一二月の四宮村芝ノ町の土地譲渡証文だが、番水が権利として売買地に付属していることがわかる。夜あるいは朝に一反歩分の給水が可能な土地ということであろう。このような番水権利付きの土地譲渡証文は、さかのぼって宝暦六（一七五六）年にも確かめられる（百田家文書）。四宮村の下田一反六畝二〇歩、高一石六斗六升七合の土地は「東西井出切」「南道切」「北弥惣右衛門田地切」の位置にあった。切は限りの意味で、村人はこのような表現で場所がすぐにわかったのである。番水は「夜弐反水」で、当米（宛米）は三石六斗である。もう一例、文化一〇（一八一三）年の安朱村字東大町の上田一反七歩の場合をみよう（幸田家文書）。「番水壱反付」とあり、宛米は「下作」と表現されていて分米一石四斗二升八合にたいし二石である。どの事例も宛米（当米・下作）が分米をうわまわる量で設定されている。こちらが当該土地の実際の生産量（生産量そのものではないが）を示すものであると考えられることは後でふれる。

番水の慣行自体は、おそらく中世にさかのぼる起源をもつ事例が多くみられたのではないかと考えられる。天正一二（一五八四）年六月一五日取極めの事例をみよう。この文書（「申定条々」）は写しとして後世に伝わったもので、写真写りが悪くよく読めないところがあるが、大塚村が音羽郷・小山郷と「川筋井千之儀相談を以」て、「壱日壱夜此方へ一織（色）ニ進退仕るべき事」「五日五夜其方へ一織ニ御進退有るべき事」を定めている。大塚村で「番水」を盗んだ場合は両郷が川全体を進退することも約束している。

次も番水がどのように行われていたかをうかがわせる事例（天和三（一六八三）年八月「乍恐返答言上」比留田家文書）である。三ノ宮大明神は西野村と東野村の氏神だが、その社や太鼓堂の維持のため字竹ノ内と字堂屋敷の竹木を修理費に充ててきた。太鼓堂とは「東野村西野村田地番水又は草取申すためニ時之太鼓打ち申す堂」と説明されている。番水の方法そのものを示す事例をみよう。西野村の字阿弥陀堂にあった「念仏講田」の中に用水池が一カ所あり、その利用をめぐっての紛争が寛政六（一七九五）年六月三〇日に決着している（「為取替証文之事」奥田家文書）。

一つ、講田池之儀は講田池元之儀ニ付勝手ニ水かへ取り申すべき筈ニ候得共、田地ハ相互之儀、其上前々より番水を立来候事ニ候得ば、右ニ準ジ以来左之割合ニ致すべき事

たとへハ　朔日　講田　二日　誰　三日　誰　四日　講田　五日　誰　六日　誰　七日　誰

右之割合ニて番水を立申すべく候、乍然《しかしながら》万一右番水之外ニも格別旱損ニて講田濁水致し候ハバ地主之面々応対いたし、其時々ニ取斗らうべき事

この「誰」のところに関係する農民の固有名詞が入り運用されたのであろう。わざわざ「若し勝手ニ付当日水引取がたき節ハ次番之ものへ応対いたし、翌日之繰替え相互ニ故障無之様致すべく候」としている。

少し時期がさかのぼるが、元禄一四（一七〇一）年八月一二日に音羽村と小山村との間で結ばれた「取替《とりかわ》シ申証文之事」（長谷川家文書）によれば、小山村川筋二ノ井手用水の番水は次のようであった。小山村字西ノ御所の田地は「常水」で養い、その下流に六尺六寸の「分木」を設け、二尺二寸は小山村字南溝の田地に、残りの四尺四寸を流れ下る水を番水にする。番初めは小山村字畑田で「暮六ツより明ル朝ノ六ツ迄」、ついで小山村字下ノ川は「朝六ツより暮六ツ迄」、続いて「其の暮六ツより朝ノ六ツ迄」が小山村字中ノ川で、音羽村もまた「朝六ツより其暮六ツ迄」の番水とする。すなわち「昼一日ハ小山村、一日ハ音羽村、夜ルハ一式小山村へ取る」のが古来からの番水方式であった。これに対し小山村が字南溝までを「常水」にしたいと希望し、音羽村が反対して代官所に訴えるという事態になった。代官は下役人を派遣して現地を見分したそうで、例の内済を命じる。惣頭土橋氏、竹鼻村・四宮村・厨子奥村・椥辻村庄屋が取り扱い次のようにまとめている。

1.字西ノ御所に幅六尺六寸の石製分木を設置し、一対三の割合で分流し、一尺六寸五分は西ノ御所の「常水」とする。ただしそこから先の他の田地への用水とはしない。2.残りの四尺九寸五分は南溝にこれも六尺六寸の石製の分木を設け、二尺は南溝の「常水」とする。3.残りの本川筋はこれまで通り番水とし、番初めは音羽村

とする。番になったらその日の朝（六ツ）から晩の暮六ツまで取水する。4.「古来之通此内三反水小北野田地へ当ル、又壱反水ハ八ノ坪番水合四反水外ニ谷田ノ田地ハ掛ケ水当ル」5. 古来から音羽村田地に認められている「くもん一日後かて半日」は番初とともには取り続けない。6. 番水実施となったらその旨小山村から音羽村に連絡する。音羽村から番水実施を求めた際、小山村が妨害すれば、二ノ井手川筋の水はすぐに音羽村に流す。

以上のような内容の取極めを音羽村庄屋・年寄・頭百姓が小山村の庄屋・年寄・百姓に提出、さらに二ノ井手が洪水で壊れたときは協力して修復し、手に負えないときは「組普請」にお願いすると追記している。4.・5.項はどういうことかわからないが、古くからの取極めを維持しつつ新たな番水を行っていこうとしているように感じられる。

この取極めはその後維持されてきたとみられる。明治一六（一八八三）年八月二一日の「定約書」（長谷川家文書）で、二ノ井手の水は西御所・南溝の「定水」のほかは「小山村音羽村隔日定番引水」は先規の通りと確認されている。そのうえで大塚・小山・音羽三カ村立会大番引水になったときは大番三回目から音羽村へ定番一日引水、続いて二日目小山村定番のうちから「クモンと称し音羽村へ引水」、大番四日目から音羽村定番一日引水、それに続いて二日目小山村定番のなかから「ノチカテ」と称し半日音羽村引水とすると決めている。私は土地勘もなく、すっきりとはわからないが、「くもん一日後かて半日」は少しはっきりしたように思われる。「くもん」には公文、「かて」には糧の漢字を当てるのだろうか。また同時に先人たちがいかに旱魃に苦しんだか、水（用水）の確保にいかに知恵を絞ったかを感じるのである。

一八　神社と寺院――所在とその推移

近世を生きた山科人にとって広い意味での宗教、信仰が日常の生活と関係していたであろう。まず、寺院と神社の所在を確認しておこう。天皇領山科郷一七カ村全体がわかる史料は限られるが、現在のところ次のような史料があげられる。この項及び以下の項で用いる史料は指定以外は比留田家文書である。

①寛文一一（一六七一）年亥九月二二日　禁中御領寺社之覚　②元禄五（一六九二）年申六月　城州宇治郡山科郷村々寺社改帳　③宝永二（一七〇五）年酉七月（各村）寺社御改帳　④宝暦九（一七五九）年卯九月　神社御尋ニ付き申上候覚帳　⑤年欠（文化六か）寺院判鑑　⑥明治一四年宇治郡村誌（京都府立京都学・歴彩館蔵）

江戸期の史料は基本的に領主の調査要求に答えたものだが、単に名称などを報告しただけのものと、「改帳」のように調査雛形が示され、それに応じた報告をまとめたものとがある。

上花山村　六所大明神　福応寺　梅本寺　弁財天　桂林庵　正覚庵

北花山村　六所大明神　花山寺　元慶寺　大立寺　秀典寺　来迎寺　観音堂　阿弥陀寺　梅本寺　西向院

四宮村　諸羽大明神　十禅寺　道場（円光寺）　徳林庵　神宮寺　六地蔵堂　松雲庵

竹鼻村　護国寺（妙見社）　地蔵寺（鎮守稲荷）　西念寺　円信庵　八幡宮　長福寺

音羽村　若宮八幡　光照寺　観音寺

小山村　白石大明神　白石庵　法厳寺　道場　道場　雲興庵　安楽寺

大塚村　天神社　宝迎寺　善念寺　妙見寺

大宅村　東岩屋大明神（岩屋神社）　神宮寺　大円寺　宗念寺　大宅寺　光円寺
椥辻村　西楽寺　道場　安楽寺　西楽寺
東野村　三宮大明神　妙智院　真光寺　道場　白河寺　井窪寺　養愚庵　松声庵　西雲寺　幸順庵　光性寺
西野村　西宗寺
西野山村　西岩屋大明神（山科神社）　中臣神社　折上神社　神宮寺（岩屋寺）　極楽寺　福王寺　増福寺　妙応寺　明顕寺
川田村　万因寺　氏神八幡社
日岡村　毘沙門堂　光照寺　吉祥院　六社大明神
御陵村　阿弥陀堂　阿弥陀寺　神明宮　天智天皇廟宮　當麻寺　妙応寺　安祥寺
厨子奥村　永正寺　光久寺　毘沙門天
上野村　熊野十二社権現

山科郷における寺院と神社の分布がわかる。なお史料によっては全村分がそろわないため、寺社の変遷についてはさらに別の史料で追求しなければならない。

上記の諸史料は寺院については宗派・本末関係、開基と由来などを、また境内の広狭・建築物の種類と大きさ、さらには屋根の有様（瓦葺・檜皮葺・柿葺・藁葺など）まで知らせてくれる。神社についても建立の由来や朝廷との関係（供米など）、除地の有無、各種建物についてなどの情報が入っている。スペースの関係で省略したが、他の史料で訂正・補強するなど、さらに調べたところも加えて特色を明らかにしていくことが今後の課題である。

私は一つの集落＝大字《おおあざ》（江戸時代の村）に一つの神社、ある宗派の寺が一つ存在するのが普通かと思っていたが、山科ではそうでもないようである。また神社と神宮寺の関係も具体的にはどのように史料として残されているのだろうか。また神社のお祭りや寺院の法要などいろいろな行事と村や村人とのかかわりはどのようであったのか。広く人々の信仰（生活）を問題にするならば、視野をさらに広げなければならないであろう。

「ふるさとの会」ではこれまでに地域の地蔵めぐりを行ってきた。単にお地蔵さんを探して歩くだけではなく、現状を確かめ、地蔵盆の調査へとつなげてきた。その成果の一端は『京山科のお地蔵さん―山科の地蔵・地蔵盆調査報告書』にまとめたが、そこには二五五八体を報告している。年号が刻まれているものは皆無に近く、詳細な由来のわかるものも少ない。それだけに江戸時代以来その場所に鎮座してきたかもしれない像がある可能性も否定できない。とすれば、先人はどのような思いで像を設置し、どのように対応してきたのであろうか。

これらの問題に答えることは困難だが関係するかもしれないと考えられる史料をあげてみよう。

まず村の神社と神宮寺との関係を三宮神社と妙智院の事例でみていこう。三宮は元禄の届では「往古より村中氏神ニ勧請、建立年数知不申候《こんりゅうねんすうしれもうさずそうろう》」としているが、大般若経の所在などからみて、中世にさかのぼる存在であることは確かである。戦国時代の終わりころにどんな状況であったかはわからないが、元和三（一六一七）年には京都所司代の判物を得ている。

禁裏御料所内城州山科郷野村三宮大明神社頭依及退転《たいてんにおよぶにより》、令再興彼社内《かのしゃないをさいこうせしめ》、造立知積院末寺一宇訖《ちしゃくいんまつじいちうをぞうりゅうしおわんぬ》、然《しかる》上《うえ》は宮別当両村土橋六郎左衛門尉、西野村理右衛門尉至子々孫々立相《ししそんそんにいたりたちあい》、境内《けいだい》之《の》竹木伐弐ケ年一度宛令沽却《ちくぼくにかねんいちどづつきりこきゃくせしめ》、灯明其外別当為堪忍料《かんにんりょうとして》毎年現米弐拾石宛可有寺納、残米可為修理料《しゅうりりょうたるべし》、為後證別当並びに両村銘々判形《はんぎょう》遣《つかわす》之《の》条《じょう》、於末代不可有相違、若為私《もしわたくしとして》竹木壱本成共伐採輩於有之は可処厳科者也、伝奏《でんそう》依仰《おおせによって》執達《しったつ》如件《くだんのごとし》

元和三年十二月十日　　伊賀守（花押）

御庄屋年寄中

（『資料京都の歴史』山科区編、東野村№五〇　一六二ページ）

これを読むと三宮大明神は戦国の動乱のなかで「退転」（社殿などを失って衰退していたということであろう）していたが、幕府の支援をうけて再興され、神宮寺として知積院の末寺を置いたことがわかる。さらに「両村」（中世以来の野村は近世には東野と西野村に分かれる）の有力住民土橋六郎左衛門・理右衛門を宮別当に任命して、神社の管理にあたらせたこともわかる。境内の竹木は伐採厳禁だが、二年に一度の伐採による修理費用の捻出は認められる。さらに「毎年現米弐拾石宛可有寺納、残米可為修理料」としていることが注目される。土橋家文書によれば、幕府（京都所司代）は本寺の知積院にも「向後社頭並びに寺無退転様《たいてんなきよう》ニ」配慮するよう命じているが、基本的な維持管理は村の負担になっていたと考えられる。この点は村の財政運営にかかわる問題として別に検討を要するであろう。

　神社と神宮寺の関係を神宮寺の僧侶を通してみよう。西岩屋大明神（現在の山科神社）の神宮寺岩屋寺に僧が、寛政三（一七九一）年八月に着任するにあたっての「一札」を紹介したい（「進藤家文書」）。かなり長文なので要点のみにするが、始まりは「岩屋寺儀此度無住ニ付拙僧真言宗ニて御座候ニ付住職望候処各御同心之上住寺として右之寺預り申候」である。いきさつはわからないが、台澄という僧が無住であった岩屋寺に入ることを希望し、認められた。そこで前からのとおり「寺法」を守り、「宮守中指図ヲ受」けると約束している。「拙僧住持之内僧俗共人集《ひとあつめ》致まじく」との真意はわからないが、宮山の竹木は勝手に伐らない、薪であっても宮守中の指図をうける、無本寺であるから「本山か《が》ましき寺」に出入りはしない、弟子はとらない、他出するときは許可を得るなどが並んで、最後に「何事よらず御断り次第不及違義《いぎにおよばず》寺明け渡し可申候」としている。この一札は神原意哲なる人物を請人として、西野山村宮守中・旦那中に提出されている。これだけで神宮寺の位置・役割をいうことはできないだろうが、神社を支える村の意向が強く働いているように考えられる。なお大宅村の岩屋神社とその神宮寺については『岩屋神社史』をご覧いただきたい。

神社の存在を村との関係からみたが、寺院についてもみておかなければならないであろう。各寺院はそれぞれの由来をもって村に存在したが、次のような史料の存在は、村との関係、あるいは住民との関係をさらに考えなければならないことを示している。

惣寺梅本寺観音堂一札之事

下花山村梅本寺と申す古来より之観音堂御座候、我々三人之支配ニテ菩提所《ぼだいしょ》ニて御座候得共、大破ニ及び申すニ付き修理等成しがたく候故、今度観喜寺留宝院様へ相渡し申し候、然共《しかれども》所之作法先祖之石塔迄寺之内へ御引上ケ成られ、今迄之作法ニ相違無御座候上は少しも申し分申すまじく候（後略）

寛文六年午十二月十日　　下花山村　甚左衛門（花押）

源兵衛（印）

次兵衛（印）

下花山村という村名は上・北花山村の一角をさす通称だろうと考えられる。署名者はみずからの観音堂を菩提所としてきたのだから有力な農民であったろう。「石塔」（墓のことと考えられる）の取り扱いについての「所之作法」の内容を知りたいものである。いわゆる「詣り墓」と「埋め墓」に関係するのであろうか。

御陵村の妙応寺についても似たような史料がある。

差上げ申す一札

当村妙応寺之事前々より私共仲間拾壱人之者共支配仕り来たり候へ共、所柄困窮破壊に及び申すニ付き、此の度雪巣和尚へ相対之上譲渡し申し候、右寺之儀ニ付き外より何之構え無之哉と御吟味遊ばされ候、他郷は申上るにおよばず村中より異乱妨げ聊《いささかも》無御座候（後略）

宝永三（一七〇六）年戌五月

この寺は少し前の元禄五（一六九二）年には明王寺と記録され、観音堂があり、「天智天皇之勅願所と申し伝え候」と報告している。『資料京都の歴史』山科区所収の別の史料（「譲渡申寺並び屋敷山林之事」）から「我々共先祖より所持支配仕り来り候得共、禁裏様御年貢御未進ニ差詰り候ニ付、（中略）礼金百両」で譲渡したことがわかる。雪巣がどういう僧侶かは不明だが、署名者一一人は庄屋七兵衛・年寄佐左衛門・同仁兵衛・太郎兵衛・善左衛門・清左衛門・勘四郎・善兵衛・助三郎・六左衛門・彦三である。一〇名のうち七名は享保七（一七二二）年の郷士名前と一致する。彦三は天智廟守の竹鼻彦三だろうから、他の人々も天皇陵にかかわる寺の関係者であったことは確実であろう。

遍照塚をめぐる史料も寺と村（村人）との関係を考えさせる。この塚についても前にもふれたが、以下は明和八（一七七一）年六月の「指上申済状」である。これもかなり長文なので要点だけ紹介する。

　当村元慶寺所持仕り候遍照塚之雑木生え茂り田畑日陰ニ成り候ニつき、元慶寺御年貢銀之心当を以て売り払い候積り入札《にゅうさつ》取之《これをとり》候処、銀四百三拾五匁ニて落札ニ罷成り候、然る所当村阿弥陀寺修復料ニ右銀高之内弐百匁寄付仕り候様相手（中略）申し懸《か》け候

これが発端である。遍照塚の木が茂って田畑耕作に影響するようになったので、伐採して銀四三五匁を得た。そのうち二〇〇匁を阿弥陀寺修復料として寄付すべきだという要望が村内から出された。「訴訟方」の庄屋・年寄・「住頭」（二名）・元慶寺住持の五名がそれはおかしいと小堀役所に訴えた。訴えられた「相手方」は阿弥陀寺旦那代表百姓二名のほか一八名である。

小堀役所では両惣頭及び厨子奥村庄屋を「取噯人《とりあつかいにん》」として「内済」を命じる。その過程で元禄二（一六八九）年正月の遍照僧正八〇〇年忌法事の時、「元慶寺は無本寺ニて古来より住頭支配之寺」とし、「毎月八日十二日両日之内住頭拾四人之者元慶寺ニ寄合薬師講勤め来た」こと、さらに宝永三（一七〇六）年（この時元慶寺は無住だったらしい）に塚の立木処理をめぐって「住頭之者共と平百姓と及出入」、阿弥陀寺修復料の寄付を要求した

ことが明らかになる。これらをふまえて元慶寺と「住頭」側が金三両を阿弥陀寺に預け、修理費などに充て、檀家側は塚の立木の処理などに口出しはしないということで決着した。

以上のような経過をみると、「住頭」に支えられた寺と、「平百姓」を檀家とする寺とがあったように推測される。同一村内で両者がどのように関係したのかとか明和八年以降にどのような展開をたどったのかなどは現在のところ調べが及ばずわからないが、寺や神社の維持・管理とその費用の問題は繰り返し発生したであろう。

以上の諸事例は寺や神社の存在が村と深い関係を持っていることを示している。同時に村人の信仰に支えられていることも明らかである。村としての対応と、村人個々の信仰にもとづく対応とは厳密に区分できないだろうが、祭礼・葬儀・講などの宗教的行事や、施設・設備の修復などの維持・管理活動などの近世における展開を明らかにしたいものである。いまその準備はできていないが、一例として「奥田家文書」から三宮神社関係をあげてみよう。

正徳三（一七一三）年九月吉日から書き始められた「三宮御供仲間帳」には「当屋《とうや》之覚」の項目があって、当屋になる人名と年次が記載されている。「壱廻り済み」との書き込みもあるから、当屋の数と順番が決まっていたようである。「当屋あたり候節柿成り不申候ハヽ当屋あてがい、九月神事之節銀渡り不申候ハヽ算用之節壱割ツツ利足算用申すべく候」とあるが、どういうことか。いろいろあったであろうしきたり、慣行も含めてご存知の方から教えていただきたい。宝暦二（一七五二）年正月の「中（仲）間定め」には「当家（屋）諸入用毎年米四石宛当家へ相渡し可申候、然る上ハ神事御供え買い物等ハ不及申おこない御火焼右米之内ニて諸雑用相賄い可申事」とある。神事のほか「おこない」「御火焼」という行事があった。「御火焼」ではみかんが配られていた。

天明二（一七八二）年の「一札之事」によれば「去々子年当郷御祭り之節西野山村東野村御神輿《おみこし》之儀ニ付き争論公事ニ相成り」ということがあったらしいが、この一札は「宮座御衆中」宛である。この宮座衆は宮講中のことと考えられるが、宮講中の「勘定帳」には「宛下覚え」の項があり、明和三（一七六六）年には「堂田九人手」「三反田九人半」「八幡田五人半」など合計九石八斗五升が出てくる。神社のための田（宮田、講田など）があり、希望する村人に貸してその借地料を諸費用にあてていたことがうかがえる。東野村には「堂屋敷」があり、その土地（田畑）や土地の藪（竹木）から得られる収入を神事の御供え用に、元和元（一六一五）年以前から充てていた（寛政五（一七九三）年八月「為取替一札之事」）。中世から続くしきたりだったかもしれない。

本書は先述のように「ふるさとの会」会報の付録として、「気楽に、興味ありそうな事柄について、エピソード的に紹介する」ということで始めた。しかし、「史料が呼んでいる」とでも表現したらいいのだろうか、史料自体がもっと調べよ、もっと考えよといっているように思われる。寺院・神社について関連史料を探す過程で次のような史料を見つけた。元禄一一（一六九八）年三月の「乍恐口上書指上ケ申候」という西野山村から小堀代官に提出した一紙である。エピソードとして紹介しよう。

山科郷之内西ノ山村領内ニ字稲荷と申荒芝之小松原御座候、此芝之内ニ往古より狐多ク籠り居り申し候塚弐ケ所御座候、唯今も此塚ニ狐之穴弐拾四五ケ所御座候、是も稲荷塚と申し来り候御事

とくに注釈を加える必要はないだろう。一七世紀末の山科の一風景である。西野山には小古墳が点在しているが、墳丘を塚と呼んだのであろう。

此塚ニ往古も、しかと宮立御座候哉、其辺畑之字ニ宮ノ前又ハ鳥居之外と申す畑共御座候、此地主ハ進藤源四郎と申す者ニて播州ニ少し知行取り居り申し候、古郷西ノ山村ニ先祖よりノ屋敷・名田・山林所持仕り、只今留守居勘右衛門と申す者指し置き候御事

進藤家がどんないきさつで播州赤穂の浅野家に仕えるようになったのかわからないが、元禄頃までは山科にもいわゆる浪人などがいたことは前に紹介した。進藤家が塚にほこらを立て置いたが、朽ち果ててそのままになっている時もあり、只今のほこらは五年以前に立てたものであると続いている。

八ケ年以前同郷北花山村吉左衛門と申す者之姪其節十五六歳ニ成り申し候女に狐取り付き、我ハ是れ西ノ山

村之稲荷塚の狐也、其方ニ意趣ハ無之候得共暫く取りつき候迄ニて候、其方家内のもの真信（信心）あらバ守り申すべし抔《など》と口走り、十四五日ほと相なやみ其の後本復《ほんぷく》仕り候、夫より瘧病人《おこりびょうにん》□□（虫喰）立願仕り候得ハ利性御座候之由申しならハし、去る丑春より折々ニ参詣人御座候、右狐つき中女ハ去十一月ニ病死仕り候御事

虫喰いで読めないところがあるが、若い女性が狐憑《きつねつ》きになった。その後御利益があると評判になり参詣人もいる。元禄一一年寅三月現在では、「参詣之仁（人）惣《すべ》て子供塚之上へ猥《みだ》りニ上がり、狐穴をなぶり申し候故」、また「少々散銭（賽銭）御座候ニ付き」、社《ほこら》のある塚のまわりに竹垣をめぐらしたとある。

評判を聞きつけた小堀役所が村に報告を求めたのであろう。その後は現在のところわからない。関連資料が簡単に見つからないところをみると、案外日常のなかに紛れ込んでしまったとも考えられる。山科郷が迷信的雰囲気に満ちていたなどとは思わないが、権力が求めた寺院や神社の所在報告のまわりに、あるいはその底のところに、このような動向を生む基盤が存在し、路傍の地蔵などもその基盤のところに位置しているのかもしれない。

一九　村方騒動——年寄役をめぐって

中世の山科七郷が近世の山科郷一七カ村の体制に、そっくり天皇領として移行したことはすでにたびたびふれた。近世幕藩制の下で、分断・分離されることなく一つの領主、それも天皇（朝廷）という特殊な権力の関与下にあったということは、近世の山科郷にどのような特質を生み出したか。答えは用意できていないが、近世の山科郷（村）がどんな体制で動いていたかをみながら考えていこう。中世の郷の「自治」を高く評価してのことかどうかわからないが、近世の領主は郷の運営に一切口出ししなかったという評価がある。中世の「自治」を論評する力はないが、近世については実際の状況を明らかにしたうえで考える必要があろう。

近世の山科郷は二名の惣頭の下に一七（一四）の村が統括され、各村は庄屋―年寄体制で運営されていた。惣頭は通称で領主との関係では触頭が正式ではないかと考えられるが、郷内では大年寄と名乗ったり、呼ばれたりしたことが文書からうかがえる。中世にさかのぼる有力な家で、給米一〇石を得ていた。比留田家が上花山村で大規模な土地所持者であったことは前にみた。土橋家も同様の存在であったろうことが延宝期の系図書からうかがえるが、両家とも中後期ははっきりしない。ただその地位は揺らぐことはなく、幕末まで世襲されている。

村の数が一四あるいは一七というのは郷士の問題と関連している。一七の村はそれぞれ庄屋一名と数名の年寄が村政にあたり、ほかに頭百姓が出てくる場合もある。一四というのは朝廷への棟役一一を負担する村の数である。この点は前に朝廷との関係のところでみた。棟役を負担するのが郷士だが、郷士層が庄屋・年寄役を伝統的に独占してきた村が多かったらしく、郷士層としての在り方と村の運営の境界線が厳密に区分されていたかどうか、はっきりしていなかったように思われる。中世以来の姿をとどめていたらしい朝廷との関係が寛永期に変化した後は、むしろ各村が、それぞれに作り上げていったであろう村落社会、および村政運営をめぐる村民各層の動向の中に溶け込んでいたようである。もちろん郷士と平百姓の区分は存在したのだろうが、近世初期や前期に郷士であることを強調した史料はみいだせていない。

寛文一二（一六七二）年九月の「覚」によれば郷の近年の必要経費は年間銀三貫二～三〇〇匁で推移している。各村負担の「郷銀」は「年中両人（惣頭のこと）之者造用《ぞうよう》其外郷中之儀ニ付遣い申し候」費用である。また「立毛御見分之御衆、御納所御催役之衆」が出張してきたとき、惣頭や庄屋が対応する費用一人三〇〇匁、「御用之節両人之者庄屋一人召連れ京都へ之上下」などの費用は二貫匁であり、「少も非分之入用」はないとしている。これがだんだん増えていって、正徳元（一七一一）年七月になると「山科郷中毎年之入用割賦大分ニ割掛け候由百姓共相訴」えるまでになる（高谷家文書「山科郷出入済判書写帳」）。代官の判定は「是迄之入用　夥敷《おびただしく》相見へ（惣頭や庄屋の）仕形不届《しなりふとどき》」で、以後入用を節約すべしとして「定書」を出している。かなり長文だが、郷や村のいわば公式の活動内容を示していると考えられる。文書にしたがって項目をみていこう。

「禁裏へ年頭八朔御礼に罷登り候節指上物割賦其外雑用大分ニ候」、御所に挨拶に行くときの献上物の費用が多くなっている。随分吟味して臨時の出費がないようにし、挨拶範囲も制限せよ。惣頭や庄屋の出京費用が多すぎる。年番庄屋二人を決めておき、出京は惣頭一人、年番庄屋一人とせよ。ただし惣頭・庄屋全員出京の場合は理由を「郷中会所覚帳」に記載し、代官所や御所御蔵にもその旨連絡すること。

出京の際の京都宿泊費や昼飯代は決めておくこと。なお御用向きでの会合であっても酒肴代は郷中負担としてはならない。上京後は用済み次第帰村せよ。私用で滞在する場合は郷　賄《ごうまかない》にするな。郷賄と村賄の区分を明確にせよ。

上使や幕府役人通行の際の道路掃除監督者への「給物」や「賄方入用」がかかりすぎる。代官所の元締や手代の接待には「所出生之雑子並びニ豆腐蒟蒻之類用之《ところしゅっせいのざこ（雑魚）とうふこんにゃくのたぐいこれをもちい》其の外酒肴之馳走」は禁止である。それに準ずればこれまでの惣頭・庄屋等は随分贅沢で不届きである。郷中に会所を置き、旅籠《はたご》並の値段を決め、出費を抑えよ。

近年人と馬の通る道を分け「掃除入用」の減少を図ったにもかかわらずかえって増えている。節約を心掛けよ。街道掃除の際、代官所からの指示があれば別だが、平常は惣頭一人の勤めでよろしい。「軽き御役人」通行の時は出勤しなくてよろしい。朝鮮人来朝の時も「道作り御普請」は代官所から奉行を派遣する。惣頭は一人出勤でよろしい。

「郷中寄人足ニテ御普請」の時は庄屋二人、百姓二人が出勤の事。「村々より人足回し」の時の「肝煎《きもいり》・杖突《つえつき》」（工事現場監督）の昼食はその村の賄とする。

役所「下奉行」の長期出張時の寝具などは代官所持ちとする。代官・元締・手代が御用で村回りをするときの費用は相談のうえ郷中へ割り付けること。誰が、何用で、何度、何月何日にきたか勘定帳に記録しておくこと。その際の惣頭・庄屋・年寄の入用を役所手代の入用とは別にすること。郷中に用があって代官所が元締・手代を派遣する場合は事前に連絡するから、郷中が迎えの駕籠人足を用意すること。送り人足の賃銭はこちら（役所）で用意する。

毎年「郷中諸入用支配割方」の時は年番庄屋二人、百姓代表二人が立ち会い、「勘定仕上げ」の時は惣頭やほかの庄屋・年寄も立ち会って公平に割賦すること。

御所御用の松の木は御料山から伐りだして納めること。

触状・回状を刻付け《こくづ》（村名の下に受け取った時刻を記入し次に回すこと）で出してもいつも村で滞る。庄屋が怠慢である。場合により「越度《おっと》《おちど》」に申し付ける。

山科郷中の諸入用は街道筋の道作り、掃除入用など「近年結構ニ被仰付」（費用を役所が負担しているということ）当然減少していると思っていたら、百姓の訴えでそうなっていないことがわかり驚いている。今後はこの定書を守り節約につとめること。郷勘定を仕上げたら代官所へも惣頭、庄屋、年寄連判の写しを提出すること。代官所役人の「不届成儀」があればすぐに目付に書付をもって申し出ること。

この定書を庄屋方に一通、百姓方に一通差し遣わすから、以後よく相談して今後の「仕形《しかた/しなり》」を決め、代官にも報告せよ。

一読して支配者側が公平・公正と節約を心掛けていることがわかる。惣頭・庄屋が公務で京都へ出張することが多く、関連した費用が増加傾向にある。経費増は各村の負担増につながる。惣頭・庄屋クラスの勝手な振舞いを許さないまでに平百姓層が成長して、代官所に訴えたのであろう。それだけに代官所側も自分たちの郷への出張に神経を使っているのである。

このような前段階を経て享保六（一七二一）年に騒動が起こる。郷士名簿の提出をめぐってかなりの村が動揺する。郷士の問題は別にみなければならないが、若干の重複を恐れず村の観点からみていこう。

発端は京都町奉行が出した次の触れである。

堂上方武家方家来且又郷侍ニて刀帯び候者並びに常百姓ニて其所之神事或は地頭用事之節刀帯び候者、此の度相改め村切りに書付け、其村庄屋持参申すべき事（中略）

右之趣書付相認め、来る十一月十五日迄肥後守様御役所へ持参候様ニ山城国中在々洛中洛外之寺社方へ相触るべき者也

享保六年丑拾月

松尾左兵衛

公家や武家の家臣で山科在住帯刀者については前に紹介した。当面問題になるのは「郷侍ニて刀帯び候者」と、普段は農業に従事しているが村の神社の神事の際に帯刀の者、及び領主の用を勤めるときに帯刀の者だが、これらを村ごとに調べて書付にして奉行所へ提出せよと命じている。この時期に京都町奉行が帯刀者調べを試みた意図や政治的背景を明らかにはできないが、村にとっては村人を帯刀者とそうでない者に区分せよということだから大きな波紋を広げたことは確実であろう。村にいる帯刀者は郷侍（常帯刀人）と神事の際の帯刀者（神事帯刀

人）および御所御用を勤める際の帯刀者（侍役、御家人など）で、帯刀というういわば目にみえる区分基準によって区分されている。しかし、郷士問題のところで詳しくみるが、帯刀者たりうる資格なり要件は何かということになるとかならずしも明らかとはいえない状況にあった。たとえば「根生之者」（先祖代々村に住んでいる者）という場合何代前までさかのぼればいいのかには明確な基準はなかったのではないかと考えられる。「名字之者」（名字を名乗りうる者）ということも、平百姓とされた村民が由緒書を提出し、その中で名字を用いている例がある。また持高（土地所持）の大小とは関係ないとしているが、どこまで原則として貫けたのかは具体的な検討が必要であろう。このようにみてくると、帯刀者名簿を「村方へ披露なく帳面差上」げたことをきっかけとして、年寄役を独占し、帯刀して御所御用をつとめてきた「年寄仲間」（郷士）と平百姓との対立が表面化したことがわかる。椥辻村のケースをみていこう。

椥辻村についてはあまり情報がない。村高は三一〇石八斗三升八合で、郷内では中程度規模の村である。初期の田畑比率は田六六・畑三四で水田が多い。棟役数は七である。享保六年の郷士数は一五、それが寛政九年には一三になっている。前にみた文政七年の飢人調べでは二二一人（うち才覚者三五）であった。明治初年の戸数四一戸からみて五〇戸前後ではなかったかと推定されるが、騒動当時にさかのぼらせうるかどうかはさらに調べなければならない。いずれにせよ年寄仲間一三名と百姓一六名が関係したから、村のほぼ全体を巻き込んだ対立であったといえるであろう。

経過を追って概略をみていこう。元文二（一七三七）年七月二二日に四名の百姓が、一一月二五日にさらに二名の百姓が加わって代官所へ訴え出る。内容は村中に披露することなく帯刀者名を届け出たことおよびその帯刀者が「年寄仲間」となって年寄役を独占し、村政を牛耳っていて不都合が多いということである。帯刀者の問題は一七年前からくすぶっていたようだから、享保六年の帯刀者名簿提出時以来底流となって続いていた対立が元文二年に訴訟となって顕在化したといえる。訴えを受け取った代官は通例に従って内済を勧め、惣頭両人に取り扱いを命じる。九月一四日には両人が椥辻村に出張し、双方を呼んで言い分を聞いている。その後、同年閏《うるう》一一月一八日に訴えられた一三名が返答書を提出する。自分たちは「古来より筋目正敷」き者で、年長の六名が年寄役を勤めてきた。村政運営に問題はなく、また御所御用は帯刀して勤めてきたが百姓を使ったことなどない、百姓の中の不満分子が「無筋物工《たくら》ミ」した訴訟であるとの反論である。翌日、百姓側も再反論の「口上書」を提出する。要点のみにするが習俗や慣習の理解の食い違いが興味をひく。

　まず「地下汁」（じげじると読むのだろう）をめぐってである。年寄仲間の主張は男子が出生し二歳になったら仲間に披露し、「古来之帳面」に記録、年寄死亡で欠員が出れば残りの年寄たちの指図により帳面から「呼び出し」年寄に就任、これまで支障なく勤めてきた。これに対し百姓側は「以ての外成る偽り」と反論する。百姓のいう「地下汁」は「毎年二月ニ地下汁と名付ケ、根生之百姓順々ニ弐軒として汁之当屋相勤」るもので、そこで年間の農耕について、日用人足雇い賃など必要事項や用水路の整備・雑木の伐採などの日程を取り決める。博打の禁止や火の用心なども申し合わせる。出生した男子が成人したら「えぼしぎ」（烏帽子着）となずけて銀一三匁を出し、家を相続した時は「中老成り」となづけて銀一〇匁を出し、村の「大帳」に記載する。銀は村の道・橋の修繕費用などに充てる。帳面は庄屋宅に預け、元禄年中までは行われてきたが、宝永年中から庄屋年寄が申合せ、いつとなく中止となった。これは先庄屋と年寄仲間が「私ニ申合」、「年寄役之儀ハ郷士仲間より相勤」るとして村方に一切報告しなくなってからである。はじめは「すなをニ相勤」めていたが、近年は「以之外身をたかふ《ぶ》り、剰《あまつさえ》郷士など之下《げ》なる申立」で役目を果たさず村内が乱れている。このほか詳細は省略するが、数値をあげての無年貢地の問題や「役藪」でない「結構成る林藪」の問題もあった。一一月八日にも惣頭が来て仲裁案を提示したが、郷士だけが年寄役を勤めるいわれはない、「村之指図を以」て年寄役をきめるべきであると主張する。

　百姓側の言い分に対する年寄側の反論を先ほどの返答書で補っておこう。御所御用は「名前之者」が帯刀して勤めてきたことは先にあげたが、彼ら一三軒は「例年二月三日、男子出生仕弐歳ニ相成り候者之親として煮大豆・酒ヲ出し、観音へ御酒ヲ上ケ、名前之者共不残立会い、帳面ニ記置き、年老順々ニ年寄役目相勤」めてきたと主張する。また「地下汁」とは一〇年か一二〜三年間隔で道・橋修理費が必要になったとき、「惣村中申合せ地下汁と名付け、大小之百姓水呑迄、日限を極メ、一飯を持寄り汁ハ村入用ニて仕立」、その際「名《な》改《あらため》仕まつり右衛門・左衛門・兵衛と名付候者より銀弐拾参匁だし候」「其外身上不如意成る者或ハ水呑等之者拾匁・参匁・五匁相応ニ出し」修繕費にあてる。そういうもので毎年やるものではないし、「大帳」などというものもない。中止になったのは「村方困窮」の故である。日雇い・田植え・草取り人夫賃などは毎春ごとに決め、村中に触れている。「耕作堤・川除け・かさ置き・道橋損ジ」などは庄屋年寄・頭百姓が立ち会って対応している。

両者の対立は解消せず、惣頭の仲裁案も功を奏さずだったようで、いったんは代官所にもどすような経過をへて、惣頭のほかさらに大宅村・東野村庄屋も加えての仲裁がまとまったのは元文四年七月である。当事者双方からの「差出し申済状之事」によると和談・内済の内容は次のようである。

まず帯刀の件については、神事帯刀は代官玉虫氏によって禁止されて以後守っている、これを続ける。私用の帯刀はしない。ご用向き帯刀は庄屋年寄の内、問題のない者だけとする。次に検地帳無登録地（字堂之前の畑一石三斗九升五合）については有畝上畑七畝（分米九斗一升）として名寄帳に登録し、残り四斗八升五合は「村弁高」とする。また、山藪は垣根を設けず村人の落葉掻きなどは自由とする、山畑は持主限りの利用とし、植林するなど大切に扱う。地下汁は以後中止する。六人の年寄役は年寄仲間側から村に披露の上四人、百姓側から村方指図をもって二人で構成し村の運営にあたる。

以上からみて椥辻村における郷士層による村役独占体制は崩れたといえるであろう。その後の村運営の実際は今後の究明課題だが、二名の百姓側年寄が「わき年寄」（第一次仲裁案の表現）扱いされることがなかったかなどに留意してみていく必要があろう。また地下汁という共同体への参加儀式や、誕生・成人・相続などの際の通過儀礼の在り方や、衛門成りといわれる村内での身分構成の階層状態なども明らかにしたい。それぞれ村ごとに違ったのか、郷内では共通していたのか。「村弁高」がどんなふうにして生まれてくるのかを、具体的に示す事例が含まれていたことも注目される。弁高の成立事情や成立要件は村によって様々であったろうが、村高の内どのくらいが弁高になったのか、村財政とも密接に関係するから、実態とともに明らかにしたいものである。

二〇　郷入用・村入用と村財政――年貢未納をめぐって

領民が当然のこととして年貢を納入する体制を展開・維持するために、領主層は領民が形成する郷・村の体制とその運営に対して公正・公平を装ったといえよう。いうまでもないが、それは領民の運営に不干渉ということではない。

郷村に「入用帳」の提出を求めたうえでの「自立的運営」の承認であって、その基底には先に定免問題でみたような領主側の年貢納入要求が実現困難であるという状況の広がりがあったと考えられる。具体的に郷や村の運営の有様を運営費用の面からみよう。運営費がどのように推移したかを明らかにできるほどには史料を集めていないが、朝廷のための側面は先にみたから、郷なり村なりの独自運営にかかわる費用を中心にみていこう。

まず郷入用について寛保三（一七四三）年の「山科郷入用帳」をみよう。これは前に朝廷との関係のところでみた延享元年の「郷中入用掛り物覚」と一年しか違わないから、朝廷関係の部分はほぼ重なる。おもな項目と銀高・米高だけあげる。御蔵開き祝儀入用など銀二五〇匁、年頭八朔御礼献上物代など一貫一〇匁、茶壷入用の銀高は延享と同じ三三〇匁余。御膳籾上打米その外入用七三〇匁、御用柿渋代など三五六匁、御庭入用・庭作り入用米四六石余、御所詰夫代・門番給四三石、京都出火駆け付け入用二一石余。なお幕府関係として国役高掛入用二貫五〇〇匁があった。

次に郷の費用と考えられる項目と銀高・米高をあげる。北会所・東会所会席料・茶代銀三六〇匁。大津表御用聞き合わせ注進料六八匁、これは四宮村に支払い。奉行・代官御用での飛脚賃および郷から役所への飛脚賃三〇〇匁余。寺社宗門改め紙筆代ほか五五匁余。餅米早納上打米代四四匁。上納米三〇〇石の上打米代米三石余。郷内一同御願いなど年中諸入用四〇石。郷中口米代八〇石余。以上合計銀六貫四六三匁余、米二四〇石余である。これを村に割賦するために銀を米に換算すると、値段六八匁替えで米九五石余になり、合計米三三五石余である。ほかに御所吉凶事に御門警固入用が米一四石余、「入用村方相応に御座候」分が一七カ村で約八貫文目余。以上のような内容が七月二二日に代官に報告されている。次にみる上花山村の報告が三月だから、村の決済をまって郷としてまとめたと考えられる。

郷入用は一七カ村が山科郷としてまとまって運営するための費用だが、大半は対領主（朝廷及び代官所）関係である。ただし郷会所を運営し、「上打」の多寡を決め、災害復旧など個別の村を越えて対応し、さらに郷内の要求（年貢・夫役の減免など）をまとめ、領主に要求していく行動をとるなど郷独自の費用も確かめられる。

これらの費用（郷入用＝郷銀・郷米）は各村に割り当てられる。すでに年貢定免問題のところでも出てきたように郷入用の高騰が村財政に影響している。この点をめぐって郷と村とが対立する事例は各地でみられるが、山科郷ではどうだったのか。村の財政（村小入用）をみていこう。

最初は上花山村の文化元（一八〇四）年の「戌年小入用帳」である。一三項目にわたって銀や米で表示されている。まとめてみよう。

1. 年中帳紙代、ろうそく代、臨時飛脚賃、村役人の村用出京飯料・茶代、年中諸勘定帳や願書などの筆料（筆耕料）、用人・番人へ心付けなど　銀一二四匁三分二厘
2. 庄屋給米　米三石、年寄給米　米五斗、頭百姓給銀　一五匁
3. 郷銀当村出し分（御所諸御用・献上物・両街道掃除諸入用などすべての郷諸入用元利の各村配分の上花山分）　銀一四一匁一分二厘
4. 村社供物料、制札場地代、村用聞（村用のための配布・伝達・雑用係）家賃　米二斗二升
5. 御膳籾・餅米上打米、土砂留（水害予防工事）人足飯米　米二石六斗二升五合

6. 免割（高持への年貢割り振り）雑用　米五斗
7. 口米（年貢の付加税）銀一七三匁五厘
8. 御所御庭入用両度分、御膳籾摺不足補充など　銀三三匁八分三厘
9. 大般若施行村につき諸入用元利共　二二九匁六厘
10. 土砂留死人に付入用、行倒れ者・送り者、年中浪人合力、諸勧化《かんげ》村控え元利　銀一九六匁四分四厘
11. 川浚え入用元利、先年新溜池普請に付借財銀二貫文目の利息　銀二六二匁四分

合計米六石八斗四升五合、銀一貫一七五匁二分二厘＝この米一五石八斗八升一合三夕。ここから朝廷から下される大般若下行米一石五斗を引いて、残り二一石二斗二升六合三夕、これを村高で割ると若干あまりがでるが、石当たり一・六二四になる。これを高持農民各人の持高に掛けて分担額が算出される。

筆料などおもしろい。いわゆる祐筆的な書き役が必要であったことがわかる。願書などの文書が御家流といわれる書体で書かれていたこと、および一定の書式があったことは古文書学習会ですでに確かめた。この年上花山村は一四カ村が回り持ちで施行する大般若経転読にあたっていたこともわかる。一〇項目目は中身を具体的に知りたい。土砂留《どしゃどめ》工事（山崩れや水害予防のための植林や砂防工事など）中に死者がでたらしい。行倒れ人などがいつもいたわけではないだろうが、村にはセーフティネットがあって対応した。諸勧化の例としては各地の寺社再建・改築費の寄付願などがある。

続いて天保一〇（一八三九）年の小入用をみよう。一〇項目に分かれていて項目内容の区分が文化元年と少し違う。

1. 年中帳紙代・蝋燭代・飛脚賃・諸方茶代・年頭八朔祝儀など　銀一三八匁六分、
2. 年中諸入用・両街道（東海道と奈良街道）諸入用、定式並びに臨時入用・免割雑用・郷銀村出しなど　銀六八九匁八分三厘

3. 餅米納上打・村社御供料・村用人地子米など　米一石二斗
4. 年中行倒れ者・行暮宿入用・諸勧進・浪人・合力人・氏神修復入用・年中筆耕料など　四八一匁六分三厘
5. 庄屋給米（三石）・年寄給米（五斗）・頭百姓給銀代（一五匁）
6. 口米　銀三八二匁三分
7. 膳籾摺不足・庭入用・茶壷入用など朝廷関係年中諸入用の元利　銀二九九匁七分
8. 農方養水川筋入用元利　銀六六匁一分九厘

合計米四石七斗、銀二貫七三匁二分五厘＝米一〇石三斗六升六合二夕、合わせて一五石六升六合二夕。

入用の内容はほとんど変わらない。村民に割り当てる米は天保のほうがわずかに減少しているが、これだけで村入用の動向をうんぬんすることは無理である。

村入用の基本的な構成はそう大きくは違わないと考えられるが別の村の事例もみておこう。史料は大宅村の天保九年三月「中年諸色小入用帳」（沢野井（清）家文書）である。同帳ではまず年貢やその他の負担が確認されている。村高六三一石三斗九升五合のうち「百姓持荒」七六石余・「村弁」三三石余・「当申石砂入り引」四石余・「山川敷溜池敷」八斗余の年貢賦課免除分を除いた五一六石五斗七升七合にたいする取米は、二八九石一斗九升五合であった。税率四五・八％である。ほかに高掛の負担があった。物成米一石につき三升ずつの「口米」・「欠米」、御膳籾（九石五斗納入）・餅米（八石五斗納入）一石につき二斗五升の「上打米」、庄屋給米三石、「番水時打ち候太鼓打ち給米」一石九斗八升。太鼓を打つ人への給米が出てくる。

次に銀納分が以下のようである。

禁裏諸御用・両街道道造り・茶壷人足雇い賃銭・役所出張時飯代など諸入用および村負担の郷銀が二貫四九二匁一分九厘、（年貢納入の際の）「升取」役に支給分四匁三分、御所の蔵の前で年貢米の俵をあけて容量がきちんと入っているかどうかを調べる人への手当であろう。一年間の「筆料」（年中筆耕料）が八三匁一分。「触書人足

賃銭」一七匁八分。「非人相煩い・相果て」諸費三二八匁三分、銀合計四貫二四三匁八分九厘。

以上、合計米二六石九斗五升九合六夕＝銀二貫二三二匁三分八厘、銀二口合わせ六貫四七二匁、これを年貢負担村高で割ると高一石につき一二匁五分、若干の余りがあるが、これが高持村民が負担する村入用である。各人の負担額は持高の大小で異なるが、共有地の代人負担分もあわせると、五〇〇匁以上（五二五匁一分三厘）―一人、三〇〇～五〇〇匁―三人、二〇〇～三〇〇匁―七人、一〇〇～二〇〇匁―一五人、五〇～一〇〇匁―一二人、一〇～五〇匁―一一人、一〇匁以下―一一人になる。

村入用の増加が村方騒動のきっかけになった事例は各地でみられる。山科郷でも騒動に至らないまでも村財政の悪化の原因の一つになっている村は多いようである。さらに関連史料が惣頭の下に集まりやすかったからか、村財政の悪化が年貢未納をめぐって表面化している村が目立つようである。

年貢をめぐっては寛政期の定免問題のところまでみた。その後は幕末期もふくめて、検見取を希望する郷側と定免を強制したい代官側との対抗の下で、大勢としては定免制が続き、定免額の高低や定免年期の長短が問題になっていったと考えられる。たとえば天保六（一八三五）年の大宅村の免割帳（沢野井清家文書）には「卯年より未年迄五ケ年定免」とあり、天保二年から定免であったことがわかる。さらに御陵村の天保一一年の「免定」（高谷家文書）には「当丑より巳迄五ケ年定免」とあって、弘化二年まで本田畑は五三・五三％、「畑成」は二四・九六％、「藪成」一八・〇％、「木畑成」八％の税率での定免であったことがわかる。なおいずれも「皆米納」である。

年貢未納の問題に移ろう。この問題はいわば近世を通じてあったといえるが、まずは未納者の問題として処理されてきたと考えられる。一例をあげよう。寛文一一（一六七一）年に伝右衛門・仁右衛門・勘左衛門・作十郎・吉兵衛の五名が寛文一〇年の年貢を未進（未納）した。その未進代銀は七三〇匁余であったが、その銀を借用するにあたって、銀主が未進農民相手では「返弁之節約束之日限ニ何角《なにか》と相延」すかもしれないと心配して、貸してくれない。そこで「貴様（惣頭比留田喜兵衛）ヲ頼、銀主へハ御一分之借用ニ御調え成られくだされ、我々ハ又此のごとく貴様へ之借用ニ仕」るという手続きをとった。銀主は不明だが、惣頭が借りた形をとってあらためて未進者に貸したわけである。未進者たちはお互いを保証人とし、借金の抵当として五畝弱から二反一畝余を質地として惣頭に提供している。もし返済できなければ質地を永久に渡すから「銀主へいか様ニも御済」しくださいというわけである。

この事例の結末はわからないが、質地証文が決まり文句のように土地を質に入れて借金する理由を年貢未進のためとしていることに通ずる事例といえるであろう。しかし大規模の凶作などがきっかけで年貢未進が個別農民の範囲を越えて村全体や広く郷中に及ぶような規模になってくると簡単にはいかない。もちろん領主も大規模な災害（凶作・飢饉）＝年貢未進には対策を講じた。先にみたように文化一四（一八一七）年の三月二一日洪水で、郷から種籾代を借りたいと願い出る。その結果一五カ村に籾一石に付銀四〇匁替えで合計三貫二五一匁余の拝借が認められた。利息三割・五年賦返済の条件である。次に文政七（一八二四）年七月一九日の「夫食《ぶじき》代銀十ケ村へ拝借連印帳」を紹介しよう。前年の文政六年は「不作之儀ハ数十ケ年ニも不相覚《あいおぼえざる》旱損」であった。そこで夫食代銀（食料を手当てするための銀）の借用を代官所に願い、文政七年七月一八日に、文政七年から同一二年まで無利息、一二年冬から天保四年冬までの五カ年賦返済という条件で、郷内一〇カ村に銀一貫七九五匁余の拝借が認められた。ただし山科郷は郷全体の一七カ村に配分し、郷の大勘定（年間経費の決算とそれをおこなう会合）で約三六〇匁を五年賦で返済していくことにしている。

上の二つの事例の筆頭に出てくる村が東野村である。最初に出てくるからといって額が最大であったということではないが、年貢未納で苦しんできた村であった。盆地の中央部に位置して村高六一七石余だが、田二〇三石に対して畑四一四石と畑勝ちの村である。そのため近世初期の年貢率は郷でも低い方であったことは、すでにみたとおりである。寛延二（一七四九）年の「畑反別帳」によれば上畑三一％・中畑三二％・下畑三七％の比率だが、特徴的なことは「村弁高」が上畑で二九％・中畑で三六％・下畑で三八％も存在している。この史料からだけでは経過はわからないが、村民のなかに自分の畑を持ちきれなくなっている者がかなりいたらしい。寛政九年の定免額は一九七石余に設定されているが、維持できなかったようで、享和元年の年貢取米は一七〇石余にとどまっている。前にみた文政七年の飢人調べでは二〇二人全員を飢人として領主に報告している。村下調べ段階では一九四人のなかに二六人の夫食ある者がいるが、その比率は一三・四％でしかない。

かなり厳しい状況にあったことを推定できるが、実態は享和二年の惣頭の代官への報告からわかる。それによるとかねてから東野・川田・西野山村は惣頭の「取締」の下にあったが、代官所元締から年貢納入などに結果が出てこない、一度どんな状況か調べて報告してほしいとの要請を受けて、享和二年二月三日に提出された（「御尋ねにつき口上書」）。東野村を代表としてみていこう。

近来困窮ニ付去午年迄ニ御年貢不納米辻百三十五石相成り候ニ付、翌未年極月私へ取締仰付られ候故、同月十一日ニ村方へ罷越逸々《いちいち》相調べ候処、残米百七石・小入用未進銀三貫四百二十六匁余・高掛借財・潰百姓損銀五貫三百八匁余有之

東野村は近頃困窮し寛政一〇年までに年貢未納が一三五石にもなっていた。そこで翌一一年末から惣頭による取締を命じられ、惣頭が村へ出張して調べたところ、年貢未納残り・村小入用未進・高掛借財・潰れ百姓損銀が右記のような数値になっていた。そこで次のような対策を立てる。

残り米一〇七石は一石八〇匁替えで代銀は八貫五六〇匁、これと小入用未進銀と合わせて一一貫九八六匁二分八厘になる。この元銀の一〇〇匁につき一匁七分ずつを村民が毎月二五日までに庄屋宅へ積銀《つぎん》する。寛政一二申から文化元子までの五年間の積銀で返済できる予定である。「百姓手業《てわざ》ニ相叶《あいかない》候儀申付け」て、その代銀も積銀にあてる。「百姓手業」とは具体的には何かわからないが、結局この計画通りにはいかなかった。未納分は強制徴収を試みたが、小入用未進分は減っていない。潰れ百姓損銀はその利息も含めて年五〇匁ずつ返済し一〇年

ほどで完済の予定であったが、現在のところ四貫三〇〇匁の借財になっている。これらを村民の高掛り負担として、銀三貫を拝借して村方一統の相続をはかりたい。なお西野山村も累積未納米が一五〇石以上になっていたが、なんとか一五石まで減らしてきた、しかし享和元年の不作で未進が九〇石ほど出来、どう努力しても六〇石ほど残るから銀五貫ほど拝借したいと訴え、川田村も未納米六四石五斗および小入用未進を抱え、銀三貫の拝借を願っている。

その後も安定した状況にはならなかったらしい。文化六（一八〇九）年には再び年貢未納となっている。このときは小山・大宅・北花山・上野・竹鼻・東野・音羽・西野山・上花山村の庄屋が惣頭に「請書」を出して年貢納入を約束しているから、不作の影響が広範な村々に及んでいたことがわかる。

領主は年貢確保策として郷蔵への米積み立てを命じ、予定石数になるまで米の売却を禁止する。東野村ではもし違反した場合は一石につき三貫文の罰金と決め、さらに「袋米持出候ても右ニ準シ可申」とし、「村中大小之百姓請作之ものニ至迄」百姓三三、百姓惣代二、年寄二、庄屋代年寄一計三八名が連印している。これは文政二（一八一九）年九月の文書だが、庄屋ではなく庄屋代理の署名である。庄屋役が勤まる村民がいなかったらしい。なお「袋米」とは俵詰でない少量の米ということであろう。

このような対策にもかかわらず文政四年には未納が一〇一石（代銀六貫四〇〇匁）になっている。積米も前年分の支払いにあてて年を送るうちに未納が累積していったようである。ついに「当年（文政五年）ハ必至之場合ニ罷り成り納方一切手段無之」という状態になり、村民からの未進銀徴収、高持五人の竹木類売却、惣作の柴・竹木売却などが計画される。それも実現しないとみられて結局村役人および負担能力のある高持六名が持ち藪の竹を売るなどで二貫文目を用意、不足分は惣頭名義で他借を頼み、利息月一分で三貫匁を借り、年貢納入に当てている。

個人的にも未納解消がはかられた。文政七年末に二名の地主が東福寺祠堂銀六八〇匁を借り、田三反を質に入れている。祠堂銀とは先祖代々の供養のために祠堂修復の名目で寺院に喜捨する金銭で、寺院はこれを貸し付けて利殖した（『広辞苑』）。契約は質地石高四石、その年貢米（税率六〇％）二石四斗、宛米（貸して得られる米、小作料）四石九斗、差引二石五斗の「徳米」という計算で成立している。現実の生産高ははるか天正の昔に設定された石高（分米）をうわまわっている。だから実際にはありえない高率年貢を想定してもなお「徳米」がある。これは現実に即した土地の表現が宛米で行われていることを示している。土地が年貢（領主取り分）をしのぐ利益を生み出している状態と、年貢未進とはどのように関係しているのか。土地取得農民と土地喪失農民の差が拡大し、個別の農家の収支と村の財政とは必ずしも一致していないのではないかということを考えさせる。いずれにせよ村の債務は増大していき対応が求められる。文政八年一一月に東野村の「村借財仕方建」（村財政再建計画）が立てられる。

　この計画は東野村三宮神社別当妙智院が仲介して立てられたらしい。妙智院が村財政悪化の影響をうけていたことはすでにみた。惣頭に提出された「口上書」は村財政再建のため銀主（債権者）と春以来たびたび折衝し、おおよその了解を得ている、そこで村の収入と支出を照合すると毎年五〇石ほど不足する、御救いとして定免年貢額を五年間一〇〇石にしていただきたい、それでも不足する分はなんとかする、そうすれば一〇年後には二〇〇石を納入できる村柄になるであろうという。積算の根拠となった支出と収入をみよう。

　支出の第一は「御年貢御蔵付」一一〇石、「但シ昨申年（文政七年）振合建テ」とある。前年なみの年貢量という見積もりであろう。第二は夫代その他代官所用銀八〇〇匁・郷賄諸入用九〇〇匁・村方諸入用八〇〇匁計二貫五〇〇匁の郷村の運営経費など。第三は京都町奉行所への四八〇匁（元銀五貫五〇〇匁）・代官所への四五〇匁（元銀四貫五〇〇匁）の年賦返済。第四は一三項目におよぶ借入の返済である。「添書入り」・「沽券《こけん》入り」・「打替え」「加印切替」など借用にかかわる条件とみられるところは省略して、「銀主」（債権者）と元金と年間返済額は表26のようである。広範囲の銀主の中に「～名目」がある。当事者が直接表面に出ないような借用の工夫と考

表26　東野村の借銀

銀主	元銀	返済額	利率その他
紀伊国屋伊右衛門	2貫	30匁	
東福寺祠堂金	5	300	5朱積
銭代銀名目姉小路大東町判	17	510	2朱半
丹後屋清兵衛	4	288	6朱
厨子奥村新五兵衛	3.5	252	講中惣代
大津米会所名目塩屋治兵衛	6	360	6朱
金屋宇右衛門	12	864	同新借
同	7.2	520	申年貢分
大仏御殿	8	576	6朱
郷勘定銀	1.8	130	同
土橋・寺扶持米不納	4	288	
糸割符名目	4	288	6朱
宮西名目	1.3	93.6	同

「村借財仕立建」により作成

えられ、その中の一七貫は姉小路大東町判とある。前にふれた香具屋久右衛門は同町の住人であり、彼の斡旋で貸借が成立したらしい。ほかにも彼が関係している事例が散見され、関係の深さを思わせる。なお史料は合計八貫一八一匁六分という数値をあげているが、積算の根拠はわからない。表のかぎりでは元銀合計は七五貫八〇〇匁、返済額は四貫四九九匁六分になる。

「村徳高」（収入）の第一は「弁米田地徳分」一九三石六斗五升と「屋敷並びに畑方」三〇石二斗五升二合五夕である。村有地となった田畑・屋敷地を耕作・借用している村民からの借地料であろう。四一石四斗は「当年不作並びに皆無引」と注記されている。第二は除地の妙智院藪からの徳分銀六〇〇匁。第三は「小前積銭」銭六一貫二〇〇文、三二軒から毎月一軒につき一五〇文ずつの積み立てである。米収納分は約二三〇石だがそこから年貢分などを引くと八一石余が残り、それを五五匁替えで換算すると四貫四六二匁余で、第二・三の収入と合わせて五貫六三二匁四分五厘。これは上記の支出分に二貫五四九匁一分五厘足らない。これが「御救い定免」を願う根拠になっている。

このあと幕末期の推移はまだ調べきれていないが、たとえば嘉永四（一八五一）年二月の土地譲渡証文（土橋家文書）をみると、「是迄村持ち」の田が北花山村村民に譲渡されている。分米六斗五升三合三夕にたいして宛米は一石八斗五升である。代金は八〇〇匁であった。仮にこの田に前にみた、現実的でない六〇%という高率で年貢がかけられたとすると、年貢額は三斗九升二合である。それを宛米から引くとこの田の買主は一石四斗五升八合の徳米を得ることになる。年貢＝領主取り分の約三・七倍である。この計算通りになるとは限らないから土地代金がこの田にふさわしいかどうかもにわかに判断できないが、少なくとも買主は年貢を無視しうるほどの収益をあげる土地を入手したといえるであろう。一方、証文への村役人の署名には先の庄屋代年寄ではなく、庄屋が加わっているから、村の体制は整っていったのであろうが、譲り主は「村方」となっていて、村の財政の苦しさを象徴している。

以上、年貢未納から村財政の悪化状態をみてきた。村財政の悪化が村民全体の貧窮化ではないらしいことも推定したが、村民の富裕・貧窮の状態は東野村では確認できていない。ただ郷内一一の棟数のうち、一七と最大の棟数の村でありながら、棟数と関係深い郷士家の数は近世後期から幕末・明治初年にかけて七～九家にとどまっていて、郷士層もまきこんだ村民の動揺があったことをうかがわせる。この点を意識しながら山科郷士の問題に移ろう。

二　山科郷士の成立と展開

二〇一六年四月ふるさとの会事務局は特別企画として「山科の先人が拓いた〝東山科〟見学ツアー」を提案し、世話人会での議論を経て、会員その他に参加を呼びかけた。「東山科」とは現在の千葉市緑区東山科町のことで、ここに山科郷士の足跡をみることができる。山科郷士は山科を近世たらしめた要素のひとつで、それがどのように明治初年の東山科町（現千葉市）に結び付くのかを明らかにしていこう。なお鏡山次郎『禁裏御家人山科郷士起承転結』が郷士に関する事柄を広くとりあげているが、本書では近世に集中してみていきたい。

そもそも山科郷士とは何か。郷士は山科に固有の存在ではない。郷侍などいろいろな名称で呼ばれ、各地に存在した。それだけに歴史辞典類でも統一的な定義は難しいようだが、『国史大辞典』に従って一応の理解を試みておこう。

郷士の条件として、武士ではない、在郷している、「郷士」として正式に位置づけられている、軍役負担なし（有る場合も）などがあげられ、そこから「戦国武士団が幕藩制下において、城下士にも農民にもならなかった場合に生じたもの」といえる。他に新田開発や献金などによりとりたてられた「取立郷士」もあった。「生活様式において農民的であったが、領主階級の一員たるの意識を強く持ち、領内農民に対しては身分的に優越な地位に立ち、さらに村役人あるいは地主として領主支配の強化に有効な役割を果たすことが多かった」といわれる。以上の理解をさらに具体的にするために、山科郷士の場合は天皇領に在郷している郷士であり、中世にさかのぼって朝廷との関係があったことを付け加えなければならない。戦国時代には山科郷の人々は農業に従事し、産物を行商しながら、朝廷の警護にあたり、また時には武装して郷村を守った。その中心となって活躍した階層が後の山科郷士につらなったと考えられる。

江戸時代に入って山科郷は一括して天皇領（禁裏御料）であった。京都近郊の村の多くが公家その他の所領で細分された状況と比較すれば、朝廷とその領内の郷士との関係をみようとする時、特質的な状況であったといえる。その状況はさかのぼって信長にも認められ、秀吉にも認められ、そして江戸幕府に引き継がれた。この事はすでにみてきた。しかし、山科七郷から山科十七カ村へ推移するあいだの、あるいは推移した直後のあり様は、郷士との関係でいえば必ずしも明らかではない。山科郷士に関係する史料のいくつかは『資料京都の歴史』山科区編に活字になって入っている。せっかく活字になっているのだから、それらも紹介しながらみていこう。

現在のところ慶長・元和・寛永といった江戸最初期に郷士の存在をうかがわせる史料はみいだせていない。前に紹介した承応二（一六五三）年の詰夫代銀請取や、寛文一一（一六七一）年の「請取申木札之事」などは比較的早い時期の史料だが、これらは天皇領の村としての負担を示す史料であって、郷士に限定されるものではない。

上記の「木札」とは、「禁裏様御近辺若し火事出来申し候ハハ何時ニ不限村々札数之通り人足早速御門外へ相詰させ可申」ための木の札である。御所の近くに火事があったら人足が御所に駆け付ける、その際の身分証明・通行証であろう。警備先と木札数は前に示したが、改めて棟役数との関係をみよう。

上花山	二枚（棟役二）	竹鼻	五（七）	東野	八（一七）	北花山	五（三）
音羽	八（九）	西野	一一（一三）	厨子奥	二（二）	小山	五（五）
西野山	一一（一〇）	御陵	八（一一）	大塚	三（六）	行灯町	二
安朱	五（一〇）	大宅	一二（一二）	追分	二（六）	四宮	五（七）
椥辻	五（七）	合計	九九枚（一一一）				

安朱村が出てくるのはまだ毘沙門堂領になっていないからである。行灯町・追分町が入っている理由はわからないが、郷士がいないとされる、棟役の無い上野・日岡・川田村は出てこない。そこで、札数と棟役数との関係

はどうかをみると、あるような、ないような、どう考えられるだろうか。

それでは郷士はどのように自らの由緒・由来を伝えてきたのか。いずれも後年のものだが、まず明治三（一八七〇）年の嘆願書を紹介する。

山科郷士共之儀は斎明天皇御宇以来深く御由緒を蒙《こうむ》り、無惰《おこたりなく》奉勤仕り候者共ニテ、その後追々子孫相増し候ニ付いてハ此の地所地所ニ分配候て、不毛之地開発し、百余人と相成り、御膳米並びに竹木品々上納仕り来り候処、応仁之頃ニ至り諸上納物勤仕方弥《いよいよ》出精仕り罷り在り候処、天正頃田畑御高請仰せ出だされ、其頃御家人之者共百拾壱人有之、即《すなわち》右人数ニて御高請仕り候儀ニ御座候、然る所前御高請人ヲ以て古株百拾壱と相定め来り、諸献上物ハ申すに及ばず諸上納物並びに御用勤め方等迄前の古棟割ヲ以て相勤め来リ候古法ニ御座候

これは嘆願書の冒頭の部分である。斉明天皇の時代や開発従事者が百余人になったことなどは確かめようもないが、中世（「応仁之頃」）には彼らと朝廷との関係が存在していたことは公家山科家の記録などから明らかである。この山科七郷以来の状況が近世的な村の体制に変化していく契機として、秀吉による天正検地が意識されている。郷の有力者としての地位が検地帳名請人（土地所持者）になることで確認されたということであろう。「御家人」という呼称が何に由来しているのかはこの嘆願書からはわからないが、彼らだけが検地帳名請人になったかと読めるような記述はいかがだろうか。ただし、名請人になった者が一一一人いて、それが古棟株の由来になっているらしいことは注目すべきであろう。前にみたように上花山村での名請村民は一七名だが、その中に比留田家が含まれている。その存在が確実に中世にさかのぼる階層は名請人になっているといえそうである。ただし同村の古棟数は二である。郷士＝名請人といえても、名請け人＝郷士とはいえない。上花山における比留田家の土地所持は圧倒的だったから、名請人の上位者が古棟株取得者になったとは推定できそうだが、名請人数が棟数を上回っていたこともまた明らかであり、これだけでは棟数が一一一になった根拠ははっきりしないであ

ろう。

次に紹介する史料は「郷士帯刀一件留」である。成立年は書かれていないが、寛政から享和年間までの記事が入っている。その最初の記事の冒頭部分は以下のようである。

当山科郷士之儀元来禁裏御普代《ふだい》御家人ニて、往古より寛永年中頃迄日々山科より御所へ相詰め、諸役士分相勤め罷り在り候処、寛永之頃より交代御免ニて、その後日々参勤相止め、比留田氏も夫迄《それまで》日々郷士召し連れ参勤之所、大阪乱三好筑前守残党郷蔵へ忍び入り御貢米盗み取り、申し訳之儀書き記し（後略）

山科郷士は寛永頃まで比留田氏に率いられて御所へ日参して諸役を勤めていた。それが廃止になったのは「大阪乱三好筑前守残党」が郷蔵を破るという事件のためであると読める記述だが、「一件留」の記述は時間的に前後しているようである。郷蔵破壊事件についてはそのような事件の有無も含めて詳細はわからないが、比留田家系図などによれば、この事件は大阪の陣当時のことらしい。比留田氏は戦死者を出す奮戦で撃退したが米を奪われ、責任をとって一時無役となった。その後復活して惣頭となる。後略部分では比留田氏が「頂戴米」二〇石の内一〇石を割いて土橋氏とともに役にあたることになったこと、郷士の御所日勤中止とともに日常の帯刀もしないことになったことなどが記されている。

近世初期の朝幕関係の推移のなかで「禁裏付き」武士の設置などの政治的背景を考えれば、山科郷士がその役割を終えていたことが理解できる。御所と郷士の日常的な接触はなくなり、「御用仰せ付けられ候節宰領並びに御所九門警護仰せ付けられ候」だけということになった。ただし比留田・土橋両氏による郷士掌握体制が出来上がり、郷士としての存在が認められるようになったといえるかもしれない。

後にもみるように「帯刀」が身分のシンボルのような役割を果たしていたと考えられるから、関連する事柄をみていこう。前に紹介した元禄四（一六九一）年八月の浪人調べは「奉公人並びに御公儀へ御断り申上げ候浪人之外紛敷者《まぎらわしきもの》刀ヲ指し候様ニ聞こし召上げさせられ吟味可仕」という命令がだされて行われた。このときには郷士は公認の帯刀人ではない。ただし比留田・土橋氏は認められていて、その後「常帯刀人」として出てくる。それでは一般の郷士の登場はいつか。

郷士として役（「侍役」）を勤め、「扶持米」を与えられたことのわかる記録は、現在のところ享保三（一七一八）年五月晦日の「御通りニ付き侍役御扶持米頂戴仕り候名前帳」が最初である。「御通り」になったのが誰かはつきとめていないが、総勢一〇五人を動員しているからかなり重要な人物だったのであろう。侍役の者は名字が付けられ、名前だけの「外ニ足軽役」の者と区別されている。村別に氏名と庄屋名をあげておく。順番は史料のとおりである。

厨子奥　四手井新平・同勘兵衛、（足軽役）久次郎、（庄屋）三郎右衛門

御陵　磯田清左衛門・岸善左衛門・同六左衛門・高屋太郎兵衛・中村善兵衛・磯田仁兵衛・高屋助三郎・中村伊左衛門・木下佐左衛門、（足軽役）紋右衛門・平左衛門、（庄屋）権左衛門

四宮　富田吉右衛門・四宮善兵衛・同善左衛門・同甚内・同甚右衛門・同善七、（庄屋）五兵衛

竹鼻　大野木藤左衛門・原田七左衛門・大野木平左衛門・同長兵衛・同庄左衛門、（足軽役）権左衛門・善七、（庄屋）忠右衛門

音羽　粟津伝左衛門・同半兵衛・同六左衛門・同喜左衛門・同源兵衛・中川安左衛門・同　甚兵衛・同宇兵衛・同庄左衛門、（足軽役）藤右衛門、（庄屋）重右衛門

小山　内海金右衛門・同三郎兵衛・中川市左衛門・同太右衛門・中山七郎左衛門・同善七・同孫兵衛・内海太郎左衛門、（庄屋）伊右衛門

大宅　沢野井五郎兵衛・山本半三郎・沢野井五左衛門・同治兵衛・林清兵衛・同徳兵衛・同次郎左衛門・沢野井権左衛門・同伝左衛門・同善右衛門・治郎兵衛・同伝左衛門、（庄屋）清左衛門

椥辻　斎藤甚左衛門・中村吉郎兵衛・河合吉右衛門・同伝右衛門・同重右衛門・同又左衛門・同七左衛門・

東野　　土橋庄左衛門、（庄屋）直右衛門
　　　寺田半右衛門・海老名八左衛門・寺田金右衛門・同六左衛門・土橋六郎左衛門・同五郎左衛門・安田清兵衛・高田甚兵衛・同文右衛門・同孫兵衛、（足軽役）庄三郎・佐兵衛・伝四郎・五兵衛・又六、（庄屋）伝兵衛
西野　　吉井彦左衛門・同長四郎・同九郎左衛門・松井文八・大塚吉兵衛・同九左衛門・高田重右衛門・同六右衛門、（足軽役）九右衛門・平兵衛・五郎右衛門、（庄屋）勘右衛門
西野山　田中重三郎・同定右衛門・進藤徳右衛門・同六兵衛・長谷川半左衛門・同安之丞・小谷新右衛門・同権左衛門、（足軽役）惣兵衛、（庄屋）忠兵衛
上花山　林定右衛門・同五郎助、（庄屋）伝右衛門
北花山　柳田九右衛門・松井弥右衛門・同彦兵衛、（庄屋）吉左衛門
以上、惣人数一〇五人、御扶持米（一人一升五合）計一石五斗七升五合

さて、この人名を享保六（一七二一）年一一月の「山科郷村々御家人郷士名前帳」（『資料京都の歴史』山科区編所収）に記載されている人名と比較してみよう。上花山村はどうか。「当村之頭常帯刀」の林伝右衛門は右の史料の庄屋伝右衛門であろう。しかし「御用之外常帯刀仕らず候」林与左衛門・同作十郎・同市郎兵衛は右の史料の林定右衛門・同五郎助と一致しない。僅か三年しか違わない史料に出てくる人名が一致しないことをどのように考えたらいいのか。北花山村では上の「御家人郷士名前帳」（以下、享保六年名簿とする）記載の一一人のうち、頭の柳田吉左衛門とほか一名だけが、享保三年の四名の中に出てくる。もちろん享保三年の動員が郷士全員ではなかっただろうから、名前がすべて一致するとはかぎらない。それにしても一一名中享保三年存在確認者が二名というのは少ないように考えられる。享保六年名簿記載郷士は郷士家当主で、享保三年はその子弟も含んでいるのかもしれないとすると照合は困難である。

以上を念頭においてほかの一二カ村の享保六年名簿記載者数とその内享保三年存在者数（（　）内、一部推定を含む）をまとめると次のようである。

厨子奥―四（一）人、御陵―一三（六）人、竹鼻―八（三）人、四宮―一〇（四、五？）人、音羽―一二（二）人、小山―九（四）人、大塚―九（〇《ゼロ》ただし動員〇だったかもしれない）、大宅―二七（八）人、椥辻―一五（三　四？）人、東野―一八（六　七？）人、西野―一〇（三）人、西野山―一〇（三　五？）人

享保六年名簿一六〇人の内に享保三年に侍役を務めた郷士で出てこない者がいるということは、享保六年名簿が唯一の郷士名簿ではない、そこに出てこない郷士がいるのではないかということを考えさせる。

そもそも郷士をめぐる動きは山科郷側から出てきたものではない。そのことは郷士問題に付随する形で発生した椥辻村の年寄役をめぐる村方騒動のところでみた。前に御所と郷士の関係が寛永頃に変化したことをみたが、その後の推移は先にその冒頭の部分を引用した「郷士帯刀一件留」によれば、「村方一ケ村ニ壱人ツ頭分之者常帯刀仕り、其余は常ニ帯刀致さず」であったらしい。ところが「享保年中帯刀改めニ付き、村々ニて郷士之家筋之者と平百姓之者と及出入」という事態になった。やや後年だが、元文二（一七三七）年八月八日の「口上書」によれば、「享保七寅年帯刀御改め之節、当郷村々より都合百七十七人帯刀之帳差し上げ申し候処、同郷百姓之内五十六人より右帯刀之儀ニ付き書付ヲ以て御願申上げ候て、互いニ申し合いニ罷り成り候」とある。享保六年名簿の一六〇人が翌七年には一七七人になっている。双方の主張をみていかなければならないだろう。

まず郷士階層の享保六年名簿の正当性の主張は、北花山や上花山では以下のようである。

当村松井名字九人、柳田名字弐人、都合根生《こんじょう》之《の》住党《じゅうとう》拾壱人、郷士帳面ニ記し差上奉り候、勿論往古より御所様侍役数拾代勤め来たり候、外ニ名字之百姓壱人も御座無く候

禁裏様御料城州山科郷上花山村郷士帯刀仕り、御所様諸御用勤め来り候筋目之者、林名字右四人、去享保六年丑霜月帳面ニ書載られ候通り、此外ニ別名字ニて帯刀仕り候郷士筋目之者壱人も御座無く候事、右之通り

相違御座無く候、比留田三郎兵衛殿御居村之儀ニ御座候得は毛頭相違無之事明白ニ御座候

享保七年八月二八日には主張は全体としてまとめられる。（「口上」）

此度帯刀御改めニ付き御案紙の趣拝見仕り候、就夫《それについて》当郷の儀往古より古證文御座候て禁裏様御譜代の郷士共紛れ御座無く候、依之《これにより》御所様御用の儀は古来より御譜代の郷士共相勤め来り候、即ち去冬帯刀御改の節も御奉行様へも御家人の郷士と申儀古證文の通り帳面ニ記し指上げ奉り候、然る処ニ御家人の訳除《よ》ケ申し候得ハ、最前差上ケ申す帳面ニ相違罷り成り嘆ケ敷《なげかわしく》存じ奉り候間、最前の帳面の通ニ書付指上ケ申し候様ニ御屋敷様へ御伺成られ下ださるべく候

「古證文」の具体的な内容はわからないが郷士の主張の根拠になっていたとみられる。

ところが享保六年名簿にたいし「平百姓」の訴えもあり、天皇の御家人という主張が代官に問題視されたらしい。上の口上は享保六年名簿と郷士の主張の正当性を代官に訴えてほしいということで、各村庄屋と郷士総代の連名で惣頭両氏に提出されている。庄屋のほとんどは名簿の「当村之頭《かしら》常帯刀」で、有力郷士を中心に結束している様子がうかがえる。しかし不手際もあったらしい。平百姓の訴えのなかに厨子奥村八人が含まれていて、代官所は当然理由を聞いてくる。それにたいする返答は次のようである。

右八人の者共当村庄屋年寄分の百姓ニて御座候処、帯刀御改メの節村中相触れ聞き候え共、如何存知《いかがぞんじ》候哉《そうろうや》申し出でず候ニ付き郷士帳面ニ洩シ申し候、（八人は惣頭に抗議するが）只今ニ至り帳面書き直シ取り替え候儀成りがたく候間、たとえ帳面ニ洩れ候共、御用勤めニ紛れこれ無き上は、帳面ニ付け置き候と同格ニ存じ、御所様諸御用順番ニ相勤め申すべし（と説得され）、今度当村より御訴訟仕り候八人の儀勿論御用勤め来り候者共ニ紛れ御座無く候処、比留田・土橋了見信用仕らず、粗忽《そこつ》ニ一裂（列）御訴訟の人数ニ加り候儀千万誤入候由これを申し、向後《こうご》《きょうこう》御訴訟あい止め少しも申分御座無く候、其のため比留田・土橋両人方へ誤（謝り）一札差出し候

郷士調査の際どういうわけか申し出なかった、惣頭の「了見」（名簿書直しは困難だが、郷士であることは変わらないから、従来通り御用を勤めるように）にもかかわらず、平百姓の訴訟に加わったことは誤りだったという一札である。念のため寛政九（一七九七）年の郷士名簿をみると厨子奥村は一二人が記載されている。享保名簿の四人から三倍増である。一方、享保七年八月二八日時点（この日付けは上記「口上」提出と同じ）で次のような注目すべき史料（「恐れながら御断り申上候」）がある。

此度山科郷百姓之内より帯刀之儀ニ付き御願之書付差出され候ニ付き、私儀も一同ニ判形仕り御願申上げ候得共、農業働きニ掛り居り申す者之事ニ御座候ニ付き、郷中仲間へも断り申し、御願之儀やめ申し候

代官にこれを提出した東野村百姓七兵衛は享保六年名簿に出てこない。とすると翌七年に人数を一七七人に増加させた新たな名簿が提出されたのだろうか。「小堀之蔵ニ有之（天明）大火之節焼亡之由承り居り候」と後年の史料は伝えている。この点はのちにまた触れるとして、郷士を称する人々は自らをどのように規定していたか。前に紹介した北花山や上花山の口上書は『資料京都の歴史』山科区編に入っているが、そこでは「名字之百姓」「根生之住党」「名字ニて帯刀仕り候郷士筋目之者」「禁裏様御譜代之郷士」などと出てきた。東野村の「御家人由緒書」（万延元年）からは大般若経転読を「山科郷十四ケ村郷士宅ニおいて順番ニ相勤る」者であることがわかる。西野山村ではさらに詳しく「往古より村中之烏帽子《えぼしぎ》着帳面ニ、侍筋目之者ハ名字ヲ書記し、平百姓ハ名《な》計《ばかり》書記す」（享保七年四月二三日「口上書ヲ以御断申上候」）としている。外に小山村では「古来より氏神ニ坐（座）帳有之、神事御弓等相勤め来り」（享保七年八月一二日「覚」）、四宮村では「神事帯刀仕り来り」（享保一〇年八月「乍恐奉願口上書」）、大塚村もほぼ同様（享保一〇年九月「村切ニ御吟味之事」）、御陵村は「往古より根生之住党」（享保七年八月「乍憚御陵村郷士名前書付指上ケ申候」）、西野村もほぼ同様（享保七年四月「乍恐御断申上候」）、竹鼻村は「侍分之者」（享保六年霜月「覚」）などだが、厨子奥村の「右之者共、御所様諸御用相勤メ申す節計《ばかり》帯刀仕り候」（享保七年四月「山科郷厨子奥村郷士」）という表現が、農民からの訴えと関連して注目される。

それでは郷士が勤める御所御用とは何か。享保六年一一月に両惣頭が代官所へ提出した「覚」で確かめておこう。

1. 即位・入内の時、多数勤務（紫宸殿大床正面に両惣頭が、また大床各所で郷侍が「固メ」を勤める。いずれも根生・譜代の家筋の者で、常帯刀か、御用時帯刀。ただし「御用之外…農作ニ掛り罷り有り候得ば常之帯刀仕らず候」）
2. 儀式の御能・名代の参内・大名の献上の時、九口御門の加番勤務
3. 年頭・八朔の時、惣頭および頭分郷侍が出勤
4. 宇治への茶壷運搬
5. 出火の際郷人足を引率、「時之御用」を役人の指図に従って勤務
6. 庭木献上、庭の拝見・料理頂戴

以上のように郷士階層が自らを郷士であると主張する根拠は、一つは名字を名乗る筋目の、神事などに帯刀して従事する者であることであり、一つは御所御用を勤めその際帯刀するということである。時間の経過のなかで家の在り方は変化していくから、筋目をめぐって問題が生じたであろうことは容易に想像できる。また、御所御用はその内容によっては郷士身分としての負担なのか、村としての負担なのか区分が曖昧なケースが生じたと考えられる。帯刀は目に見える区別だが、帯刀をめぐる要求や混乱を防ぐことはできなかったとみられる。

享保六年冬に郷士名前帳が提出されると、郷内あちこちの村の名簿に載らなかった人々から要望が出される。元文二（一七三七）年八月八日に惣頭から代官所に提出された「口上書」によれば、享保六年当時の代官玉虫左兵衛は混乱を避けてか「郷内村々神事祭礼之節帯刀仕り候儀を御指し留め成られ」、また申し出た農民の結集を阻むためか「村々より差上候留書等村々へ相尋ね」、「村切ニ御吟味」があり、その上で「享保七寅年帯刀御改之節」とあるから再度提出を命じたらしい。

その中には前にみた厨子奥村の八名のように名簿に洩れたことが村方の吟味で確認され、享保一〇年九月の「一札之事」では郷士は一五名になっている事例がある。大塚村でも享保六年名簿では九人だが、同一〇年には一六名になっている（享保一〇年九月「神事帯刀之儀御願申上候ニ付、村切ニ御吟味之事」）。それらに対し変化なしと答えている村もある。竹鼻村では「村中吟味仕候ニ去年書付指上げ候通、少も相違御座無く」（享保七年一〇月「帯刀改之書付」）とし、四宮村（享保一〇年八月「乍恐奉願口上書」）・小山村（享保七年八月一二日「覚」）もほぼ同様である。

　異議・要望が出た村の動きもみよう。ただし、出した側の要望書などの史料そのものは一部を除いて現在のところみいだしていない。以下、村々の状況をみていくが、庄屋・年寄など郷士側の目を通して表現された動きであることに留意が必要であろう。

　西野村では「百姓壱人、郷士同格之者之由、書付指し上げ申」している。庄屋・年寄によれば彼は「往古より平百姓小高持ニて御座候処ニ、近年京都升屋庄兵衛と申す方より田地買付致し遣シ申し候故、只今ニては高持」である。ただし郷士筋目の者は「往古より御所様御用之節は帯刀仕り相勤め来」ている者で、「大高小高」（持高の大小）には関係ない。申し立てた百姓は「御所御用之節、帯刀仕り相勤め候事無之家」であるから該当しないとしている（享保七年四月「乍恐御断申上候」）。郷士は土地所持の大小とは関係ない、御所御用を帯刀して勤めてきた筋目の者でなければならないとの主張である。

　御陵村では「平方百姓数多《あまた》御座候内六人一見（味）仕り、郷士同様成る様ニ申上げ」ている。これに対し村には「平方百姓と申すは山手米と申す米壱斗ツツ……他所より入人之子孫は山手米と申す米壱斗三升宛出之《これをだし》、且又住頭之者共は往古より山手米之儀出し申さず候式法」があり、六人は平方百姓か「先祖入人之子孫」であるから郷士ではないとし、先年提出した「根生之住頭」一一名のみを郷士としている（享保七年四月「乍恐以書付御断申上候」）。「山手米」を村に出すかどうかで郷士と区別する村法であるとしている。

音羽村では「(先に届け出た) 拾二人往古より音羽村郷士筋目」の者であることを確認し、村民全員に承認の調印を求めたところ八名が拒否した。「音羽村之村法ニて、往古より禁裏様侍御用（を郷士が勤める時は）平百姓之者共代々下役勤めさせ」てきており、調印拒否者は下役者である。その中には水呑、高持百姓ともおり、高持の中には「御納所方諸勘定相談等も仕」る者もいる。また親子・叔父甥などで、「出所ハ京都之者…弐拾ケ年計《ばかり》以前ニ当村へ参り、少々田地を求メ住宅申し候其の子」もいる（享保一〇年九月「覚」)。ここでも村法で「侍御用（を勤める宰領）＝郷士、下役＝平百姓としている。

椥辻村では元文二（一七三七）～四年に、帯刀者名簿を（庄屋・年寄が）「村方へ披露無く帳面差上げ」たことを発端とする争議があった。しかもこの享保六年以来の対立は「年寄役」を独占し、帯刀して御所御用を勤めてきた郷士側（「年寄仲間」）と、一三名の百姓の対立へと展開した（元文四年七月「差出シ申済状之事」)。この村方争議は先にみた。

大宅村では「平百姓之内八人、往古より筋目有之候郷士共と同格ニ仕り度き趣《おもむき》」を申し出ている。彼らの先祖を吟味したところ「先年一株ニて御座候処、近年三人ニ相別れ」た「先祖より平百姓ニて、名字も御座無く候者であり、「御用之節は右八人共ニ人足役相勤め来」た者である。彼らが「此度如何様之仮名字ヲ名乗り候ても」、当村の郷士とは認めがたい。先に名簿を提出した三名字の二九人は「古来より郷士ニて、古キ書物等ニ記し有之……代々郷侍ニ相違」ない（享保七年四月「乍恐奉指上げ候口上書」)。どんな「仮名字」を名乗っても郷士ではない、人足役を勤める平百姓であるとしている。

北花山村では「無名字之平百姓弐人同格之様ニ無筋儀を申し立て」ている。郷士側の言い分は前にあげたから繰り返さないが、彼らの目から見た申立者は「先祖越前より流浪致し、当村へ参り候者之家筋」や、その「兄弟之家筋」の者で、「其外彼等之類成る平百姓数多《あまた》御座候」としている（享保七年四月「乍恐御改奉申上候口上書」)。

上花山村では「郷士筋目吟味仕り名字差上」にたいし「百姓弐人郷士同格之者共之由書付差上げ」ている。二人は「北花山領ニ罷在り凡そ六十年余以前ニ当村入り人ニ引越し、小分高持成る平百姓」と、「京都ニて米商売仕り、廿余年以前ニ大仏横町より当村へ引越申し候平百姓」である（享保七年四月「乍恐口上書」）。ここでも他所から来た者であることが強調されている。

これに対して申立者の主張・要求が興味深い。「（自分たちは入百姓であるが）近年郷内諸御用月番役相勤め、御所様御清所へ帯刀仕り、諸事郷内より指上げ候御植木並びに松茸・笋等之御用ニ度々参上仕り、当村頭百姓ニ紛れ御座無く候」が第一点。さらに自分たちは「郷士並み之帯刀」は求めないが、「諸御用之時節月番ニ同所之百姓帯刀ニて罷り出候御用候者《は》、其役儀之節は帯刀ニて相勤め申し候様」にしたいということが第二点。さらに郷士名簿提出の際「新法之者庄屋・年寄我儘ニ村中え申達しも無之郷士」を書き入れている。それならば「私共儀も高持之百姓ニ御座候得ば、郷士之格ニ仕るべき」だというのが第三点である（享保七年五月「上」）。

御所御用を具体的に指摘していて、先にあげた御所御用よりも具体的・日常的な感じをうける。また帯刀へのこだわりも注目される。「新法」の内容はわからないが、筋目を強調したものであったかもしれない。そのすぐあとの八月一五日に庄屋・年寄が「享保六年丑霜月帳面ニ書載せられ候通り」四名だけが郷士筋目の者であると惣頭に報告している（享保七年八月一五日「今度村々郷士帯刀御吟味之事」）。

最後に西野山村では「平百姓拾人、郷士同格之由書付指上げ」ている。彼らは「当村根生之百姓ニて御座候得共、平百姓ニて御座候」。同様の百姓は外に一〇人もいるが、いずれも「侍筋」の者ではない。「烏帽子着帳面」には名字は書かず名前のみ記載である（享保七年四月二三日「口上書ヲ以て御断申上候」）。なお上花山と同じく八月一五日付けの惣頭への口上がある。惣頭両人とも「西野山郷士数重代」はよく御存知のはずである、「殊ニ比留田氏と西野山進藤氏とは由緒有之、例年往古より年始ニは元日扇子ヲ以テ御礼請申し、二日ニは右名字之者九人年始之御祝儀相勤め」てきたことは紛れもないと、郷士層のあり様の一端を知らせている。なお五人の「当村住人帳ニ載り申し候得共、松平安芸守様ニ相勤め罷有り候ニ付き、御公儀様表此度之郷士帳面ニも書載せ申さず」という者がいる（「覚」）。これは武士に近い存在と考えられるのか、それとも武家奉公で単に村に住んでいないということなのかわからない。

以上、長々と村々の動きを紹介した。依拠した資料はすべて『資料京都の歴史』山科区編所収である。部分的な引用だからぜひ資料編で全文に当たっていただきたい。江戸時代に入って一二〇年ほど経ている。「根生之者」のほか他所から山科郷に移ってきた人もいることや、土地所持の状況が変動しているらしいことが印象的である。その後の動きをみていこう。

一つは郷士の確定をめぐって、村方騒動に発展した椥辻村の動向である。ここでは騒動後の当面の解決内容を再度確かめておこう。元文四（一七三九）年七月の「差出シ申済状之事」によれば、まず年寄役については「古来より十三軒之内順々ニ六人ニ定め勤め来た」が、今後はこの一三人の「年寄方」から四人（「村方へ披露致し得心之上相極め」）、訴えた百姓側から二人（「村方指図を以て」）で勤める。帯刀については神事帯刀は禁止（「玉虫左兵衛様御支配之節御差し留め」）、「御用向き帯刀」は以後庄屋年寄役の内「指し構え無之者」に認めるとなっている。享保六年以来の問題が村政運営の一部に百姓側が参加する方向で決着している。帯刀については領主側による帯刀禁止は続いているようだが、「私用ニ帯刀仕候て身を高ぶり村之百姓を申し掠《かす》め」と訴えられた状況が改まったかどうかははっきりしない。

一つは神事帯刀禁止に対する郷士階層の動きである。早くも享保一〇年八月に四宮村郷士一〇名が「（禁止）御免《ゆる》し之御願」を代官に提出し、惣頭が一〇名は郷士筋目の者であること、彼らが従来神事帯刀してきたことを奥書で保証している。しかし右で見たように建前としては禁止のままであり、「帯刀筋目之内え百姓筋目之者相紛れ」る状況にたいする緊張関係は続いていたとみられる。

領主側も意識していたからか、寛保三（一七四三）年八月二一日にも帯刀人の調査・報告を命じている。その際の帯刀人の定義は以下のようである。

1. 御所から扶持をもらい、代官所からの申し立てにより帯刀している者
2. 役所に届け出てその後帯刀している者
3. 役所に由緒書を提出し、聞き届けられて帯刀している者
4. 神主
5. 届け出のうえ、神事の時だけ帯刀の者
6. 御所御用を勤める者

上花山村の回答は浪人皆川為二郎（元禄六年来村、現在も居住）、浪人高山仙重郎（先祖高山八右衛門、酒井宮内正仕官、その後浪人となり弓の指南、元禄二年西野村より当村へ）の二名と、郷士四名（享保六年名簿の通り）をあげ、神事帯刀は禁止のままであるとしている。

他の村の調査結果はわからないが、享保六（七）年郷士名簿の記載内容は動揺し始めていたのではないだろうか。江戸時代に入って一〇〇年、二〇〇年と時を経るにつれて、根生・由緒・名字名乗りなどは郷士階層の独占物ではなくなってきているようである。百姓提出の由緒書もあり数世代の名前を連ね、名字を名乗っている。この背景には土地所持状況が変動し、必ずしも郷士＝大高持、百姓＝中小高持・無高とはいえなくなっている村々があり、百姓階層の中から村政にかかわり、頭百姓になっていく者も生まれているという動向があった。

前に郷士と朝廷との由緒を引用した「郷士帯刀一件留」は享保年中の帯刀改めで生じた郷士家筋の者と平百姓の者との「出入り」に触れ、「（代官（玉虫左兵衛）が）一統帯刀取上られ…郷士之分残らず刀を持参いたし、天明年中京都大火之節迄小堀之蔵ニ有之、大火之節焼亡之由承居《うけたまわりおり》」とし、その後の帯刀改めの時は「百姓之儀故常は帯刀仕らず、御用の住党之者帯刀仕り候」と返答してきた。しかし寛政元年三月の改めの際、「差し出し置き候前々之帯刀帳面焼亡と承り」、郷中寄合のうえ「常帯刀」と返答した。さらに寛政九年一〇月東（町）奉行所の帯刀改めの際、「享保年中之帳面と寛政元年…帳面引合せ享保年中の帳面之振り合い」に帳面を提出した

と記載している。新たな郷士帳の成立である。

以上のような経過を経てきた寛政九（一七九七）年一一月の「山科郷村々御家人郷士名前帳」をみていこう。最初のページには、城州宇治郡山科郷上花山住　山科郷惣頭　比留田権藤太、同州同郡同郷東野住　山科郷惣頭土橋六郎、比留田権藤太倅《せがれ》比留田嘉継の三名が書かれている。惣頭は両家の世襲で、代替わりごとに届け出て領主の承認を得ることになっていた。嘉継は惣頭見習いとして記載されたのであろう。以下、村毎に郷士名を列挙する。享保六年名簿と比較してみよう。

上花山村　林覚右衛門、同平太

北花山村　松井七右衛門、同七之丞、柳田将監

松井久右衛門事享保年中御改後同郷小山村へ引越当時中川久右衛門と相改候

松井庄左衛門事享保年中御改後同郷同村へ引越当時小山庄左衛門と相改候

厨子奥村　四手井春治、同新五兵衛、同七左衛門、同源兵衛、海老名文左衛門、同忠左衛門、同五郎兵衛、中村半右衛門、同弥右衛門、同左兵衛、薮内久左衛門（中村久左衛門事）、徳田平右衛門、

中村伝三郎事…御陵村引越…岸善右衛門

御陵村　磯田忠左衛門、同甚右衛門、木下佐左衛門、高屋安之丞、同平治、中村治左衛門、岸四郎左衛門、

同善右衛門（厨子奥住　中村伝三郎事）

中村七兵衛…竹鼻村引越…大野木清兵衛

木下与兵衛…竹鼻村引越…岡田藤四郎

竹鼻村　原田幸助、大野木庄左衛門、同勝右衛門、同善左衛門、同半右衛門（野坂八郎右衛門事）、大野木清兵衛（御陵村住　中村七兵衛事）、岡田藤左衛門、同藤四郎（御陵村住　木下与兵衛事）、佐貫多左衛

門、同権左衛門、同甚右衛門、百田長左衛門、三間与三右衛門（曽間氏ヲ改め）、高坂由右衛門、同伊左衛門（曽間長兵衛事）

四宮村　四宮甚右衛門、同善左衛門、同兵左衛門、同兵助、同甚内、富田甚五右衛門、新右衛門、

富田治郎三郎…小山村引越…中川善左衛

岸見伊右衛門…音羽村引越…粟津与右衛門

進藤市郎兵衛…小山村引越…中川吉兵衛

音羽村　粟津十右衛門、同武右衛門、同源兵衛、同六右衛門、同宇兵衛、同文左衛門、同弥兵衛、同伊右衛門、同忠兵衛、同市郎兵衛、同藤右衛門　同与右衛門（四宮村岸見伊右衛門事）、中川安左衛門、

小山村　中川太右衛門、同清左衛門、同義兵衛、同善左衛門（四宮村住　富田治郎三事）、同久右衛門（北花山村住　松井久右衛門事）、同吉兵衛（四宮村住　進藤市郎兵衛事）、内海半右衛門、同治郎右衛門

中山太左衛門、小山孫兵衛、同利兵衛（厨子奥村住　中村清左衛門事）、同忠兵衛（大宅村住　沢野井和助事）、同庄右衛門（北花山村住　松井庄左衛門事）

大塚村　平井辰之丞、同清左衛門、同三郎助、同七左衛門、同甚右衛門、同忠左衛門、同重助、同庄左衛門、同与三右衛門、同新右衛門、同惣右衛門、同常右衛門、同文右衛門、同太右衛門、西村伝右衛門、

阿口又之丞、野間源左衛門

大宅村　沢野井伝右衛門、同治兵衛、同吉右衛門、同清左衛門、同徳右衛門、同七左衛門、同仙之助、同吉兵衛、同権左衛門、山本与三兵衛、同林右衛門、同太兵衛、同庄右衛門、同庄左衛門、同佐兵衛、同与左衛門、林伝左衛門、同吉兵衛、同平治、同甚兵衛、同徳兵衛、同清兵衛、同権右衛門、同藤兵衛、同嘉兵衛

沢野井和助…小山村引越…小山忠兵衛

椥辻村　中井要助、板倉定治郎（中井氏板倉と改め）、中村又左衛門、同貞右衛門、同庄右衛門、同理右衛門、同久右衛、同幸助（土橋庄左衛門事）、河合源右衛門、同善右衛門、辻平右衛門（斎藤長右衛門事）、同太治郎（斎藤十兵衛事）、同吉右衛門（斎藤吉右衛門事）

東野村　林　七兵衛（安田清兵衛事）、斎藤長右衛門、村田嘉左衛門（土橋久右衛門事）、高田甚兵衛、安田甚右衛門、土橋八郎兵衛、寺田平左衛門

西野村　吉井忠左衛門、同甚右衛門、同安左衛門（松井又八郎事）、同源兵衛、同六右衛門、進藤吉兵衛、奥田九左衛門（高田氏ヲ奥田と改め）、辻倉文右衛門（西野山村羽田忠兵衛事）、大塚勘右衛門、高田六左衛門、松井理右衛門

西野山村　進藤権右衛門、同九郎右衛門、田中安之丞、同弁之丞、同要助（渡辺十郎事）
羽田忠兵衛…西野村引越…辻倉文右衛門

合計一五三名、これは村別合計一五一に比留田・土橋氏を加えた数値であろう。享保六年名簿は一六〇名であったが神主六名を含んでいた。それを除けば郷士総数は変化していないといえる。しかし中味をみると村によって増減があり、引越や改名もある。

まず引越・改名が一一名いる。六つの村から別の四つの村への移動で、小山村への六名が突出して多いが、特定の名字への集中はない。大半は養子縁組であろうと考えられる。

次は同村内での改名者が一三名いる。これも多くは養子であろうが、高田氏→奥田氏、曾間氏→三間氏、中井氏→板倉氏の三例は「相改め申し候」と記載されている。名字の変更手続きがどのように行われたのかはわからない。三例もあるというべきか、三例しかないとみるべきか。

村によって名字の数が異なる。東野や西野村の七や厨子奥・御陵・椥辻村の五などが名字の多い村である。一

方、特定の村と特定の名字が対応していることがわかる。上花山村は林の一名字のみで、四宮村の四宮もそれに近い。大塚村の平井、音羽村の粟津も集中している。郷士数の多い大宅村では沢野井・林・山本の三氏にわかれている。享保六年名簿記載の名字は四一、寛政は四八である。このうち享保名簿にのみみえる名字は四、寛政名簿初見名字は一〇である。改名の場合も含めて郷士の名字は増加しているといえよう。

寛政名簿から一〇年後の文化四年「禁裏様御家人帯刀帳」記載郷士名は、理と利、右と左の違いに目をつぶれば寛政の名前とほぼ一致している。一〇年後だからまだ世代交代していないからだが、この郷士たちが前にみた文化一四年の仁孝天皇の即位式に動員されたのであろう。

二二　幕末・明治初年の郷士と百姓

幕末期における山科郷について、戸数や人口が減少傾向にあること、文政七年三月の、ややオーバーな飢人報告に象徴される旱魃被害から解放されていない農業生産状況などについてみてきた。このような状況が財政の悪化に苦しむ村々を生み、また年寄役をめぐる村方騒動を引き起こしたと考えられる。郷士階層のおかれた状況が十分には明らかではないが、その解明を待ってとなると、なかなか千葉市東山科町にたどりつけない。たとえば大阪でおきた大塩平八郎の乱（この時、郷士は御所九門警護にあたった）のニュースが直ぐ各地に広がるような時代になってきている。そうした中での郷士階層の動向をみていこう。

享保の帯刀人調べを発端とした郷士調査はその後も続いたが、その間に奉行所・代官所側は規制を強め、郷士の世代交代や住所の変更などの届け出を強化した。天保一五（一八四四）年正月に代官所から山科郷士総代に「（郷士）名前帳面之者共以来名替え品替え有之候はば其節ニ切紙ヲ以て届出べき事」と命じている。

これに対応して同年二月七日付けで届が出されている。

一　先中井要助義病身ニ付き倅直治郎事此度相改め　　椥辻村中井直右衛門

一　先四手井春治義病身ニ付き隠居仕倅猪之丞事相改め　　厨子奥村四手井春治

一　先高屋平治義隠居仕倅猪五郎事此度相改め　　御陵村高屋平治

一　沢野井清八郎事改名仕　　大宅村沢野井伊八郎

翌弘化二年二月二五日付けでは、大宅村山本政右衛門、大塚村平井常右衛門、小山村内海半右衛門、音羽村粟津弥右衛門（いずれも倅の襲名）の「継目改め」がわかる。

少し下った万延元（一八六〇）年での相続の手続きをみよう。まず御所の執次衆《とりつぎしゅう》に「此度継目品替りニ付き御届け申し上げ跡目相続仕り度く、然る上は向後御用之節は御下知次第御用向き相勤め」る旨の願書を出し、次いでその事を小堀代官所に「山科郷士之儀継ぎ目品替り有之候ニ付き先例ニ任せ御所表御願上げ候間此の段御届」する。提出して玄関に控えていると聞き届けた旨の返事があり、お礼にまわる。お礼は「御殿様」（代官）へ金百疋、当番元締に金五拾疋（別に菓子料五拾疋）・他の元締に金一朱、帯刀掛りと玄関取次に銀三匁、門番に二匁。なお、御所へは当番取次金二朱、他は銀一両、仕丁へ銀三匁、川那辺清兵衛に銀三匁であった。

おおよそ天保末から万延までの間に七八家が代替わりし大半は倅が襲名している。なお、絶家もあった。万延元年六月に四宮村の郷士七名が両惣頭および郷中郷士衆に提出した一札によると、四宮村では「当村住頭株追々零落に及び絶家いたし、御所御用勤め方ニ差支え」るようになったとある。郷士名簿では七家の存続が確かめられるから、だんだん零落し、絶家もあるというのは誇張であろう。ただ享保名簿にあった岸見家はその後音羽村に移り、やがて直系は絶えたとみられる。この家を分家筋の者（郷士四宮為右衛門の弟九右衛門）に相続させたいと願い出ているのである。同じ状況にあった上花山村でも養子による一族の家の存続が図られている（『資料京都の歴史』山科編所収、万延元年六月「差上申一札之事」）。この点については幕末期の郷士名簿をみていくなかでもさらに検討するが、とりあえず弘化四年の「郷士条目」（山本家文書）をみておこう。

すでにみてきたような寛永までの朝廷との関係に触れた後、「寛永之頃より交代御免ニて、退身之後は郷里ニて農作所業故、郷士身分も自《おのずから》賤《いやしく》相成り」が書き出しである。寛永の頃に御所警備を解任されたあとは農業のみに従事し自然と「賤しく」なったという。このような認識が郷士層全体に一般的であったのかどうかはわからないが、「天保十四卯年御改革之砌《みぎり》急度《きっと》相改め」て、平百姓との違いを強調する姿勢に変わろうとしていることが注目される。この史料は「当時絶家之分」として八カ村一八家をあげており、改革の一端は相続問題に表れている。「子孫無之養子之分」は筋目の家より養子を迎え、他郷からの場合でも「相応之由緒正《ただしき》舗所」から迎える。

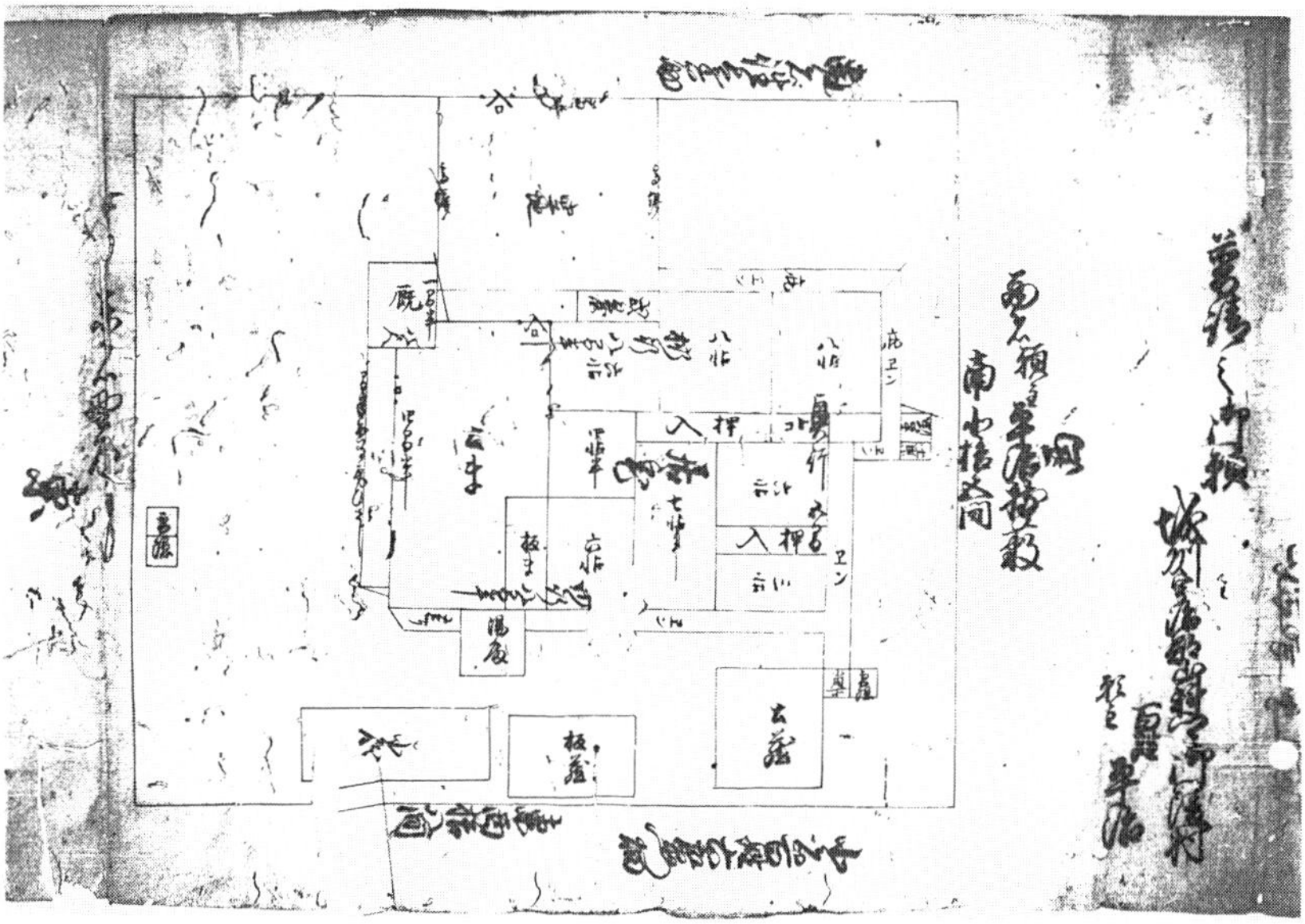

武台のある家の見取図

絶家の場合は「平百姓之ものより士分絶家相続堅くあい成らず」である。さらに改革は家作にも及んでいる。郷士の家は「古来より表口長屋ニ両方より釣戸ニ仕り並びに式台等在来之家作」であるが、「当時左様之家ニは無之者」もいる。今後家作修理等の時は従来の家作の在り方を守るべきであるとしている。ふるさとの会の歴史街道めぐりで、築二〇〇年と伝える式台のある家を見学したが、これまた平百姓との違い、区別を意識したものであろう。

郷士階層の存在状況を以上のようにおさえたうえで、朝廷と郷士の関係をみていこう。天皇領の村であることを象徴するものであったと考えられる「菊御紋」の付いた「御用」と書かれた高提灯、箱提灯、手提灯、同じく幟、および代官所からの印札の調査が行われ、その員数が報告されている（文政一〇（一八二七）年「御紋付御提灯御幟御印札員数書」）三種類の提灯一セットと幟一本を、一四カ村おのおのと惣頭両家が所持している。四二一枚の印札は御所御用の際の通行証であろう。

郷士の任務の具体例の一つとして文化一四年仁孝天

皇即位の場合をすでに紹介した。次の弘化三（一八四六）年の孝明天皇即位については史料が非常に少ない。諸行事への動員体制が確立して、まさに先例通りにことが運ばれて、しかも特段の問題もなかったからかもしれない。それにたいし嘉永七（一八五四）年四月の内裏炎上から翌安政二年一一月の新内裏への還幸の過程では、郷士のいろいろな動きをみることができる。

炎上にかかわる事態についてはすでに天明の大火の事例をみたから簡単にしておく。四月六日の火事は御所を含む西は千本、北は今出川、南は下立売までを焼いたが、この時の山科郷からの動員が「御炎上ニ付き宰領人足書上帳」でわかる。まず発火から翌七日夜までの動員（人足）は以下のとおりである。（　）は宰領人数。上花山―二〇（三）人、北花山―二五（三）人、厨子奥―二五（三）人、御陵―二四（五）人、竹鼻―三三（五）人、四宮―六〇（四）人、音羽―六七（五）人、小山―五九（九）人、大塚―五二（四）人、大宅―六一（四）人、椥辻―二九（四）人、東野―三一（三）人、西野―八〇（六）人、西野山―四七（五）人、合計六八一（六三）人であった。

天明の時と同じく白米四石三斗八升八合も送りこんでいる。五月二日まで動員が続いたことも天明の時と同じである。人足は二人一組体制で一三三一人、宰領は九六人であった。また白米搗き上げ・運搬人足二八三人・二二六人、宰領三八人や、御膳粮の運搬・搗き上げ・納入一九九人半、牛二四匹・宰領二七人もあった。その他もあわせて人足五六四五人半・宰領二六八人、要費銭一〇七八貫五〇〇文、ほかに銀五四四匁余と報告している。

次に「御遷幸ニ付き山科郷士供奉之一件」に移ろう。皇居炎上のあと下賀茂神社―聖護院―桂殿と転々とした天皇は、安政二年一一月二三日に新皇居に遷幸する。山科郷郷士総代は広橋伝奏に「寛政度先規之通り」の供奉を願い出る。寛政の先規とは天明の大火のあと幕府が新内裏の造営に着手し、天皇が寛政二年一一月二二日に聖護院から遷幸したことを指す。遷幸までと遷幸当日に分けてみていこう。

朝廷関係の行事はどのように決定され、実施されていくのか。今回の遷幸でも参加出願（一〇月二日）から当日（一一月二三日）までの日数をみても、いろんな手続きがあり、多くの人と書類・手紙が行き来したであろうことが想像される。筆者はまったく不案内で、とても解説などはできそうにない。「先規之通り」を念頭において一応のながれを紹介したい。

九月三〇日　鷹司殿諸大夫高橋兵部権大輔と比留田権藤太らが打ち合わせ、仮願書作成。
一〇月一日　高橋氏より広橋家へ内覧、広橋光成から高橋氏へ内沙汰の手紙。
一〇月三日　広橋氏から高橋氏へ願書調査済み・承認申渡し予定の連絡。
一〇月三日　八ツ時（午後二時ころ）　広橋氏雑掌から惣頭へ出頭の連絡、承知の返状。
一〇月四日　辰刻（午前八時ころ）　広橋家使者の間で達書二通を取次築山主税から請取。郷士出役比留田権藤太・中村貞右衛門。同日、請書を広橋家雑掌藤堂兵庫権助へ提出、出役四手井新五兵衛・中村貞右衛門。同日、口向取次衆からも同内容の達書。
一〇月四日・五日　お礼回り　広橋前大納言・柳原頭左中弁・壬生官務・押小路大外記・広橋家雑掌藤堂兵庫権助・浜路阿波守・野村右京・柳原家雑掌高田寛治（礼物は大・中の生鯛・鱧）
一〇月六日　衣装借下げにつき広橋家より高橋氏および山科郷へ許可の達書、酉刻（午後六時ころ）広橋家で請取、出役四手井新五兵衛・沢野井七左衛門
一〇月八日　巳刻（午前一〇時ころ）壬生官務宅で初面会、四手井新五兵衛・沢野井七左衛門・中村貞右衛門。同日午ノ下刻（午後一時ころ）押小路宅でも。
一〇月九日　申刻（午後四時ころ）衣装に関する達書の請書提出（取次浜路阿波守）。口向（壬生家取次森田将曹・押小路家取次古川左衛門）へも提出。
一〇月一三日　広橋家、口向へ供奉の人数・名前を報告。百姓四名とも計二〇人。また召し連れる人数を小者一六人・傘籠持二人と報告。

一一月四日　壬生・押小路家より供奉の一六人と面会「見知り置」きたいとのことで、一六人が出頭、両家雑掌と面会。
一一月一六日　口向宮原助右衛門から呼び出し、借衣装請取、請書提出。
一一月一七日　「習礼之儀」があり、二〇人が参加。卯刻（午前六時ころ）から戌刻（午後八時ころ）までの予行練習（詳細は本番に譲る）。
一一月一八日　「黄単」着用御免を申請。
一一月一九日　御門出入りの鑑札二五人分申請、出役中村貞右衛門。
一一月二〇日　広橋家へ単衣着用許可を再度申請、出役四手井新五兵衛・阿口源造。
一一月二一日　壬生家より当日の仮皇居下宿所連絡。
一一月二一日　酉刻（午後六時ころ）連絡を受けて広橋家へ出頭、単衣着用許可の口達。同刻、口向宮原助右衛門より呼び出し、御清所で頭仕丁取次で単衣許可の口達。「当度ハ御貸渡しニハ不相成手賄ニ可致事」
一一月二二日　広橋家雑掌から単衣着用許可の書状来る、返書提出。
一一月二二日　申半刻（午後四時ころ）新烏丸夷川上ル八田屋に二〇人到着、衣装を改めて子半刻（午後一二時ころ）押小路家で唐櫃請取、近衛殿四足門内へ運び、門内下宿所で開始まで休息。
以上が遷幸当日までの動きである。達書も確かめておこう。
一通は比留田権藤太・土橋惣太郎宛で、「右遷幸之時仮皇居御鳳輦舎へ相詰、御出輦後閑道ヨリ新内裏へ罷越、御鳳輦舎へ相詰可申事」
一通は山科侍一六人宛で、「右同節御鳳輦之御後列御櫃担ぎ可相勤候、何も寛政度之通り細烏帽子蘇芳上下着用之事」

また「万端官務大外記等随指揮可相勤候、食事並びに衣体自分用意、一切両局ヨリ借渡候品無之候」一六名の郷士の氏名は上花山村林直右衛門、北花山村松井次三郎、厨子奥村四手井新五兵衛、御陵村高谷平治、竹鼻村大野木庄右衛門、四宮村四宮為右衛門、小山村中川太右衛門、音羽村粟津宇兵衛、同村粟津十右衛門、大塚村阿口源造、大宅村沢野井七左衛門、同村林平治、椥辻村中村貞右衛門、東野村斎藤長右衛門、西野村松井九兵衛、西野山村進藤金右衛門、四名の百姓は治三郎、喜右衛門、吉兵衛、万治郎で、村名はわからない。

なお右記の達しにもかかわらず、今回は蘇芳上下（帯とも）、細烏帽子は一六名へ貸渡し、履物は此の度は「つのわらんじ」、「黄単」は手賄い。雨天の場合は一日傘貸渡し、菊紋付き箱提灯一六人分用意となっている。

遷幸当日の行動に移ろう。行列の略図をみると、鳳輦《ほうれん》（両側に駕輿丁一五人）の後ろに「雨皮持《あまかわもち》」と「呉床《くれどこ》」（いずれも『広辞苑』に載っている）、その後ろが御櫃で、前後二人ずつの百姓に担がれ、両側を山科侍八人ずつで固めている。

当日暁寅刻（午前四時ころ）相図があって食事を済ますなどして、櫃を担ぎ仮皇居四足門で天皇の鳳輦が出るのを待つ。すでに鷹司はじめ堂上方、地下の官人、所司代・両町奉行など武家方も揃って待っている。

朝辰刻（午前八時ころ）まず女房車二車が出、近衛など堂上方が前駆け、鳳輦を担ぎ出し、山科侍守護の櫃も出発する。コースは四足門（北へ）↓今出川門（西へ）↓室町通（南へ）↓三条通（東へ）↓堺町通（北へ）↓堺町門（北へ）↓後院御所前（西へ）↓建礼門前（ここで童女の樂奏儀式あり）↓承明門内へ、さらに鳳輦は紫宸殿に担ぎあげられ、種々の儀式があり、その後おろされて日華門から出て鳳輦舎に納めたのは申の半刻（午後四時ころ）であった。この間櫃は承明門外に控え、儀式が済んで両局からの指図で暮れ六つ（午後六時ころ）に押小路家に戻る。この間、三度の食事が出て、さらに祝儀として「御肴御粥御酒」が下される。その献立は土器（たこ・かまほこ・数の子・牛蒡・こんにゃく）、御粥（焼き物かます・汁・香のもの）、御酒（引盃土器なり、呑み次第後ぬり盆にてかん酒ニ相成り候）と記録されている。

以上、長々と遷幸の過程をみてきた。即位とか遷幸は度々あるものではないから、この時の山科郷士にとっては一世一代の晴れの儀式であったと考えられる。相当の費用もかかったが、郷士としての面目が立ち、「例年宗旨帳面ニも苗字書き入れ、表向キ帯刀御免ニ相成」った。この点は西野山村宗門帳で確かめられる。村の中で同じく農業を営んでいるが、郷士と平百姓とは違うという意識を鮮明にする役割を果たしたと考えられる。

朝廷とのつながりをより強める方向での郷士の活動に幕末期の京都を舞台とした政治情勢が拍車をかけたと考えられる。米・竹・筍・柿・柿渋などを納入するとか、茶壷を運搬するとかの恒例の、伝統的な御所とのつながりからは、想像もできないような公家や武家の動きが連続する。ペリー来航以降の京都をめぐる政治情勢として安政の大獄、和宮降嫁、八月一八日の政変、京都守護職の設置、池田屋騒動、蛤御門の変、長幕戦争などがすぐに思い浮かぶ。これらを山科郷からみると御所の九門、後に六門の警備および街道警備など各種の警備（にともなう動員）の急増が象徴していたと考えられる。

もちろんなにか御所の行事があるたびに動員がかかったのは前からのことであった。たとえば文政二年四月二日には疱瘡《ほうそう》が無事済んで諸大名が御所に挨拶に行く。そこで九門の警備が「卯ノ刻（午前六時ころ）詰」で命じられている。九門とは堺町門・下立売門・蛤門・中立売門・乾門・今出川門・石薬師門・清和院門・寺町門のことで、通例は各門二名（中立売門のみ時に四名）であった。文政八年八月の入内の時には門のほかに周辺の一二カ所に置かれた竹柵での警備も含めて四二名が動員されている。

事例の提示は以上にしておくが、動員の規模は先述の嘉永七年と翌安政二年の大火や遷幸のような臨時の、非日常の出来事の場合がはるかに大きい。問題は最幕末期に向けて動員が恒例化・日常化したことにあると考えられる。宮門の警備にしても行事ごとの動員から毎日の勤務となれば対応の仕方も変わらざるをえないであろう。『京都の歴史』七は「文久二年（一八六二）三月には富小路通竹屋町上ルに山科出張所を設け、交替で郷士が常詰する態勢をととのえた」としている。

いろいろの名目での動員数のすべてを確定することは困難だが、大規模な動員はやはり大火であった。元治元年七月の蛤御門の変で発生した火事は、前にみた天明の大火に次ぐ規模であったといわれるが、一段落したとみられる一一月二五日に「宰領人足え御保養被下」があった。御苦労であったということで御見舞金が支給され、人足には銭七〇五貫二〇〇文であった。動員数は二三六四人だから一人当り約三〇〇文になる。村別の支給者数は省略するが、厨子奥村の七一人から西野村の二五一人までほぼ村の大きさに対応している。一方、郷士には郷士総代年番と宰領とで約二四両であったが、宰領への配分基準は一五四の有棟（有株）であった。古棟一一が幕末の有棟では一五四軒になった。元治元年末に戦場となり（禁門の変）警備が厳しくなった御所への通行鑑札は人足分五二〇枚、郷士分一六一枚である。これと有棟一五四とは同一視はできないであろうが、棟役として宰領を勤める郷士の存在状況や数の増減が反映していると考えられる。

街道に関係する動員に移ろう。東海道は日常的には一七カ村と毘沙門堂領安朱村に「御掃除丁場」が割り当てられ、整備と清掃が行われた。要人の通行時には要所での警備も要求された。和宮降嫁の時の空前の動員状況は各地で確かめられている。年月日が書いてないため和宮と関係するかどうかは断言できないが、郷内の地名が多く出てくる「村固メ箇所付」一八カ所と、警備にあたる宰領郷士数（　）を紹介しよう。

厨子奥村山道・日岡村墓道兼帯（二）、椥辻村丁場・但し御廟野へ抜け道（一）、千本松兼北花山山道（二）、光称（照）寺道（一）、妙見道（二）、日岡村石橋・東詰ノ道（一）、岡之芝・厨子奥への道（二）、郷中寄り道・椥辻村南ノ抜け道（二）、御陵村明王寺道（一）、阿弥陀寺道（二）、上野村入口（伝右衛門西ノ道をいふ）（一）、安祥寺入口（二）、安朱・竹鼻立会帯屋図子（二）、竹鼻村外田道（一）、十禅寺入口（二）、徳林庵入口（一）、提灯町杭道・泊屋勘次ノ軒（二）

京都から日岡峠を越えて追分にいたる間の東海道の、どんな所に警備者が立ったか想像してみよう。郷士は上花山・厨子奥・西野各一名、北花山・四宮・椥辻・東野・大塚・竹鼻・小山各二名、西野山・御陵・大宅各三名及び安朱一の計二九名であった。割り当ての手続き・方法はわからない。安政四年七月に新待賢門院一回忌法要に参加する御女中衆の御供四名が割り当てられ、その内の数名が「俄ニ途中ニて急病差し起こり」遅刻して問題になるということがあった。お詫びの口上書には「昨年も郷内村々之内右様之儀有之」とある。大火時のような大量動員でなくとも、動員の日常化が郷士層にも「急病」というような対応をとらせたと考えられるかもしれない。

郷士の動員はその多くが彼を宰領とする百姓の動員でもある。百姓の動員数は間違いなく郷士のそれを上回るが、数は確認できても氏名まではなかなかわからない。それだけに、まさに無名の人々の名前を出来るだけ記録しておくことも意味あることと考えられる。郷士の確認も兼ねて嘉永と安政の人名を比較してみよう。史料は安政二年の「博奕取調一件」所収「申渡書」に対する「請書」(前に戸数の推定に使った)と嘉永七年の「人足名前控帳」である。手がかりは氏名の一致だけだが、宗門帳を見いだせていない現在のところでは、唯一の実在確認手段である。( )内が人足名との一致者、丸印が郷士である。

上花山村　竹次郎、治兵衛、(吉郎兵衛)、甚太郎、太兵衛、(安次郎)、兵助、熊吉、(金次郎)、亀吉、(宇八)、(藤吉)、梅次郎、かん、幾松、仙十郎、庄屋○直右衛門(宰領)、年寄○清右衛門、惣代松之助　人足六人中五人判明

北花山村　吉太郎、吉右衛門、由吉、治郎兵衛、金五郎、藤七、幸助、五郎兵衛、治三郎、武兵衛、富士松、源治、(与三治郎)、勝五郎、ゆき、権右衛門、○吉左衛門(宰領)、音吉、伊助、いよ、惣次郎、直七、弥吉、友次郎、与兵衛、伝吉、(次郎吉)、利右衛門、庄屋弁右衛門、年寄甚右衛門、惣代重次郎　九名中二名判明

厨子奥村　文右衛門、由太郎、○(半右衛門)、○春治、吉右衛門、(伊八)、猪之助、幸助、卯之助、伊右衛門、吉郎兵衛、○弥助、金蔵、(勘右衛門)、勝次郎、与助、清兵衛、○五郎兵衛(宰領)、庄屋○新五兵衛、

御陵村　○年寄七左衛門、惣代○忠右衛門　　六名中三名判明
幸助、清右衛門、利八、常次郎、○甚左衛門（宰領）、（三左衛門）、（重兵衛）、久左衛門、音吉、（○四郎左衛門）、○忠左衛門、勘三郎、平次郎、忠次郎、○安之丞、源次郎、（新蔵）、喜兵衛、虎次郎、藤四郎、半次郎、安助、（藤次郎）、幸之進、（与助）、（源右衛門）、（清兵衛）、次兵衛、（平右衛門）、甚吉、つね、（四郎八）、林右衛門、清次郎、のふ、五左衛門、藤次郎、与惣吉、（藤兵衛）、七右衛門、権四郎、嘉兵衛、（平兵衛）、（定吉）、（重右衛門）、彦兵衛、（吉兵衛）、（伊兵衛）、太左衛門、常吉、清七、（嘉左衛門）、忠兵衛、（槌松）、庄屋○平治、年寄○甚四郎（宰領）、惣代久右衛門　二八名中一八名判明

竹鼻村　佐助、鶴吉、○半左衛門、○権左衛門、○長右衛門、（清左衛門）、平左衛門、又四郎、嘉七、○与三左衛門、与吉、（忠兵衛）、清七、（善六）、久七、平七、○伊右衛門、（八右衛門）、（藤左衛門）、（長蔵）、（才次郎）、ふさ、卯兵衛、仁兵衛、市兵衛、（藤兵衛）、長兵衛、（新兵衛）、（平右衛門）、九左衛門、（常左衛門）、（新左衛門）、忠七、（助七）、○要助（宰領）、庄次郎、徳兵衛、太兵衛、長兵衛、庄右衛門、久蔵、（善助）、庄屋○庄左衛門、年寄○藤四郎、惣代平右衛門　一四名中一三名判明

四宮村　小右衛門、仙太郎、まさ、勘四郎、惣八、善次郎、多左衛門、新右衛門、清兵衛、小兵衛、佐治兵衛、熊吉、（甚右衛門）、仁右衛門、久右衛門、嘉吉、（千吉）、（兵助）、○八右衛門（宰領）、半七、音吉、徳次郎、竹蔵、（佐七）、金蔵、新助、太兵衛、久三郎、（久左衛門）、（吉右衛門）、（清右衛門）、（利右衛門）、安次郎、佐兵衛、与次郎、（清兵衛）、左兵衛、万蔵、万右衛門、庄屋○為右衛門、年寄半次、惣代久二郎　一八名中九名判明

四宮村の人足には「大徳」・「木新」・「豆小」が出てくる。これは屋号のようで照合のしようがない。

小山村　忠兵衛、○太右衛門（宰領）、伊右衛門、太左衛門、（治郎右衛門）、（源右衛門）、（虎吉）、幸次、○茂

音羽村

兵衛、（喜八）、○庄右衛門、（善左衛門）、（久右衛門）、杢右衛門、惣八、（源四郎）、（源三郎）、（藤四郎）、長左衛門、市左衛門、七右衛門、（佐兵衛）、権七、新右衛門、太郎右衛門、五郎兵衛、小太郎、源兵衛、平左衛門、音右衛門、芳松、次兵衛、吉次郎、仙次郎、安次郎、常右衛門、為右衛門、元次郎、弥右衛門、利右衛門、○久右衛門、しつ、（半七）、善五郎、（喜右衛門）、○善右衛門、弥兵衛、利助、（久兵衛）、平八、吉左衛門、吉右衛門、みよ、（佐七）、鶴吉、弥三七、（重兵衛）、平兵衛、与兵衛、五兵衛、庄屋○磯右衛門、年寄善兵衛、惣代○文次　一八名中一四名判明

（六右衛門）、（仁左衛門）、（清右衛門）、（甚三郎）、長左衛門、仁左衛門、吉右衛門、善六、七兵衛、平兵衛、（長兵衛）、平兵衛、宇八、弥七、枡次郎、市左衛門、六兵衛、（佐兵衛）、藤四郎、源右衛門、徳右衛門、佐次右衛門、○十右衛門、惣兵衛、喜左衛門、喜右衛門、平四郎、藤七、七右衛門、庄七、久七、文七、久五郎、常右衛門、嘉七、藤兵衛、○文右衛門、清八、伊八、（与兵衛）、彦右衛門、○弥右衛門、（伊右衛門）、（安右衛門）、与八、（長九郎）、勘三郎、○弥兵衛、（善四郎）、惣七、（宇兵衛）、（喜左衛門）、（安左衛門）、（長四郎）、（岩吉）、（伊兵衛）、（吉兵衛）、（次郎兵衛）、（嘉兵衛）、（長左衛門）、庄屋○卯兵衛（宰領）、年寄○武右衛門（宰領）、惣代太左衛門　二三名中二一名判明

大塚村

勝次郎、秀次郎、要助、権七、（浅右衛門）、友右衛門、友次郎、惣兵衛、音吉、嘉七、弥兵衛、小兵衛、清兵衛、○忠右衛門、嘉吉、卯之助、（佐七）、清七、新七、（政右衛門）、藤右衛門、○七右衛門（宰領）、藤七、次郎吉、彦兵衛、宗吉、仁兵衛、佐右衛門、音吉、甚兵衛、金次郎、（常右衛門）、音松、勘次郎、○磯右衛門、九右衛門、○音右衛門、きぬ、弥七、捨次郎、岩松、（平右衛門）、庄左衛門、弥兵衛、（佐七）、（平兵衛）、（平七）、（善七）、弥八、庄屋○源蔵（宰領）、年寄○惣右衛門、惣代又兵衛　一五名中九名判明

大宅村

○清左衛門、（兵左衛門）、○伝左衛門、（林右衛門）、○平次、（太兵衛）、惣兵衛、久七、平右衛門、

(弥右衛門)、(源左衛門)、○庄右衛門、嘉吉、市郎兵衛、治兵衛、みわ、平三郎、○佐兵衛、友吉、与次兵衛、要助、平八、庄兵衛、幸兵衛、常七、(彦右衛門)、伊三郎、熊蔵、三右衛門、伊兵衛、利八、○甚三郎、○平兵衛、利兵衛、吉五郎、佐七、(弥七)、友七、武兵衛、(平九郎)、(清兵衛)、(重兵衛)、(宇兵衛)、(藤右衛門)、(文右衛門)、○清右衛門(宰領)、磯七、すま、(源助)、(喜左衛門)、勘右衛門、(久兵衛)、(伝七)、(吉左衛門)、(儀八)、やえ、(藤七)、(太吉)、やす、すま、○吉右衛門、磯七、(新十郎)、(伝右衛門)、吉之助、(清右衛門)、(清次郎)、とめ、庄屋○七左衛門、年寄○徳右衛門(宰領)、物代○政右衛門　三〇名中二五名判明

栂辻村　伊兵衛、弥八、(半右衛門)、○要助(宰領)、(藤七)、市左衛門、直右衛門、伊右衛門、(常右衛門)、(浅右衛門)、重兵衛、治兵衛、(勘兵衛)、(宇兵衛)、物七、太右衛門、友右衛門、(文右衛門)、(喜兵衛)、(平八)、(宇右衛門)、○久四郎、(清八)、(吉右衛門)、弥兵衛、万助、安右衛門、(万右衛門)、(七左衛門)、源助、(太七)、(五兵衛)、(権七)、庄助、吉兵衛、虎吉、庄屋○貞右衛門、年寄○利左衛門、物代○庄右衛門　一八名中一七名判明

東野村　太三郎、藤吉、(源七)、(勘七)、(宇兵衛)、(次郎八)、小三郎、浅次郎、捨松、新七、○甚兵衛、藤兵衛、次六、(清八)、要助、仁右衛門、徳右衛門、(仁兵衛)、佐七、由松、文七、太助、清助、伊兵衛、半兵衛、平兵衛、清兵衛、半右衛門、浅右衛門、作右衛門、清助、治助、喜助、与三兵衛、(庄兵衛)、久右衛門、権左衛門、清右衛門、(徳次郎)、万次郎、義兵衛、(伊八)、直助、(佐兵衛)、平七、源次郎、助八、庄屋○長左衛門、年寄○嘉左衛門(宰領)、物代吉兵衛　一八名中一〇名判明

西野村　三次郎、(佐兵衛)、(六兵衛)、(嘉兵衛)、きし、三右衛門、(九左衛門)、関右衛門、太七、弥太郎、嘉七、(半七)、卯兵衛、(四郎兵衛)、(仁兵衛)、又次郎、政次郎、(元八)、(孫右衛門)、松兵衛、(平兵衛)、幸兵衛、伊兵衛、新七、いよ、善四郎、市左衛門、与右衛門、半兵衛、与兵衛、彦兵衛、五郎

兵衛、安次郎、伊右衛門、彦右衛門、○七左衛門（宰領）、（政右衛門）、九右衛門、弥七、（清兵衛）、藤兵衛、（仙助）、（惣七）、直四郎、（庄七）、（惣右衛門）、いし、つる、岩松、（八右衛門）、きく、（清七）、治助、○新右衛門（宰領）、由兵衛、（佐七）、（源七）、（孫蔵）、（徳右衛門）、（甚七）、庄屋九兵衛、年寄伝右衛門、惣代勘兵衛　三三名中二三名判明

西野山村　（清七）、（善七）、（惣三郎）、（惣七）、（伊兵衛）、（喜兵衛）、ふさ、（甚之助）、（久八）、宇兵衛、（幸次郎）、市郎、藤四郎、（浅七）、（甚七）、（平四郎）、市三郎、茂兵衛、佐兵衛、弥七、惣次郎、竹次郎、（佐七）、清六、弥兵衛、半兵衛、清六、（清五郎）、粂吉、久次郎、新七、小兵衛、市兵衛、伊八、伊三郎、（作右衛門）、つる、勘次郎、（源七）、忠右衛門、（杢右衛門）、（儀兵衛）、庄七、常吉、庄兵衛、○安之丞、伊右衛門、新助、（泰助）、久右衛門、（惣治兵衛）、庄屋治三郎、年寄金右衛門、惣代治兵衛

二五名中二〇名（宰領の氏名不明）判明

一四カ村については以上である。人足、郷士ともにさらに正確を期さなければならないことはいうまでもない。なお、前に文政期の商売（人）を紹介したが、読者から、家の先祖が出ているという御話があったことをあげておいた。このように何かの役に立つかもしれないから、人足を出していない村や町についても安政の戸主名をあげておこう。

上野村　伊兵衛、伊之助、友右衛門、源助、亀蔵、きん、新兵衛、年寄徳右衛門、惣代宗次郎、（庄屋は竹鼻村庄屋が兼帯（兼任）

日岡村　伊之助、弥兵衛、宇兵衛、みわ、弥三松、うた、重三郎、金蔵、定七、平五郎、儀三郎、次三郎、与兵衛、熊蔵、林助、清助、久三郎、丑之助、伊右衛門、太左衛門、平右衛門、とめ、吉兵衛、まつ、きよ、年寄喜左衛門、惣代宇八

川田村　清蔵、清助、与七、権右衛門、七左衛門、忠兵衛、九兵衛、政五郎、惣助、惣七、佐兵衛、庄吉、幸次郎、庄助、新八、弥三七、与八、友吉、音五郎、惣五郎、源兵衛、清兵衛、利兵衛、惣兵衛、権兵衛、与市、権助、浅五郎、清五郎、弥兵衛、庄七、徳右衛門、久左衛門、利助、政次郎、佐七、与兵衛、源七、浅七、甚兵衛、両助、権三郎、利右衛門、猪之助、磯七、権七、弥八、庄屋嘉兵衛、年寄伊右衛門、惣代与右衛門

髭茶屋町　音次郎、市右衛門、幸右衛門、伊右衛門、巳之助、岩吉、吉兵衛、音吉、弥助、金蔵、庄屋半兵衛、年寄喜右衛門、惣代庄兵衛

八軒町　文三郎、孫兵衛、へん、新助、丑之助、弥助、力蔵、さと、庄屋伊助、年寄安兵衛、惣代治右衛門

行灯町　甚七、清八、のふ、利兵衛、平次郎、庄屋又兵衛、年寄佐兵衛、惣代幸次郎

六軒町　太七、元吉、吉兵衛、亀吉、さた、いわ、小三郎、善吉、元次郎、庄屋仁兵衛、年寄利兵衛、惣代長兵衛

九体町　清次郎、鉄次郎、常次郎、幸次郎、喜三郎、市兵衛、松之助、竹次郎、庄屋利兵衛、年寄吉郎兵衛

栗栖野新田　音次郎、久助、善七、仁兵衛、作右衛門、藤右衛門、平七、藤五郎、磯右衛門、重蔵、庄屋清八、年寄善右衛門、惣代新兵衛

ふたたび最幕末期の郷士をめぐる諸問題に戻ろう。頻繁な動員や諸負担の増大にともなって村あるいは郷財政と郷士とのかかわりはさらに深くなったと考えられる。先の考察を引き継いで、安政三（一八五六）年の「郷中諸賄方定書」をみていこう。

両惣頭の下で各村の庄屋が参会して問題に対処していることは寛政期の定免問題でもみたし、日常的には年番・月番庄屋二人が事にあたっていて、そこに郷運営の規則・規定があったことは容易に想定される。それを前

提として「定書」は「臨時ケ条」から始まっている。

諸事項のうち朝廷関係が多いのは当然であるが、譲位・即位・大嘗会・入内・遷幸のほか、「姫君様御嫁入」・「御凶事」・「御能入用」「御庭樹木入用」・「御用竹木入用」・「御膳打」（膳糈の加工のことか）があげられている。役所関係では「諸恐悦」（領主層に慶祝の意を申し上げること）のほか上使・日光様・朝鮮人・琉球人および料杭（領地の境に立てる杭の管理）があり、郷特有の問題としては「他郷組合出入」がある。これら臨時の事項にたいしては「右臨時ケ条賄方之儀は一統相談之上入札を以賄料相定可申事」としている。

そのほか「郷一統ニ拘り候儀」を頼まれたら、年番や両惣頭が事にあたり、全体で相談していく。「両人衆たり共我儘之取り計らい有之候はば一統不承知之事」という規定が注目される。

「臨時定式賄方之事」に移ろう。惣頭や年番庄屋および郷士に関係する節約を目標とした、かなり細かな費用の規程である。いくつかを紹介する。年番庄屋の役所への出張（定例）一人分「夜ニ入り候共一日分勤料共金弐朱」、それ以上は自分賄いの事。出張（臨時）は、「上下御泊まり御日帰り共」賄料は銀四五匁、二泊以上の場合は「右一泊之割合より減少いたし、日数ニ応じ倹約相守」ること。惣頭の役所への出張は「一日分銀六匁ツッ供壱人分四匁」、宿泊時は「翌朝飯とも二日分銀二十匁ニテ自分賄い之事」。「郷参会之儀臨時定式共一会ニ付き銀五拾匁ニて相賄い可申事」。（「但し膳酒之事」）。「郷割」（郷の必要経費の確定作業とその各村への割付）時の会合費は中飯料二匁五分・夜食料一匁五分・粥料一匁、ほかに肴料五分、ただし炭・蝋燭代とも。年中会所席料銀二枚、提灯傘修理料金二百疋。

郷士に関係する規定はどうか。「郷士継ぎ目之儀は年々両人衆より相調え、両人衆之内より壱人月番村壱人相談ニて取斗可被下事、但し出勤雑用勤料共壱人前金弐朱ニて自分賄い之事、御上々へ之挨拶物共その節継ぎ目人数へ割賦可致候、尤継ぎ目相済み候はば両人衆より廻状を以て郷中へ披露可為事」、郷士の相続は惣頭の統率の下で、惣頭一名と月番庄屋一名が相談して取り計らう。継ぎ目披露にはかなり費用を必要としたとみられる。

「御所諸御用ニ付き郷士勤め方之儀は当時有棟割賦ニて相勤め可申事、但し増減有之候ハバその年々可相改事」。郷士数の増減に対応する「当時有棟」割りで御用を勤める。最後に何事によらず「郷中評定之節は両人衆より村々庄屋了見相尋ね之上、時之宜しきニ随ひ取斗可被下候事」とまとめている。

以上、だらだらと並べたが、時勢を反映しているとみられる項目もある。開港以降諸物価が高騰したが、それに対応して、とにかく費用の増加を食い止めようとしていることが感じられる。定書の最後に各村の庄屋・年寄・惣代のほかに郷士惣代も署名・捺印している。郷士関係の規程があるからであるが、村あるいは郷の運営に郷士階層が深く関係していることを示している。惣代名は後で示すが、本家筋はもとより有力な分家筋の郷士も登場してきている。そもそも山科郷村々の庄屋・年寄役は郷士が独占してきた歴史があり、そのことが村方騒動の有力な原因でもあったが、それを乗り越えて郷士中心の郷村体制を築こうとしている。むしろそのように動かざるを得なくなっていると考えるべきなのかもしれない。尊王攘夷派と公武合体派の対立が深まってきていた万延元（一八六〇）年三月に、御所への出入に対する門の警備が強化される。御付組与力同心と山科郷士による九口御門勤番である。これに対し三口は御付組、六口は山科郷士としてほしいと再三歎願し、万延元年一一月には山科郷は和宮降嫁の大量動員で「無人」になっているうえ、「田方立毛取り入れ、畑方諸作物蒔き付け等手数相掛」ると小堀役所に訴えている。いかにも普段は農業を営んでいる郷士にふさわしいといえる歎願理由は、これからも度々みることになる。

御門勤番について勤務内容のいくつかを紹介しよう。「他所より用向きニて…罷り越候分は行き先名前承り糺し差通す」、「暮れ六つ時（午後六時ころ）御出入向きはこぐりを締切り」名前を確認する（「こぐり」とは門扉の脇のくぐり戸のことか）。「御築地内」への「田舎者」「他国之者」「他国侍」の「拝見」は条件付きで認める。また「御築地内通り抜けハ当地住居之百姓町人男女等不怪ものハそのまま差し通す」。

この規定は（万延元年）三月二九日から実施されたが、「御裏門出入の儀堅く相改め…御家来並びに兼ねて御館入り之外御差し留め」とあり、まさに「御時節柄」を反映している（「御所取締方之写」山本家文書）。両触頭からも郷士たちへ通達があり、まず服装を正すこと、長髪・乱鬢はダメ（「身構え其の外不行儀の事ども承り」とある）。郷士以外への代理人依頼禁止（平百姓に代理を依頼してはならない）。昼夜とも慎重に門の出入改め実行、勤番中の門外への徘徊禁止（「夜分殊の外深更迄御門外へ被出居候者も有之趣承り」）、番士は三人一組で二人詰切、臨時増詰に備え郷士の勝手な外出禁止としている。

万延元年閏三月の大宅村郷士二六名の「郷士申合せ」（山本家文書）によれば、「御付組与力同心御詰ニ相成り、山科より相詰候郷士之者下役同様ニ被取扱」ということがあって、六口勤番を願い出たというような事情もあったらしい。「此度郷中郷士一統申合せ」で、遅刻することなく交替する、「羽織・袴・帯刀」で出勤する、互いに言葉使いを慎む、勤番が終わって休息中でも「不行儀」ないよう慎む。上記触頭の通達には勤務状態を見回るとあったが、「郷士勤方取極書」（山本家文書）によれば、月六回の見回りがあり、月番庄屋のほか「上十五日は比留田氏、下十五日は土橋氏」が巡回した。なお、文久元年七・八月の勤番実績として郷士九〇人・交替三〇人の七月分勤番料米一石八斗、九〇人飯料（一人二〇〇文）二両三分一朱、八月分（八七人・交替二九人）米一石七斗四升・飯料一両・「下番小遣料」金一分があげられ、それらを大宅村（乾門担当）、大塚村（堺町門）、北花山村（石薬師門）、椥辻村（中立売門）、音羽村（清和院門）、西野村（今出川門）が受け取っている。そのほか焚き炭、灯油、蝋燭、付け木、茶、筆墨紙代を受け取っている記録が残されている。

その後情勢はさらに緊迫の度を増したことを示す動きが増えていく。将軍家茂上洛に伴う馬の飼葉（干し草・新藁）の用意（文久二年一〇月）、硝石製造のための床下土調査（元治元年六月）、諸藩士上京などによる田畑山林立ち入り被害の禁制（同一二月）、防長征伐上洛人数のための三部屋以上ある百姓家の調査（慶応元年）などである。郷側もたとえば床下土は朝廷用米生産の肥料であるとして調査回避などの対応を試みるが、政治情勢の推移・変化が日常生活に直接に影響してきているといえよう。

宮門近辺が戦場になるというような状況の下では郷士による御門勤番は中止され、諸藩武士による警備に替る。一方、御所からの人足詰番要請はますます増大した。そのため京中に出張所を置いたことは前に触れたが、さらに警備強化の御門通行許可札の改めての発行という事態になっていく。

郷の独自負担を要請された事例もあった。戦乱を避けて御所の剣五振りを山科郷で守護するため、延べ郷士八〇人、人足五二〇人が動員されている。三ノ宮神社の宝庫に納め、警備した。肩の力が抜けるような事例だが、情勢の推移への対応といえよう。御門勤番からは免れたが、あとでみるように守衛士の任務が課せられ、岩倉家など公家の警備にあたることになり、さらには「郷士壮年之者ヲ以て銃隊相募り練兵被仰せ付け候事」にまで進んでいく。

以上のような情勢の推移と変化に郷士以外の山科郷の人々（百姓）はどのように対応しようとしたのか。百姓層の対応を直接に知ることはできていないが、百姓を支配者側がどのようにみていたかを通じて考えてみよう。

最初の項でふれた安政二年の博奕取調は大変厳しいものだった。代官所役人が出役したことは本書冒頭でふれたが、彼らは賭博容疑者三人のほかに五人を「所業不宜《よろしからず》」として逮捕し、代官所へ連行して取調のうえ処罰すると申付ける。大塚・竹鼻・厨子奥村の庄屋が役人に詫びを入れ、ようやく「村預け」となるが、替わりに厳重な「申渡書」が出され、全員署名の請書提出が命ぜられる。この出来事について「此度厳重之取調ニて誠ニ近来之珍事ニ候故次第柄《しだいがら》ケ条《かじょう》書残し置候、後々披見《ひけん》之ため控え置く所也」として一一カ条に及ぶ「申渡書」が記録されている。第一項目は賭博禁止とそのための見張り・見回りだが二項目以降は質素倹約の強調で、様々な禁止すべき風俗が指摘されている。史料から抜粋してみよう。

「村内婚礼其の外之祝儀奢り《おごり》ケ間敷儀《がましきぎ》決て致まじく」、「右祝儀之節若年之もの共申合せ、振舞い乞《こ》い候かまたハ其の家へ押込み、酒狂之上狼藉之事共有之由」、「若連中と唱え正月初参会相催し、其節十五歳以上之もの加入いたし、一同へ為披露酒肴差出、連中引退候節連中一同相招き酒肴為差出」「年々七八月頃ニは貰休日抔《など》申し立て、若者共一同より両三日も村中為休呉《やすませくれ》候様村役人へ申し出、其上酒乞い、右日数並びに酒等少分ニ差出候ハバ悪口雑言申し立て」、「若連中ト唱え、高張提灯又は手拭等揃いニいたし、品々目論見事《もくろみごと》談合致し候砌《みぎり》道辻ニて大かかり火等焚き、大行《おおぎょう》ニ仕成し」、「村内不幸之節相互ニ世話いたし合候ハバ当家之者ハ悲嘆ニて力ヲ落し不行届き故世話いたし合い候儀ニ付、其心底を察し不益ニ雑費不相掛け（中略）猥《みだり》ニ呑み喰い致しまじく」、「近年百姓並びに下男下女分限不相応之衣類諸色相用い」、「心願有之諸国神社仏閣拝礼或ハ出稼ぎニ出度候ハバ親並びニ親類村役人へ申立て候上ニて村送り一札奥書之儀御役所へ願い出可申、無断勝手儘《かってまま》出候もの有之候ハバ吟味之上咎《とがめ》可申付」「近来仮初《かりそめ》ニも小前之もの共寄集《よりあつまり》、或ハ徒党ニ不加もの方ニハ一同申合せ申し懸け」

一五歳以上の男性が加入する若連中の行動を中心に酒肴強要、休日要求、談合集会などがあげられている。これらはどれほど日常的だったのか。また村や役所に無断での出稼ぎのあったこともうかがえる。そしてなにより も小前が「徒党」を組むことを恐れていたことがわかる。この「申渡」の原型は江戸の幕府中央で作成され、全国の幕領などに出されたものかもしれないが、なにほどか山科郷にも該当するところがあって代官が申し渡したと考えられる。彼らの本音は「百姓共向後心得方相改め、土地柄ニ応じ、質素ニ過し、農業出精いたし、農業手透き之節ハ増稼ぎ等いた」すことだろう。そうすれば「自ずから身元も能《よく》相成り、自然と村柄立直り可申」というが、彼らも年貢未納などを通じて村の中に荒廃した部分のあることを感じていたのかもしれない。

郷士層の対応をさらにみていこう。まず幕府（代官役所）や朝廷の動員命令への対応のため体制の強化がはかられる。触頭を補佐する郷士惣代の選任である。出発点としてあらためて安政三年の署名者を確認しておこう。

（村名）	（郷士惣代）	（庄屋）	（年寄）	（惣代）
上花山	林覚右衛門	（林）直右衛門	（林）清右衛門	松之助
北花山	柳田吉左衛門	弁右衛門	甚右衛門	重次郎

厨子奥	四出井春次	（四出井）新五兵衛	（四出井）七左衛門	（海老名）忠右衛門
御陵	高谷安之丞	（高谷）平治	（岸）四郎左衛門	嘉左衛門
四宮	四宮為右衛門	善次	（四宮）兵助	利右衛門
竹鼻	大野木要助	（大野木）庄左衛門	（岡田）藤四郎	清左衛門
音羽	粟津武右衛門	（庄屋未定）	弥右衛門	市左衛門
小山	中川太右衛門	（中川）文治	（中川）吉兵衛	（小山）庄右衛門
大塚	平井惣右衛門	（阿口）源造	又兵衛	（平井）亀右衛門
大宅	山本兵左衛門	（沢野井）七左衛門	（林）平次	（山本）政右衛門
椥辻	中村要輔	（中村）貞右衛門	友右衛門	（中村）庄右衛門
東野	安田清右衛門	（斎藤）長右衛門	（村田）嘉左衛門	吉兵衛
西野	奥田九左衛門	（大塚）関右衛門	伝右衛門	（吉井）勘兵衛
西野山	田中市郎	（田中）治三郎	（進藤）金右衛門	佐兵衛

上記「定書」の郷士惣代は各村郷士の代表である。また村役人の多くは郷士層出身であると推定され、村政の運営を郷士層が掌握していたことを示している。それだけに音羽村の庄屋未定が注目される。その実態、内実は後に検討するが、郷士層による郷運営をさらに強化すべく、村別にとどまらず郷士層全体の惣代を選び、年番惣代をおいて郷運営の強化を図った。約一六〇人ほどの郷士の中からどのように惣代が選出されたのか、その方法なり選出過程は現在のところわからない。嘆願書などのメンバーも固定しているとは限らない。

話が少しそれるが右に指摘した音羽村の庄屋不在をめぐる動きをみておこう。同村は村高五一三石二斗五升、安政三年の年貢は二〇五石九斗五升七合だから、免は四〇・一%である。郷内では高、免ともに中位の村といえる。田畑の構成比はほぼ田七対畑三である。棟役は古棟九、幕末には全一五四のうちの一四である。郷士は粟津姓に集中し、他は中川姓が少しある。幕末期の正確な戸数はわからないが、五〇戸前後と考えられる。

安政三（一八五六）年正月、村内の頭百姓惣代や百姓代三名が「庄屋役定」の件について代官所に口上書を提出している。それによると前の庄屋が子年（嘉永五年）に退役したので、惣百姓が相談の上、以後庄屋役は三年で交代する、惣百姓の入札《いれふだ》＝投票で選出すると決定し、新庄屋は卯兵衛になった。彼は昨年（安政二年）任期三年が来たので退役を申し出、安政三年一月八日に高持百姓一同が入札し、百姓代藤兵衛が落札（当選）した。ところが卯兵衛らが異議を唱え、庄屋不在の状態になっている。

一方、訴えられた側は次のように反論する。庄屋役は音羽村に限らず郷中全体で「御所由緒在之御用相勤来候郷士之内より相勤」ることが古格のしきたりであり、郷士以外の平百姓が庄屋になったことは一切ない。また入札による選出の約定などない。前庄屋から卯兵衛に交代の際、前庄屋続行か卯兵衛に交代かを惣百姓相談の上で入札し、卯兵衛に落札したのである。三年交代は卯兵衛ら数人が主張しているに過ぎない。その後三年たって卯兵衛が交代を申し出たので古格通り郷士の中から入札で庄屋（太郎兵衛）を選出した。その際卯兵衛が高一石以上所持の者へ入札を呼びかけ、高持百姓四〇人ほどの内二九人が集まって入札、一三人が古格通り郷士に入札、平百姓一六人が平百姓藤兵衛に入札した。少数の高持による入札だったので（四〇人ほどの）高持全員に「心底承り候処」（全員に本音を聞いたということか）、過半は郷士の内からの庄屋選任に賛成したが、少数が不同意で、惣百姓連印の庄屋交代願書を代官所に出せなくなった。

代官所は例のごとく惣頭らによる内済を命じ、惣頭は竹鼻村庄屋庄左衛門も取扱人に加えて調停にあたる。北花山村や西野山村でも郷士以外が庄屋役を勤めているという願人側の主張に対する弁明が興味深い。北花山村の郷士はわずか二人で、しかも無高・ごく難渋であり、御所御用も勤めかねる状態である。だから村高の過半を所持する弁右衛門に御所御用から庄屋役も依頼しているのである。西野山村では郷士以外が庄屋になったことはあるが、「不治りニ付」、ふたたび郷士が庄屋を勤めている。また、願人側は卯兵衛以外に安定した農業経営の郷士はいない、そのようなものに庄屋役を勤めさせるのは不安心であると主張。これにたいしては音羽村は郷士一五人、過半は一〇石以上の高持で御所御用も勤めている。「北花山村同様極難《ごくなん》ニ陥り候か又ハ後家幼少ニテ御所様御用難相勤相成候ハハ格別」であるが、古格を崩すことには反対である。平百姓で古格に同意の者の所持は合わせると三〇〇石余であるが、願人側は少数で所持高は一七〇～一八〇石にすぎないと反論する。

最終的に願人側は庄屋役要求はあきらめて「村勘定向きニ立会相心得置度、年寄役之内壱人差加え」を要求し、これは郷士側ももっともなことと了承する。二月一一日の下案から翌一二日の代官所提出の「済状」の内容は次のようである。庄屋卯兵衛は三年務めたから退任、年寄伊右衛門は「病身」だから退任、年寄役六人（従来からの年寄二人、頭百姓の中から二人、百姓代の二人）で当面の御用・村用を勤める、庄屋は「九月ニ至り高持一同入札いたし、多分付之入名のもの（得票の最も多い者）へ庄屋役取極め、……以来三ケ年代りニ仕勤め候筈」、それまで村の帳面類は年寄が預かる。

以上が限られた史料からうかがえる経過である。双方の言い分は一致するところもあれば、食い違うところもある。入札という方法をとることは一致しても、その内容の理解は食い違っている。また、入札参加者は高持（二石以上？）だけなのか、村民全員なのかはっきりしない。郷士の過半が持高一〇石以上というが、だれがどのくらいかはわからないから入札対象者（庄屋候補）の持高階層を推定できない。郷士であればだれでも候補者なのか、有力な高持郷士でないと候補者になれないのかがはっきりしていない。同様に願人は平百姓惣代といっているが、持高もわからず、平百姓層の支持の程度も強固とはいえないようなところがある。百姓代と頭百姓の関係もはっきりしない。

以上のようにすっきりしないが、前に取り上げた椥辻村の庄屋役をめぐる紛争とは明らかに違っている。椥辻村の場合は誰が郷士であるかをはっきりさせることがきっかけになっているが、音羽村の場合は明らかに平百姓が庄屋役を望んでいる。一八世紀前半と一九世紀半ばとの時代の違いをみることができるようにおもわれる。だれが郷士であるかよりも、だれがどのくらいの土地を所持し、庄屋役に耐えられるかが基準になりつつある。その状況は郷士、平百姓を問わず全員をまきこんで展開する土地所持をめぐる動き（土地喪失と土地集積）の中から生み出されてきていると考えられる。幕末期の郷士階層をみていくときの重要な視点であろう。

前に郷入用や村入用の内容をみたが、その中に飛脚賃が含まれていた。惣頭や月番庄屋らが郷や村の公用で京都市中に出かける行先は、通常は代官役所であり、場合によってはその月の当番の東か西の町奉行所だったであろう。直接役所に行くこともあったが、まず郷宿に寄ってからのこともあったであろう。定免問題のときには庄屋らは神泉苑町の笹屋伝助方に集まっていた。ちゃんと調べてはいないが笹屋は山科郷の定宿で、いわば行政顧問役でもあった郷宿だったろうと考えられる。千本通に面しているJR二条駅に向かって御池通を歩いていくと、右側の小路の先に二条城の緑が見え、やがて神泉苑を通り過ぎる。このあたりは江戸期のいわゆる官庁街で、東西町奉行所跡の石碑や二条陣屋がある。この一画に笹屋もあったのではないだろうか。

比留田家文書の中に一通だけ飛脚屋の領収書をみつけた。ものすごい金釘流で大和屋惣兵衛が「右受取申候」として一貫四五〇文を領収している。駕籠一つは神泉苑町へ四五〇文、二つは山科へ送り駕籠で、各五〇〇文、いずれも人足二人である。宛先は「小はた様」とある。代官所の役人か。東海道は現在よりかなり高いところを通っていた。慶応年間に新道ができたりするが、駕籠の乗り心地はどうだったのだろうか。なお東海道の大津蹴上間は文化元年に幕府により大がかりな改修工事が行われた。大半は山科郷を通っているから郷内の村々も持ち場を指定され工事にあたった。その有様は車石・車道研究会によって精力的に研究され、久保孝さんが四宮村庄屋の記録を復刻されている（『車石敷設工事の記録』二〇一二年三月三日発行）。

土地の移動（土地を手放す、土地を買い取る）が広がっていたろうとみた。土地売買は文書ではどのように表現されたのか。江戸期を通じての土地移動の動向を明らかにするほどには調べていないので、とりあえず目に留まった文書を紹介したい。

天和二（一六八二）年一一月に善右衛門が上醍醐の「あんにゃう坊様」に「さわの口」の下田九畝（分米九斗）を銀三〇〇匁で渡している。「右件之田地我等《われら》先祖《せんぞ》雖為相伝《そうでんたりといえども》戌年禁中様御年貢米相詰り……銀三百目請取御納所仕……此替りニ下田九畝之所永代其方へ相渡シ申す所実正明白也」とある。年貢未納はいわば土地売買の際の決まり文句である。また自分の土地であることを先祖代々の相伝と表現することも多くみられる。永代売買禁令の下でも「永代」に渡すという契約になっている。検地による「分米」しかでてこない。渡し主のほか「請人」（保証人）が一人署名しているが、村役人の署名はない。それが後年になればすでに掲出した事例でわかるように場所・面積・石高（分米）のほか番水・宛米・人手などの情報も加えて村役人が署名、捺印して形式の整った証文になっている。金銭貸借と紛らわしい質地証文もあるが、土地移動の主流は「譲渡」のようである。ところが幕末になっても次のような事例がある。

返《かえり》証文之事

一、字塚ノ前弥助田
中田三畝歩　分米三斗六升　五人手　宛米弐石弐斗

一、字同普請田
下田弐畝五歩　分米弐斗壱升八合　四人手　宛米壱石八斗

一、字同平右衛門田
上田壱反四畝歩　分米壱石九斗六升　九人手　宛米三石六斗

樽代五貫弐百匁

（中略）

右之田地此度其許殿《そこもとどの》より譲り請仕候得共、来ル酉年より丑年迄五ケ年之間、銀子御調達被成候得ば何時ニて

も右之田地其許殿へ御差戻シ可申候返証文依て証印如件

万延元年申十二月（後略）

これは田六筆、畑一筆合計面積五反四畝二歩、分米七石一斗八升四合、代金一〇貫匁という大規模な事例で、返証文発行人（土地譲請主）が村役人二名（年寄・百姓惣代）と三カ村の郷士を証人として土地譲渡者とその引受人に差し出した証文である。譲り受けた土地なのになぜ五年間も猶予期間をおいて、代金を返せば土地を返すという約束をするのか。宛米が一六石三斗五升にもなる土地だから、地主として成長したければ返したくない土地ではないかと考えられる。土地ではなくて、土地を担保とした貸金でその利息が目的だとしたら譲渡代金と同じ金額で返すという契約はないであろう。譲渡者と譲受人との間に特別な関係があったからとも考えられるが、返証文自体は他の地方・地域にも存在する。近世の土地所有とはどういうことかを考えさせる事例である。

土地を失い、さらに破産に至るとどうなるか。債権者は貸した全額でないまでも一部でも確保しようとし、債権者会議が開かれ、わずかに残った資産の処分と配分がきめられる。そのため作成された史料の一例が文政元（一八一八）年一二月二日の「諸道具御吟味ニ付書上帳」である。債務者の名誉のために名前は伏せるが、上野村の事例である。破産後にはまず「諸道具」六八品が残された。品名と数量は以下のようである。数量の記載のないものは一つ（個・枚・本・丁・荷・膳・前・脚・張）である。

襖（八）・薄縁（一二）・猿戸（二）・障子（二）・まいら戸（四）・戸棚・肴戸棚・米唐戸・茶碗棚・水つぼ・仏壇・たんこ・長持・箪笥（引出共）・つづら・箱火鉢・くらかけ・食档《しょくとう》・味噌桶・あんどう（あんどん）・煙草盆・鍋（二）・茶釜・桶（二）行燈箱（二）・神棚・そろばん・はしご・櫛箱・火打箱・引出斗（二）・引出箱・よこづち・茶漬茶碗（二）・日光膳（三）・文から・やくら・土びん・すり鉢・すりこぎ・硯箱・菜刀・茶碗（四）・はりこ・縄もっこ・棒・古莚（一五）・とん鍬・鍬・鋤・古鎌（三）・はしり井・たらい（二）・小箱（三）・たばこ切はん・たばこ包丁・唐鋤・からかさ（二）・縄のれん・糸車・馬鍬・真板・油つぼ・油つぎ・たんご・桶

文書に書かれている通りにあげた。仏壇と神棚や家具・食器など多様な日用品、農具である。代銭一五貫三二一文と見積もられている。なお、衣類や農産物がまったく出てこないがすでに処分されていたのであろう。次は居宅・小屋・土蔵で、それぞれ銀三七〇匁、一六〇匁、八一匁計六一一匁と評価されている。大きさ、広さなどはわからない。日常生活が想像されよう。

京都の政治情勢はさらに進展する。慶応三年一〇月に将軍徳川慶喜が二条城で大政奉還を申し出たこと、朝廷は御所でこれを受け入れ、同時に薩摩・長州藩に討幕の密勅を出す。この頃京都市中では神社のお札が降り、人々は「ええじゃないか」と踊り狂ったといわれている。当然山科の人々もこの有様を見聞きしたであろうが、山科郷のあり様はどうだったか。京都から勧修寺関係へ来た手紙には「然《しか》らば京師も当月中旬ハ大ニ騒々敷く、荷物等も在々へ預け候者も有之」とか「何分ニも一橋様を打払い可申覚悟之様子ニ風評申し候」とか「伏見一円、京師下辺は昨日頃より踊始り申し、何れ一円ニ相成り可申き様子ニ候」と書かれている（二松家文書）。

御所御門勤番の任務を解かれた山科郷士は新たな朝廷とのつながりを求めた。「何卒平日御清所御門勤番被仰渡度」、そのため郷士一六〇余人は慶応三年一一月二七日に「為御国恩郷中読み合わせ」を行い、次のように決定したと訴える。

只今より非常之節は組を立て、老若打ち混じり人数五百人罷り有り、此の内病者出来之節は外ニ五百人用意、糧食を備え、其の外持ち運び致させ……小前末々ニ至る迄永久身命之限り寸歩退ず、一致決心之覚悟ヲ以て御警衛仕り候

郷士と郷民、老若合わせて五百人を組に組織し、予備も五〇〇人用意し、食糧を備え、運搬も考慮し、覚悟をもって警衛に当たりたいという。郷士層が自らを組織するだけではなく、郷民をも組織、統率して事態に対処しようとする新たな段階に至ったとみることができそうである。

この「口上覚え」には両触頭と、中村源助（栂辻村）・四出井新五兵衛（厨子奥村）・中川安左衛門（音羽村）・沢野井徳右衛門（大宅村）・小山磯右衛門（小山村）・磯田甚右衛門（御陵村）の六惣代が署名している。先にあげた慶応三年一一月の惣代たちと一人しか違わない。ところが、四出井新五兵衛以外は全く別の惣代が署名しているもう一つの「口上覚え」があり、その歎願する先は朝廷ではなかった。

「城州宇治郡山科郷村々百姓共」が歎願したのは代官小堀家の支配継続である。近頃小堀の支配を止めて、他の支配に替えるという噂があるが、驚き、心配している。山科郷は古くから小堀家の支配下にあり、「従来無苛政裁断行き届き、愚民共ヲ撫育被致候ニ付き、民心敦化《とんか》仕り、農業相励み無難ニ相続仕り候」と小堀家の支配に感謝している。噂程度で歎願するのは恐れ多いが、「何卒私共村々小堀家支配是まで通り御差し置き被為成下候様重々願い上げ奉」るという歎願である。

　旧来の領主との関係継続を願う動きがみられたのは山科郷ばかりではないが、京都の政治情勢が急激に変化しているなかで、朝廷との関係を強めようとする動きの一方で、従来からの体制も維持しようとする動向として注目すべきではないかと考えられる。これと直接関係があるかどうかは現在のところわからないが、「小堀家より差し入れニ相成り候一札之写し」を紹介したい。時間的に少しさかのぼるが、弘化二（一八四五）年の八月と一〇月に小堀家が知恩院宮と青蓮院宮から、それぞれ銀一二貫と二〇貫を借り入れる。その返済には山科郷納入の口米代銀を充てる。前者は五年賦、年二貫四〇〇匁に利銀を添えて返済、後者は一九年賦、元利とも年二貫三五〇匁返済という条件である。この証文を提出した時、「郷中より添え一札之儀御頼談ニ及び候処、即ち御殿へ各方御惣代引き請け一札差し出され候」とある。返済の原資である口米の納入を約束する一札を惣代として提出したというのである。惣代は四出井新五兵衛（厨子奥村）・中村貞右衛門（栂辻村）・林平次（大宅村）・中川勘兵衛（音羽村）・四宮兵左衛門（四宮村）・大野木庄左衛門（竹鼻村）である。この融資話がその後どのような展開をたどったのかは現在のところわからない。小堀家との関係がこの後にも少し出てくるが、このような領主と郷士層の結びつきがあったことも念頭におく必要があろう。

郷士層はどのように郷内の統率を試みたのか。慶応三年二月に「山科郷十四カ村、郷中談合を開き、非常大変に備えて団結のための四カ条を定める」（『資料京都の歴史』一〇）ことが行われたが、「覚」という表題のこの四カ条は但し書きも入れるとかなりの長文である。『資料京都の歴史』山科区編に全文が、『京都の歴史』七（四〇〇頁）に要約がのっているので参照されたい。

まず、前文にあたる部分では山科郷と朝廷（「禁裏御所」）との由緒にもとづく忠節を強調する。そのためには「上ニ立つもの」と「当節身上宜者」がリードし、「小前末々」が協力するという心がけが根本である。常に申し合わせておいて、非常時には組々の「上たる者」の指図に従い、何をおいても御所にかけつけること。残りの者は御所へ出て行った者の家内に気をくばり、「飢凍之憂い」ないようにすること。出先で死亡するようなことがあれば、残された家内の者をいたわり、生活できるようにしてやることが肝要である。永久の忠節のために、飢饉の時に備え、勝手な振る舞いはしない。この条は「郷中一体は一軒之家の如く、惣体之人数何千人と積り、又……有米何程と算用し、さて、壱人何程ツツ喰は来年之秋熟迄喰い続くと見通しを付け、一同平均に割て相共に凌ぎ候は餓死する者ハ無之候也」と具体的である。だから飢饉のとき「おのれ壱人充分ニ食する者は……郷中之貧人を喰い殺す道理」とまでいう。日ごろから備え、「後日に御用立つへき人を餓死さすへからず」。これが忠であり、仁である。一人米五合を四合に節約して非常の時に備えよう。みんなで心を合わせて難を防ぐのが「一和一致」の根底である。それは「仏の慈悲」ということでもある。良い事も長い間には名目だけになり、かえって難儀をもたらすこともある。「長たる者」はそうならないように心すべきである。

この「覚」の起草者は郷士であろうと考えられるが、それが誰であるのかは現在のところわからない。また郷民全体に示したのか、あるいは郷士層だけに示したのか、さらにどのような討議を経て決定したのかなどもわからない。「身上宜しき者」とは具体的にどのような人々を指しているのかもわからない。ただ「上ニ立つもの」

＝郷士が「小前末々」に示し、一致協力の名の下で統率して行こうとする精神で貫かれている。難しい言葉や言い回しもあるが、仮名を多用して読みやすいように心がけている。ただし、田畑・山林や用排水などをめぐるいわば実務的な村（郷）定めとは異なり、明らかに倫理規定である。「郷中一体ハ一軒之家の如く」など一致を強調するために具体的な事柄として飢饉をとりあげていることが注目される。郷士が農業者であるからであると考えられる。ただし餓死者を出すような飢饉は少なくとも直近には経験していないはずである。統率者としての自覚を郷士層に促すことが目的であったのかもしれない。

この「覚」をふまえて郷士、郷民五〇〇人を組に組織して非常時に備えたいという願いは聞き入れられる。ただし組が具体的にどのように編成されたのかは現在のところ不明である。少なくとも上からの命令ではないが、どこまで実際に組織され、具体的に行動できるまでになっていたかは明らかではない。それに対し参与役所（新政府）への郷士層による自主的請願によるとみられる「御守衛士」は実現している。

後年の記録によれば、その活動は岩倉殿・中御門殿警衛、御清所・参与役所御門番、市中鑑察方付属、薩州屋敷武器番詰、仙洞御所御文庫番詰などの警備活動と、二条城太政官代や大坂及び江戸（東京）への天皇行幸供奉などと銃隊活動にまとめられる。

活動の細部については断片的にしかわからない。一例として二条城行幸の際の「辻固《つじかため》」動員を紹介しておこう（土橋家文書）。この時の郷士動員数は六〇名だがそれを割り当てる「在棟」は一四九しかない。御陵村の郷士数の大幅減少などによるようである。この点のついては後に少しふれることにして、「覚」以降の郷士の体制についてみよう。

慶応四年三月の「ケ条書」からは御守衛士に採用されたことで「御用相励み勤め方可致候ニ付き、人夫並びに諸入用等も相掛り候間、郷中一同申合せ倹約取極め」たことがわかる。たとえば郷参会に遅刻しない。会合は「昼飯一汁一菜ニて相賄い、自然夕飯入用之節昼同様」とする。「尤膳酒ニて外肴一品も差出不申」とある。前にも「膳酒」が出てきたがどんなものなのだろうか。また「御用ニ付き屯所出来ニ付き、野菜ニて煮もの用い朝夕は漬物限り之事」と市中でも節約に勤めるとしているが、但書で「可為禁酒候得共、暑寒難凌《しのぎがたく》ぎ候ハバ壱人限り聊《いささか》ツツ不表立様《おもてだたざるよう》」と、本来禁酒であるが一人で目立たないように呑むことは認めていて、衛士の行動が目に浮かぶようである。

郷士取締人および村役人の郷用・村用も無勤料、上京時弁当持参、集会時禁酒など公務の場合も倹約を強調するが、このような姿勢は郷士の私生活にも及ぶ。婿取り・嫁取り・初産の祝儀や神事・仏事もできるだけ慎む。「葬式之儀は士分向きは輿竹柱杉皮屋根、小前之分は棺箱ニ打敷着セ野辺送り可致」とある。どんな風景が想像されるだろうか。

これが守衛士となる銃士についての「ケ条書」になるとまた違う。「郷中ニて相応之人体見立て、御用之次第ニ寄り苗字帯刀ニて御用」を勤める銃士の「心得方」は以下のようである。「重役」の指示に従って精勤する、出勤往返とも口論や飲酒に気をつける、御用の内容を他人に漏らさない、病気等で交替する場合はその村の取締人が郷方へ申し出、「評定之上」替りの者を決める、格別の勤功があれば郷中が相談して「身格取立」をおこなう。なお「非常御用ニ付き銃士相立て候間、平日人足之儀村々ニ於いて是迄之通り為相勤め」る、「頭立ち候者人足宰領為相勤め候得共平日人足相除き候儀は不相成」としていて注目される。村としての動員（たぶん用水路のことなど農業生産に関連した動員や葬儀関連か）は郷士も例外ではないと読めるがどうだろう。

銃隊にも倹約は及び、高壱石につき毎月百文ずつ集め、そこから諸入用を支出する、勘定は月ごとに行い、その際役人は弁当持参である。役人とは「組頭」四人、「御用取締兼諸勘定」四人、「地方御用取締兼諸勘定」六人、「勤番取締人」五人で、五〜一〇日ごとに交代するとなっている。役人名は以下のようである。

組頭　比留田権藤太・大野木耕次・土橋惣太郎・四手井新五兵衛

御用取締　阿口源蔵・中川安左衛門・林平次・中村源助・吉井忠左衛門・田中市郎

地方御用取締　沢野井七左衛門・林重作・奥田九左衛門・粟津伊右衛門
勤番取締人　沢野井清左衛門・吉井新右衛門・中井直右衛門・小山庄右衛門・高谷安之丞

市中鑑察方（市中警備）の活動であろう車屋町・烏丸町・両替町への二八人動員には「右壱ケ所ニ組合より銃士三人ツツ鉄砲持参之事」と注記されている。また「銃隊相募り練兵被仰付」ともあり、彼等は帯刀だけでなく銃も所有していたことがわかる。メモのような史料で挺数のみだが、鳥獣「威し鉄砲」とは違う「ケベル」三〇挺、「ミニイル」一〇挺が郷内にあった（土橋家文書）。明治になってからの記録（明治五年）だが、西野山村には六人の郷士宅に「西洋銃二つ（三つ）バンドウ」が七挺あり、「行幸之節警衛、東山道鎮撫之節用ユ」と注記されている。

その後は上記参与役所の廃止にともなって守衛士も廃止になるなど、新政府の行政の変動に翻弄されるが、なお「御親兵会議所御創立……郷士壮年之もの御取り調べ」があり、「御親兵銃隊ニ被召出」ることを期待して「一小隊人別名前書」を提出している。現在までこの名簿を見出していないが、「郷中ニて隊伍組み立て練兵之用意仕」りとあるから、銃隊としての訓練を重ねながら新政府とのつながりを求めていたことがわかる。

その結果が慶応四年一月下旬の「東山道出兵人数被仰出」である。二月には山科隊が東山道鎮撫総督府に供奉して京都を出発する。その人数は士分一二名、「下部《しもべ》」「小者」六人だが、彼等がどのように選ばれたのか、あるいは自薦かなどはわからない。メンバーの名前は東征途中の五月に定めた「規書一札」（沢野井家文書）に出てくる。

「隊中取締方」原田佐一郎（竹鼻）・沢野井徳右衛門（大宅）、隊員吉井平八郎（西野）・平井友右衛門（大塚）・中川金吾（小山）・中川定吉郎（小山）・田中治三郎（西野山）・柳田武槌太郎（北花山）・沢野井長三郎（大宅）・沢野井民三郎（大宅）、（出身村は推定。ほかに四宮為右衛門、海老名氏（名前未確認））が参加していた。

「下部」三右衛門・宗七・巳之助・竹次郎、「小者」嘉右衛門・幸次郎、出身村は不明。

山科隊は六月末には帰郷するが、その間の行動はほとんどわからない。年貢半減を触れた草莽隊「赤報隊」の相楽総三らを、「偽官軍」として処刑したことに関係していたといわれているがどうだったのか。ただ「東山道先鋒総督府付属ニ付き　隊中賄金出入覚帳　山科隊」（沢野井家文書）があり、どのような支出をしたかという面から行動を若干伺うことができる。経費一九〇両余の支出内容を記載した「小入用帳」の部をみていこう。

始めに「郷方より大垣まで士分五人・下部二人路用」が出ているから、全員揃って出発したのではなく、大垣集合であったらしい。二月一六日に「大垣着陣隊中一統酒肴代」金二分三朱が支出されている。全員がそろったのでお祝いをしたのだろう。ここで縄・小刀・筆・下駄・わらじ・飯こうりなどを購入して隊伍を整えている。

大垣出立は二月二〇日。その後太田宿・中津川宿と中山道を進む。一〇日ごとに小遣料が士分一日一朱、下部同半朱の割で支出されている。なお下部も途中参加や交替があったらしい。三月一〇日熊谷宿を経て、一五日には江戸郊外の板橋宿に滞在している。ここから海老名氏が二八日に帰国した。また閏四月後半の士分小遣料が一〇人分になっているから、それまでに四宮氏も帰国したらしい。五月末をもって入用高が集計されている。そして五月二八日には士分五人・下部五人が、六月一〇日に士分二人が帰国、最終は六月二四日で「隊中皆々江戸引き払い」（下部の巳之助は二八日に引き払い）、「上下拾人分長持ち重キ故軽尻一駄大津宿迄」二両余を出している。

行軍の様子は以上ぐらいしかわからない。板橋では「玉薬包紙代」を支出しているから銃や弾丸は持参していた。この点は右記のように西野山村の後年の記録からも確かめられる。最終段階になり帰国後の経費清算に備えて「規書一札」が締結された。行軍途中での「臨時ニ暇乞い」禁止、滞陣中の勝手な「出門」禁止、ばくち・諸勝負・遊女通い禁止のほか、「郷方賄金借用之儀は銘々手帳ニ相印し置き間違い等無之様可致候事」とある。借りた郷方賄金の使途を手帳に控え、間違いないようにしておくこと、帰国後清算して借り越しある者は家財を処分してでも整理し、郷に少しも迷惑をかけないことを誓約している。

山科隊の収支決算を簡単にみておこう。収入は「郷方賄金」（郷内有志出金および一七両二分の政府手当金）一五七両二分、代官小堀氏や藤井氏（岩倉殿関係者）などからの借り入れ四二二両余、参加郷士の「手元有金」（自己負担金か、五〜三〇両）計一三七両、総計七一七両余。支出は参加郷士への「貸高」（五〜五九両、準備金であろう）五二七両と上記小遣金・必要諸物品購入費など一九〇両余。なお岩倉氏からの借入金の返済は郷内有志からの借用金で、小堀氏へは各村負担で行われたらしい。

山科隊はこの年七月には北越方面にも出兵したが、「越後口征討使御旗守兵被仰付」というのみで、それ以外の史料はみつけていない。越後（新潟県）から会津にかけて各地で戦闘が行われたが、その時山科隊はどうしていたのか。また二条城、大坂への行幸供奉も断片的にしか確かめられない。その後九月の東行（東京行幸）には士分八一人・小者一二人、翌明治二年三月の東行再行には士分七八人・小者一二人、同一〇月皇宮様東行には士分五四人・小者一〇人が供奉したと比留田氏が記録している。

東行再行に従った人々の一部が四月に帰郷願を提出している。願そのものは未確認だが、東京から京都への還幸の際にも動員に応じる旨の「請書」が残され、「道中ニて諸事がさつケ間敷き儀は不申及何事ニよらす相慎み神妙ニ通行」することを誓約している。署名者を記録しておこう。次郎から四郎等の名前が多いのは、実際の活動には郷士のいわゆる次三男が参加していたことを示しているのではないだろうか。

高坂嘉四郎・小山清蔵・吉井平八郎・平井喜三郎・磐田捨次郎・四宮善次・百田菊太郎・粟津六右衛門・山本九十九・沢野井栄三郎・林　幾次郎・山本虎次郎・柳田太郎・村田嘉吉・平井七左衛門・渡辺政次郎・沢野井甚四郎・内海治右衛門・中川安次郎・吉井源三郎　小者　久吉・政右衛門

明治二年六月に山科郷士取締中村源輔・土橋惣太郎の奥書付きで、同じく取締の阿口源蔵から提出された帰郷願はより具体的である。それによれば、彼は「従来一村之用水掛ケ引き支配石高ニ応じ仕り来た」が、その仕事（任務）を倅どもに良く申し付けて此の度の供奉に参加した。ところが倅が病気になった。「植付後田方立毛生い立ち方ニ取り掛か」るようになると誰もが忙しくなり、親類からの援助も困難になっている。しかも国元では「入梅之節快晴続きニて田地養しない水掛け引き専一之処」である。稲の生育に水の管理が非常に大切な時期というのである。そこで「日数六十日之間御暇奉願い……帰郷之上村用取り片づけ再勤可仕」と申し出ている。病気という理由はさておいても、農業生産が第一であるという姿勢が明らかである。これは「田畑植付之折から格別手数相掛」る時でも「稼ぎ人等多分雇い入れ置き漸う植付」けて、勤番を一日も休まないようやりくりしたという訴えと共通していると考えられる。精勤の強調の基盤には、田植など集中的に労働力を必要とする農業生産があり、奉公人を雇用して展開する郷士層の農業経営があったといえるであろう。

明治新政府（京都府）の方針に対応しつつ、明治三年になるとさらに郷士層を軸とした統率体制を作り上げようとしていくようにみえる。少しさかのぼって、たとえば明治元年一〇月に、京都府は一村一庄屋体制を強要した。これは公家や門跡など一村に複数の領主がいて、それぞれに庄屋がいるという体制を集権的に整備していくためには、京都府としては必至の政策であった。対して山科郷は明治二年二月に御所御用を勤める由緒を背景に、触頭両家の統率の下、「村内為取締壱村ニ郷士之内人選を以て壱人取極め、外に庄屋代として百姓之内壱人其の外年寄り役等ニテすべて取り締まり仕来たり」と訴え、従来の体制の続行を求めている。庄屋は一村一人だが、明らかにそれを郷士が独占することが前提とされているといえる。

明治二年八月に、京都府からの苗字帯刀許可（同年七月一二日）を得て郷士約定書が締結されている。「是迄郷士取締書仕置き候得共、兎角《とかく》身分不相弁《あいわきまえず》、不束《ふつつか》ニ過ぎ来たり、…今般其御筋より御用不束《ふつつか》之次第厳しく御利解ニ預かり…村取締並びに郷士取締両人惣代を以て郷士約定書郷中へ調印」したと由来が記されている。これまでも郷士取締書などで申合せてきたが、とかく「身分」をわきまえず「不束」に過ぎて、此の度は「其御筋」から苦情があった。そこで郷幹部が相談して「改革」のため約定書を定めたという。

「身分」はいうまでもなく「百姓」とは異なる「郷士」身分ということであろう。「不束」の内容はこれだけでは分からないが、その筋＝新政府のいうそれは郷士の行為・行動が新政権の命令に従っていないことであろう。その背景には郷士の依って立つ農業生産・農業経営があったと考えられる。たとえば門番勤番の順番や勤務時刻を、農作業の必要性を理由に、決められた通りに守らないというような場面が想定される。

「改革」のための二一カ条（実質は一九条）に及ぶ「定」をみていこう。まず事務・運営的な規定として、村取締選出はその村限りで実施、郷士取締は郷士仲間の郷中相談により選出、村・郷士勤番の運営は村・郷士取締が行う、集会は朝五ツ（午前八時ころ）から九ツ（一二時ころ）を原則とするなどがあり、さらに地方《じかた》取り調べ・地方見分・地方支配役所への出張などは庄屋・年寄の任務としている。また郷士勤番については触頭・年番の統率に従う、郷中相談のうえ勤番士の中から「下取締人」を選出、勤番士の良・不良の行跡を記録し「元取締」に報告し、適宜処理する、御上よりの「下され物」は勝手に配分しない、番士の勤番・非番を定める、金二朱（場合により一朱）を毎月二〇日に出金、勤番用にあてるなどである。

心がけなど倫理規定としては諸事倹約、通常は木綿・麻着用、集会への遅刻禁止（大幅遅刻は罰則として「自分賄い」での「郷用」一回、無断欠席は同二回）、勤番士の勝手な他出禁止のほか、「郷士之内農業之儀ハ格別ニ候得共、人体《にんてい》ニ寄り出稼ぎ之儀不都合ニハ候得共、無拠《よんどころなき》分ニハ無是非候間、其意を相心得慎ニ可申事」という項目がある。これをどのように読むか。郷士は農業が第一であると強調しつつ、郷士層のなかに「出稼ぎ」せざるをえない者が存在することを認めている。そのことを念頭においての対応を呼びかけているようにみえる。互いに励まし合い文武修行を心がけようとし、京都府の小学校取り立てに対応していることも注目される。年米四石（二石は郷士仲間、二石は郷中家別）を一〇月に集め、教員の飯米（給与）にあてる、郷士・百姓とも自家の若者を学校に通わせる、「祝儀金」（授業料）は一人金五〇疋とし、差をつけないとしている。山科では勧修、山階両校が古いといわれるが、その成立にかかわるかもしれない動きである。あちこちに成立・存在していたらしい寺子屋との関係も含めて、別に追求すべき課題であろう。

明治三年二月の「口上書」ではさらに一四カ村に分住する郷士約一六〇人を一村一郷士組頭の統率の下に置き、触頭―郷士組頭―郷士の体制で新政府の「御用」を勤めることを願い出ている。行政と郷士による郷内統率の一体化といえるであろう。

以上、郷士層が農業経営を基盤としながら、村政を握り、新政府・京都府との関係を深めようとしている過程を概観した。先に郷士棟数が減少していることを指摘したが、それは御陵村郷士八人が天智天皇御陵管理という独自路線を主張したためらしい。このような問題があったにしても、山科郷士全体としては新たな体制（御一新）への対応に手ごたえを感じていたのではないだろうか。それだけに明治二年の両触頭への一〇石支給廃止や、三年一一月の解兵、帰郷命令はショックだったであろう。要するに郷士はもう御用済みということだから。これは山科郷士だけではなく、幕末以来「勤王」の志をもって朝廷に仕えてきたつもりのいわゆる草莽の人々すべてへの新政府の対応であった。ここで近世の山科はその中に育んできた山科を近世たらしめているものの一つを失った。近代にむけて新たな対応を迫られることになる。

明治三年五月の両触頭の「口上書」をみよう。慶応三年冬以来の新政府への奉仕の数々をあげ、「都《すべ》て御用向きニ付き人数差し出し方万端私共指揮仕り……（東行・再東行時には）為取締私共供奉仕」てきたから、従来通り上花山・東野村の年貢の内から一〇石を得ると考えてきた。ところが不支給ということで、驚き・当惑し、次のように訴える。

私共儀ハ旧来被下米ヲ以て糊口凌ぎ方仕り罷り有り候処右様ニ相成り必至難渋《なんじゅう》仕り……
出格之御憐愍《れんみん》ヲ以て従前通り被下し置れ、即今相応之御用御召遣被成下

彼らのいう「即今相応之御用」とは何かはわからないが、新政府とのつながりを必至に求めているように感じられる。歎願の宛先は「宮内省御役人様」である。正しいルートであったのかどうかはわからない。握りつぶされたのかもしれない。

郷士御用についても同じように推移していく。明治三年三月まで宮内省御用を郷士が在勤してきたが、「御改革ニ付き郷士東京詰御免相成り帰郷」となった。また「西京表之儀も夫々御用御免相成り」、そのため「年来之御由緒も一時ニ廃絶と相成り、一同嘆息罷り有」る状態になる。

具体的な行動や日程はまだ確かめていないが、惣代が何回も上京し「何卒相応御用被仰せ付けたき段度々奉歎願」たようである。これにたいして新政府は「何分御制度御改革之儀ニ付き、山科郷士ノミニ不拘、供奉之人々一ト先ず帰邑被仰せ付け」るのみであった。その時の「懇々御説諭」は「自今其地方ハ其地方之士民を被為選、即ち東京ハ東京府下之士民ニ被命じ、夫々其土地之御用ハ其土地之人民其用ニ従事スル事」になったというものであったと伝えている。さらに「是迄郷中ニ於テ御用筋ニ費用候金員取り調べ可願出」しと言われたとある。これにたいして郷側は「丁卯（明治三年）冬以来今日ニ至ル迄御用ニ付き出金之儀ハ不少事」と、多大な出費であったことを示唆しながらも、「郷士一同夫々割賦出金ニ御座候間、後々相続向き不差支様方法可有之、御用途御多端之折柄、御下げ金等ハ不奉願之心底」と応えている。

これはどう読めばいいのか。少なくない出金があったがそれにたいしては対策を講じ、相続などに不安はないようにしてあるから「御下げ金」は要求しないということらしい。それでは何を要求するのか。山科郷士の新政府に対する運動は新たな段階に入ろうとしているようである。それは「御由緒廃絶不仕様何卒相応之御用相勤め申し度」と従来と同じような表現になっているが、より具体的な内容を求めるものではなかったか。

なお出金の返済を求めたとみられる史料もある。

一、金八百両　　右ハ旧幕府御政務筋之儀ニ付臨時御入用有之由を以、元代官小堀数馬様より訳《わけ》て頼みニ付、無拠《よんどころなく》慶応三年卯二月金八百両山科郷中より調達仕り、返済方ハ年々相納候御年貢口米を以元利年賦済之約定ニ御座候処、其後小堀家御役御免之節、同家より右之次第御政府へ御達し置き候ニ付、去々辰年十一月、去る巳年、当午年迄数度京都府へ嘆願仕り候処、追て沙汰ニ可及旨被仰渡候儘《まま》、其後何之御沙汰無御座」（年欠「口上手控」）

慶応三年二月に小堀家に八〇〇両を納めた。小堀家から新政府に引き継がれているはずだが、明治元年・二年・三年と請求しても追って沙汰するであろうというだけで返済されていないと訴えている。先に紹介した小堀家への融資との関連が考えられ、結末はわからないが郷士層に新たな要求に向かわせる背景の一つであったと考えられる。

郷士の動向を以上のようにおさえると、彼等にそのような行動を促す郷士のあり方が明らかにされなければならないであろう。これは郷士の家柄を確定するという作業にとどまらない。これまでに郷士は農業生産・農業経営を基盤としているとみてきたが、それはどのような土地（耕地）所有の上に展開されているのか。郷士層として見た時「出稼ぎ」を必要とする階層も存在したようだが、実態はどのようなものであったか。伝統的な郷士棟一一は時代がすすむにつれて増加し、幕末には一六〇前後であったようだが、そこに「絶家」の影はなかったのか。言うまでもないことだが山科郷には郷士だけが居たわけではない。幕末から明治初年にかけての、時代の推移は、郷士よりはるかに多かった「百姓」の存在状況にも、おおいに影響したと考えられる。そのなかに郷士を位置づけていく視点が必要であろう。

最後に時代の推移を、年貢から租税への変化の面から、大宅村を事例として沢野井（忠）家文書によってみておこう（表27）。同村は高六三一石三九五合で、これは明治になっても変わらない。この村高に対する年貢賦課の構造を文久元年で江戸時代を代表させてみると、まず村高から荒れなどを引き「毛付」（収穫）を確定し、免を掛けて取米としている。ほかに定額の「夫代」四石四斗二升八合を加えた額がこの年の年貢で、「皆米納」と命じている。構造は随分簡単になりそのまま明治にひきつがれていく。

明治になると、「租税定状」で納入額が知らされ、「（貢賦）皆済目録」が納入内容を示す受領証というセットになる。村高から収穫皆無分を除いた賦課対象は田の「本免」、「川成村弁《かわなりむらまどい》」、「起返悪地《おこしかえしあくち》」及び畑高（収穫皆無

表27　大宅村の年貢と租税

年次	租税定状			皆済目録			
	貢米	口米他	計	米	永、円	本田畑免	永、円
	石　合					%	
文久元	293.255	4.428				46.65	
明治元	266.955	12.437	279.392	264.955	87.490	46.82	6.30
同2	276.719	10.245	286.663	184.479	958.538	48.04	9.10
		1.578	1.578				
同3	286.756	10.245	297.001	183.337	782.222	49.53	7.00
		1.578	1.578				
同4	309.573	9.287	318.86	188.129	436.113	42.00	3.20
同5	323.631	—	323.631	42.718	957.560		3.29
同6	310.263	—	310.263	—	1512.040		4.73
同7	316.068	—	316.068	20.400	2038.750		6.68
同8	322.696	—	322.696	—	7288.000		9.22

注①　文久元年は「酉年免定」による

注②　匁以下及び銭以下省略

注③　明治4年以前は永（貫、匁）、5年以降は円、銭

注④　米価は1石につき値段、永（厘）部分は省略

引き後）の「諸作屋敷」、「無地村弁」に区分され、それぞれ四六・八二％から一・二％までの税率である。表では中心となる本田の率のみを表示してある。明治元年には「正租」が米納、夫代・口米が金納であった。翌二年には三分の一金納が命じられ、外として幕領でみられた「伝馬宿入用」、「六尺給米」、「蔵方入用」が出てくる。なお「氏神供料」「大般若料」を引いた分を納入した。明治四年までは江戸期と変わらないことがわかる。

明治五年以降はまず「検見」をする面積が中心となり、高は「此高」として添えられる表現になる。収穫皆無分を除く構造はかわらないが、「大縄場」（開墾地）が出てくる。納入は「地租之部」と「諸掛之部」とに区分され、だんだん金納の比率が高くなっている。

郷士の話題は、彼等がどうして現在の千葉市東山科町と結び付くのかというところから始まった。だんだん近づいてきたが、さらに近づくためにも、改めて幕末・明治初年の山科郷のあり様と、その中での郷士のあり方をみておかなければならないであろう。この課題に答えるだけの史料収集やその分析、考察を行っているとはとてもいえない段階ではあるが、少しでも試みていこう。

まず、安政三年の大宅村の状況をみよう。同年の「宗門御改寺請家数人別帳」（沢野井清家文書）に出てくる郷士二一戸と百姓四六戸を耕地所持規模別に区分し、注記されている人々の移動を付け加えると表28のようである。読みにくい表だが、安政三年春に帳面を作成してから翌四年春までの一年間の動きがわかる。一見して高持の上位を郷士層がほぼ独占していることが明らかである。しかし同時に無高郷士の存在から郷士ならば有力高持であるとはかぎらないこともわかる。なお一〇戸の絶家（「当時相続人無御座候、追って相続人見立て継ぎ目御願申上げ度此の段御断り」）の存在も注目される。

一方、百姓は高持はごく少数で、四六戸中三四戸（六五％）までが無高である。このような圧倒的多数の無高百姓層の形成過程は何時、どのような経過を経て展開したのか。無高百姓層の形成過程と難しそうに表現したが、要するに、無高百姓はもともと土地を持っていなかったのだろうか、それともある程度（どの程度かも問題になるが）の土地は持っていたのだろうか。持っていたとすれば、何時、どのように手放したのだろうか、しかも無高になるまでに、ということを明らかにしようということである。彼等の失った土地はどこにいったか。それは、たぶん上層郷士の存在や二五石所持の百姓の生成過程と関係しているだろうと考えられる。しかし、村民の半ば

表28　大宅村の階層構成と送受籍先

持高	戸数 郷士	戸数 百姓	送籍　受籍	送・受籍先
	戸			
50石〜	2			
30〜50	2		1	相楽郡祝園村（郷士）
20〜30	3	1	1	京四条（郷士）
15〜20	2	2	2	京四条（郷士）、西野村
10〜15	3	1	1	京七条（郷士）
5〜10	3	5	2	京建仁寺町、新門前、2「大宅、竹鼻」
1〜5	1	1		
〜1	1	2		
0	4	34	7	京新町（2）、伏見、大宅（2）、勧修寺
			6	「小野・椥辻・大宅・勧修寺・大塚」
				京七条（引越）
計	21	46	8	

•「　」は入籍、他は送籍　•指定のない事例は百姓

が無高であるという状況は、後でふれる音羽村や四宮村の事例からみても、大宅村のみにみられる特殊な現象とは考えられない。その確認はいずれも今後の課題だが、近世の終わり方、近代の始まり方に示唆を与えるだろうと考えられる。

縁付きは嫁入・嫁取・婿養子などだが、僅か一年の数値だからなんともいえない。郷士と百姓とで婚姻関係にはっきりした違いがあるとはいいきれないが、ともに京都市中との関係が深いようにみえる。

次に明治二年の音羽村の状況をみよう。同年の「巳年物成帳」（八木家文書）によって、いくら年貢を納めたかを基準にして、住民を階層に区分すると表29のようになる。

年貢を全く納めない無高の数は、郷士で一人、百姓で五人と推定される。ただし物成が〇・一石以下とは僅かの宅地のみの、実質的には無高に近い存在であったとみられるから、大宅村でみたように、下層に偏った構成であるといえる。郷士の持高比率は高いが、村の上層を独占しているとはいえない。むしろ百姓のほうが土地所持の面では優勢であり、これが庄屋役をめぐる問題が発生する背景になっていると考えられる。

もう一つ、四宮村の状況をみよう。明治一〇年の田畑名寄帳と一一年の人員取調帳（共に井上家文書）によっ

て土地所持の階層別状況と職種別状況をまとめると表30－1・2のようである。なお戸数が表31とかなり違う。理由は不明だが、人員取調のほうが同一戸の複数所帯をそれぞれ一戸としているのかもしれない。

なお無高の郷士は二、百姓は四四、その他の職種は大工・飴商・請酒・餅商・旅籠および寺である。街道沿いの村として農業の比率が下がり、雑業を中心として職種の多様化が進んでいる。寺が中堅の土地所有者であるという特殊性はあるが、ここでも郷士が土地所有の上位を独占しているとはいえない。また百姓の圧倒的多数が無高である。煩雑になるから表示はしていないが音羽村や隣接する横木村などの住人の土地所有がかなりめだつ。この入作の多さが無高住人の高比率での存在の一因と考えられる。

婚姻の範囲を妻の出身地でみると村内六人・郷内一六・府下（安朱・愛宕郡）四・京都三・近江滋賀郡八・栗

表29　音羽村郷士・百姓の階層構成

物成高	郷士	百姓	計
20～25石	1戸	1	2
15～20		1	1
10～15	2	5	7
5～10	6	12	18
1～5	2	6	8
0.5～1			
0.1～0.5		11	11
～0.1		21	21
計	11	57	68

表30－1　四宮村の階層構成

所有反別	郷士	百姓	寺	計
20反～		1		1
15～20		1	1	2
10～15	2戸		2	4
5～10	2	9		11
1～5	1	6		7
0.5～1	1	2		3
0.1～0.5	1	7		8
～0.1		3		3
計	7	29	3	39

表30－2　職種との関係

職種	高持		無高		
	郷士	百姓	郷士	百姓	計
農	5戸	22		11	38
農兼煮売	1	2			3
米商	1	1		4	6
雑業			2	23	25
煮売				2	2
その他		4		4	8
計	7	29	2	44	82

表31　郷士戸数の推移

村名	総戸数	①	②	③	④	⑤	⑥
上花山	21	2　(4)	3	5	3	5	7
北花山	35	3　(11)	3	4	4	4	5
厨子奥	21	2　(4)	12	11	10	11	10
御陵	89	11　(13)	9	8	8	9	9
四宮	51	7　(10)	7	8	8	8	6　(1)
竹鼻	43	7　(8)	15	15	16	16	13
音羽	70	9　(12)	13	14	13	14	12　(2)
小山	53	5　(9)	13	13	13	13	12
大塚	41	6　(9)	17	14	14	14	6　(7)
大宅	68	12　(27)	26	26	23	24	26
椥辻	41	7　(15)	13	11	10	11	10
東野	46	17　(18)	7	9	9	9	6
西野	74	13　(10)	11	12	13	13	13
西野山	71	10　(10)	5	10	10	10	10
計	724	111　(160)	154	154	163	161	159　(10)

典拠は本文参照

太郡五などが判明し、郷士と百姓の間に顕著な違いはない。近江を中心に越前・大和・美濃国など他国出身者がみられるが、街道沿いの村の特徴であろう。

以上、僅か三カ村だが明治初年の状況を概観した。これを踏まえて郷士戸数の推移をみていこう（表31）。総戸数の史料には年号・表題はないが、宇治郡第二区小学校組合村々の、男女別生徒数を調べたもののようで、宇治郡第二区とあるから明治ごく初期（明治五年）である（土橋家文書）。この総戸数に対する郷士戸数の推移を少しさかのぼってまとめてみよう。①は郷士古棟数、（　）内は享保六年の山科郷村々御家人郷士名前帳の郷士数、②は文化四年御家人帯刀帳、③は慶応二年郷士本末書上帳（土橋家文書）、④は明治二年郷士戸籍、⑤は明治四年郷士印鑑帳、⑥は明治一四年六月二四日京都府士族名、（　）内は士族編入辞退者数（『山科郷史』による）。

まず念のために伝統的郷士棟数（古棟）と享保六年郷士数を比べると、西野村が若干減、東野・西野山村はほぼ同じ、御陵・四宮・竹鼻・音羽・大塚村は若干増、上花山・北花山・厨子奥・小山・大宅・椥辻村は大幅増である。古棟の確定時期が不明のためはっきりとはしないが、多くの村では享保六年までに郷士数の増加があったとみられる。それから幕末・明治初年までの郷士戸数の動きは、上花山・音羽・大宅・西野・西野山村では特に大きな変化はなし、御陵村・四宮村・椥辻村では若干、北花山・東野村では大きく減少、逆に厨子奥・竹鼻・小山・大塚の各村は増加であったといえる。このような状態が何時ころ、どうして、どのように生まれたのかの解明は、山科郷士史の重要な課題の一つと考えられるが、ここでは変化が全体として享保期までに展開していたとみられること、その後は全郷士戸数には大きな変化はなかったが、村によって状況が異なり、増減さまざまであることを確認しておきたい。ただし、すでにふれてきたような郷士層の階層分化や絶家の存在を考えると、同一系統内の分家等の動きだけでなく、旧来からの郷士系統の衰退・絶家の動きと養子縁組による継続などの動きをはらんでいたという点を、意識しておく必要がある。

郷士の全体的な状況をみていこう。明治二年の郷士戸籍は持高や養子関係・妻出身地などが判明する貴重な史料である。比留田家文書の戸籍帳は一部混乱がみられるが、沢野井家文書などでおぎなえる。帳面の末尾によれば以下のとおりで、（　）内は沢野井家文書による数値である。郷士家数一六三（一六一）、人数―男三八八（三八七）人・女―三二七（三三四）人、計七一五（七二一）人。所有総高二〇一七石二七七合三（二〇五〇石九七五合四）、藪五二（五八）カ所、山二一一（二二〇）カ所、林四六（四六）カ所である。微妙な違いはデータの整理過程で生じたと考えられるが、郷士名や数値が一致しない場合があり悩ましい。それだけ郷士層の末端部は変動していたということかもしれない。

一六〇名余の状況を一括して概観するためには、また表にせざるをえない（表32）。数字となった郷士の苗字を村ごとに確かめておこう。各苗字の継続的な広がりが郷士数の維持・拡大を支えたといえる。

•上花山…比留田、林　•北花山…松井、柳田　•厨子奥…四出井・中村・海老名・藪内　•竹鼻…大野木、岡田、高坂、三間、佐貫、原田、百田　•御陵…高谷、岸、磯田、木下、中村　•四宮…四宮、富田、岸見音羽…中川、粟津　•小山…中川、小山、内海　•大塚…平井、阿口、野間、西村　•大宅…林、沢野井、山本　•椥辻…中村、中井、河合、辻、板倉　•東野…土橋、村田、安田、高田、寺田、林、斎藤　•西

表32　明治２年の郷士の存在状況

村名	持高（石）階層											対戸数比	対村高比
	50〜	30〜50	20〜30	15〜20	10〜15	5〜10	1〜5	〜1	小計	0	合計		
上花山		1	1	1	2				5		5	23.8	62.5
北花山		1	1		2				4		4	10.5	30.9
厨子奥				5	2	2	1		10	1	11	44.0	90.5
竹鼻		2		3	3	2	4		14	2	16	35.6	53.0
御陵	1	1	2		1	2			7		7	7.1	29.4
四宮				1	3		1	2	7	1	8	14.0	24.7
音羽		1		1	7	1	2		12	3	15	19.5	28.9
小山			1	3	2	4	2	1	13		13	17.8	59.4
大塚			2	2	3	2		4	13	1	14	24.6	48.2
大宅	1	5		1	4	6	1		18	8	26	37.1	61.4
椥辻	1		1		1		1	1	5	6	11	26.2	29.8
東野				1	2	2	5		10		10	17.5	10.6
西野		3	2	2	3	1			11	2	13	17.1	32.1
西野山		1	2	2	1	2	2		10		10	14.3	18.5
計	3	15	12	17	39	24	20	9	139	24	163		

野…辻倉、奥田、吉井、進藤、大塚、松井、高田
・西野山…田中、進藤、渡辺、羽田、小谷

明治初年に各村全戸数に占める郷士家の比率は村によりさまざまである。比較的高い厨子奥・大宅・竹鼻村が三〇％以上だが、御陵村を筆頭に二〇％以下の村も多い。これに対し百姓層はどうか。こちらは正確なデータはないが、上にみたように圧倒的多数が土地を失っているか、零細な土地所有者にとどまり、土地所有を失った多くは、小作・雑業層になっていたとみられる。

このような社会的・経済的状況のなかでの、郷士層の土地所有状況はどうだったのか。郷士戸籍を見てまず第一に気づくことは、郷士層の土地所有がほとんど彼等の住む村内に限られていることである。他村にも所有する郷士も若干はいるが例外的で、他村での所有規模もごく小さい。そのためか大規模な所有者も少ない。最大でも五四石余に過ぎない。これまで郷士・百姓にかかわらず、大規模土地所有者の農業経営についての検討をまったく欠いている。

自家労働力および若干の雇用労働力による米・麦生産を中心とした、それに竹（筍）や茶およびいくらかの野菜生産を組み合わせた農業経営というイメージでみてきただけである。扇状地上の山科郷の耕地は旱魃に見舞われやすく、大規模経営は無理だとする見方を前に紹介したが、自家経営の規模には限界があったと考えられる。

自家経営（手作り経営）の及ばない部分は他に貸し出すことになるであろう。土地の生産力表示を、土地賃貸料（小作料）で表している史料の存在からみて、地主小作関係は広範に展開していたのではないかと推定される。この点についての検討もまだだが、いわゆる手作り地主経営が上層郷士によって営まれていたとすれば、中層は自作経営が、下層では自小作ないし小自作経営であったということになる。もちろん無高郷士層による小作経営も当然あったであろう。

土地所有による階層区分を試みた表32のどこからを手作り地主とするかは難しいが、仮に三〇石以上とすると一八名で土地所有郷士のうちの一二・九％（郷士全体の一一％）、二〇石以上とすると三〇名で、二一・五％（一八・四％）である。同様に一〇～二〇石層を自作農とすると五六名で、四〇・三％（三四・四％）である。五～一〇石層二四名も加えれば五七・六％で過半を越える。郷士全体からみても四九・一％だから、郷士はなによりもまず自作農として存在していたといえるであろう。五石以下層は二九名、これに無高層二四名を加えると五三名で、全郷士層の三二・五％を占める。下層郷士は小作農であり、その一部は雑業へ流れているといえよう。

これを土地所有量からみるとまた違った側面がみえてくる。三〇石以上層の所有石高合計は六九〇石余で、これは郷士所有全体の四〇％である。二〇石以上とすれば五六・二％で、これは郷全石高の　四・五％にあたる。上層郷士の地主としての存在を無視できないことがわかる。明治二・三年の一四カ村郷士総代が二〇石以上層六名、一〇～二〇石層八名であることに、以上の状況が反映していると考えられる。

郷士の婚姻関係を概観しておこう。妻や婿養子の出身地判明例でもっとも多いのは同じ山科郷内で、七五件にのぼる。ついで隣接する宇治郡内が七、それ以外の山城国（愛宕郡など）が一八、京都市中は七、近江国は志賀郡、栗太郡などで一八である。以上一二五件のうち、郷士あるいは百姓の身分判明例をみよう。郷内出身のうち五三件までが同じ郷士層で、百姓身分の二二件を圧倒している。一方、婚姻範囲の広がりに対応して山城で二〇、近江で一五の百姓身分出身が確かめられる。これらをどう評価するかは難しいが、郷士同志のつながりを強固に維持しつつも、百姓身分との関係も広がりつつあり、婚姻範囲の拡大がその傾向に拍車をかけているとみておこう。

幕末・明治初年の郷士の存在状況を概観した。これをふまえて、京都での勤務を解かれ、東京からも帰郷を命じられて以降の郷士の動きをみていこう。まだ十分に集めきれていないからかもしれないが、事態の推移の概略はわかっても実態はもう一つはっきりしない。残された史料の少なさが郷士の運動の結末を暗示しているようでもある。

明治三〇年に先人たちがまとめた『山科郷史』で概略をみていこう。明治三年一一月に郷士総代・触頭連名で京都府に嘆願書を提出する。その要点は「何卒《なにとぞ》東京近接の地に於て相応の場所御充行《あてがい》被為下」と、「西京の振合を以て御膳米を始め奉り諸般の御用勤め続けたく」である。東京近郊に相当の土地を貰って開墾し、京都でやってきたように御膳米を納入したり、その他の御用を勤めたいという。嘆願者は両惣頭のほか林重作・松井庄左衛門・四手井三郎右衛門・礒田甚左衛門・高阪嘉四郎・四宮善左衛門・中川安左衛門・中川太右衛門・阿口源蔵・沢野井清左衛門・中村源輔・安田幾次郎・吉井忠左衛門・羽田泰輔である。いずれも居住する村の郷士惣代であった。

翌四年正月の通達は東京近辺には開墾するほどの土地はない、武蔵・相模の原野は調査中である、おって沙汰があるかもしれないから待てというものであった。そのまま放置されて一年半後の明治五年六月八日に東京内藤新宿六三二〇坪、大久保百人町二万五〇九五坪が下げ渡された。「格別の訳を以て荒蕪不毛の地四十二町歩可相渡」ということであったから、さらに追加を願ったようだが実現しない。なお『資料京都の歴史』山科区編は明治五年五月二八日の太政官通達をあげ、面積は「総計弐万五千六百拾弐坪」である。六年二月には「開墾人夫」二〇余名を上京させたが、当初予定の面積でないため、七月には「総代および移住民十名」を残して帰郷した。

その後も歎願を繰り返したが採択なく、それどころか政府は七年一〇月には、東京近郊に払下地はなくなるであろうから「郷士移住の望有之者」は一一月三〇日までに、（東京近郊に土地はないのであるから）近隣県下に候補地を選択して、一二月三〇日までに願い出るように通達した。話が違うということでいろいろ歎願したが実現しない。新宿に土地を得てから五年、出費も多く、「維新前後の郷債」も増加し、「一郷の惨状実に寒心の至」りという状態になった。その後願が聞き届けられ、明治九年八月二九日に千葉県下に土地が下付された。「山科郷士四手井佐太郎外十九名」への、千葉県下千葉郡平山村坂尾村長峰村三カ村入会字中峠野での三一町五反二畝二五歩である。『資料京都の歴史』も明治九年八月一六日の内務省伺いをあげ、同面積の「開墾可相成分」について地元に支障はないことを確認している。

開拓団は比留田権藤太・四手井新五兵衛を組頭とし、明治九年九月一六日に岩倉具視の承認を得て内藤新宿の土地を売却して開墾費用に充て、開墾地を東山科村と称すること、さらに周辺での官有地払い下げを求める。しかし村名以外は実現しなかった。すでに山科郷は明治五年に一万六八二三両一分一朱・銭四八九四貫七六九文の負債を抱え、郷士の破産・廃家を生んでいたが、開墾地でも明治一一年の負債六一四〇円が一三年には一万一九四五円九〇銭になり、ついに一四年一〇月に東山科村全村売却（二二〇〇円）で負債の一部を償却せざるをえなかった。「烏呼《ああ》十年辛酸の結果は今や一朝水泡に帰し……転《うたた》今日の末路を悲しむのみ」と結ばれている。

『山科郷史』は明治三〇年刊行だが、序文によればいずれも旧郷士の編纂委員七名が明治二五年末以来「古書実録又は諸家の旧記日記等を蒐集し編者（安朱住の牧洞治次郎）に付して纂録せしめ」たものである。編纂時にはまだ関係者が生存していて話を聞いたろうし、また年月日や金額が非常に詳細であり、なんらかの史料に基づいた記述と考えられる。同書は幕末以来の郷士の活動を多方面に、人名・数値を入れて記述している。比留田家文書等で確認できるかぎりで取り上げてきたが、土地の取得とその開拓という新たな展開についても裏付けを試みなければならないであろう。

政府への歎願を盛り込んだ「奉願上口上書」は幕末以来の郷士の朝廷に対する活動をあげ（宮門警衛、守衛士拝命、岩倉殿警衛、総督岩倉殿随従東山道出兵、東京行幸供奉など）、京都、東京双方での免職、帰郷命令をうけて、「山城国山科郷之御由緒ヲ以、武蔵国ニおいて農業之地所西京郷中同様御領被仰せ付け度御膳米並びニ御用など相勤め永住仕り度」と訴えている。これは明治三年九月の「控」（吉井家文書）からの抜粋だが、『山科郷史』所収の「口上書」や比留田家文書にある「口上書」もまったく同趣旨で、若干文言の違う口上書（案）が写されて郷士らに広がっていたらしい。また京都府だけでなく中央政府にも陳情した。（明治三年）六月一九日に出した斎藤長右衛門から比留田・土橋・郷士組頭宛の東京からの手紙に「（岩倉具視が）東京近在ニは開拓致し候地所有無哉ト御尋ねニ付、北村殿より御座候と御答ニ付、地所有之候ハハ取調手元迄差出し候様（といった）」とあり、かって警備を担当した岩倉具視にも働き掛けたことがわかる。岩倉の家令的な人物ではないかと考えられる三好なる人物を通じての岩倉宛の嘆願書下書きも残されている。ただし『岩倉具視関係史料』にも出てくるのは、明治国家の中枢にかかわるような動きだけで、山科のことは出てこない。『岩倉公実記』をさっとみたかぎりでは、大総督府下参謀が発行した「江戸より京都迄通行」の許可証が「岩倉殿内多田隊八人、山科隊上下拾人、力士隊二十五人、中津川郷士拾人、仲番二人、口付之者拾人」に発行されたことくらいと思われる。これは開墾とは関係ない。岩倉がどのていど動いたかは推定するのみだが、岩倉との関係を追ってみよう。

右記の「控」の中にも岩倉との接触を試みていると思われる記事がある。「午（明治三年）八月十五日返翰写」によれば山科郷士が「新地開発之儀書面ヲ以岩倉殿へ相願」う行動をとっており、北村氏（上記斎藤氏の手紙のなかの北村殿と同一人物か）が「山科郷士共一昨年当家付属ニ付自分共諸願取扱罷有り」としている。「当家付属」とはかつて警備係になっていたということであろう。ここに記載されている郷士が開拓に参加したかどうかはわからないが、関係者として記録しておこう。

山本政右衛門、斎藤長右衛門、粟津弥兵衛、原田与曽吉、羽田志津磨、林　勝次郎、中村清次郎、中川末吉郎、斎伊之助

比留田家文書の年欠、表題欠のメモのような史料によれば、明治三年九月二六日に東上した陳情団は二八日には「岩倉殿御長屋」を拠点にして行動を始める。松尾宮内権大丞を尋ね、開拓一件を嘆願する手続きを相談し、岩倉に面会する日程を決め、会見の様子を次のように表現し、さらに宮内省への嘆願を記録している。

閏十月朔日大丞殿岩倉様へ参殿、開墾一件種々御談シ有之、願書其外見込み書下案直し、卿より丞へ御任せニ相成り……三日ニ北村へ回り又卿御一覧、其上御加筆有之夕方落手

七日四ツ時宮内省御玄関へ比留田・斎藤・山本三人願書持参差出

『山科郷史』所収の口上書は明治三年三月以降の帰農命令をうけて同年一一月に提出されているが、一四カ村の郷士惣代が署名しており、東京近辺の土地払い下げ嘆願は郷士全体の要望であったとみられる。ただし払い下げ地の開墾をめぐっては関与（意欲）の度合いに濃淡の差があった。比留田家文書の中に、もう一通の「奉願上口上書」が残されている。要旨は同じだが「有余之人員移居仕り元郷御差支之筋等ハ更々無御座、別紙凡そ見込書相添え」とより積極的である。署名者は山本政右衛門・斎藤長右衛門と両触頭。斎藤氏は財政難の東野村の庄屋代あるいは庄屋ですでに登場している。先の郷士総代は各村を代表する郷士上層が主であったが、こちらは自作下層ないし小自作とみられる総代で、実際に移住・開墾を希望していたのではないかと考えられる。口上書につけられた「開墾見込書」が興味深い。

山科郷（一七カ村、六三〇〇石余、八〇〇軒余、三〇〇〇人余）は「元来御高不相応人数多」く、「西京近辺故出稼ぎニて身過ぎ候者多」い処である。しかし最近は「追々出稼等薄ク相成り難渋凌ぎ方難相成」い状況である。だから今度の開拓出願については郷士の次三男で五〇〜六〇人、困窮百姓一〇〇〜二〇〇人の中から六〇〜七〇

人ぐらい開拓に出しても郷内の農耕には差支えない。払い下げ地をみせてもらえば収納・鍬下年期などの見積もりはただちに提出すると。

明治五年七月、太政官通達で実現した先述の内藤新宿等の土地は、このように待ち焦がれていた土地だったと考えられる。比留田権藤太が作成したとみられる「東上一件手控」によると「七月十九日郷発途、八月朔日東着……同十二日開拓地所受取願書出ス、同十三日地面引渡有之」とある。その日は郷村掛役伊志田権大属と同道で山科元行・比留田（権藤太）・斎藤（長右衛門）が新宿へ出張し、地元の戸長・副戸長立会の下で、「西端県上地」を、さらに大久保百人町へ回りそこの土地も受け取っている。境界に杭を打つ作業を米七・安五郎が行っている。山科から一緒に東上した農民かもしれない。四人は「牛込神楽坂料店ニて一盃催」したが、比留田氏らは第一関門を突破したという感慨を持ったのではないだろうか。

明治五年と考えられる九月二五日付けの手紙の内容から推定すると、払い下げ決定を受けて地元山科で数回の会合がもたれ、開拓希望者の募集が行われた。惣代小山氏（磯右衛門、小山村）が「開拓懸り」衆に宛て「然ハ東京開拓一件ニ付度々御苦労ニ相成り、尚又過日聞談之次第柄村方ニテ致相談し候得共、私共村方ニおいて加入之人も無御座候故御断り申上候」という手紙を出している（土橋家文書）。このような態度の村がどのくらいあったのかはわからないが、開拓を推し進めようとするグループと、距離を置こうとするグループに分離していったように考えられる。払い下げ後一年半ほどたった明治六年一一月には、「追々郷中衰困之折柄、右開拓金融通方ニ付御相談整え兼ね、今以歳月空しく打過ぎ」という状態にあったらしい。打開のための会合が開かれた結果と推定されるが、比留田権藤太・四手井新五兵衛に地所引請の委任がなされている。両人は「我等も郷中之一分ニ御座候得バ右地所引請候儀も全く朝廷之思召ヲ奉戴し、郷中由緒相立候様致度存心」とし、さらに「右開拓地所入用金出入ニ付一切郷中へ御迷惑相掛け申間敷く」との「證」を郷士惣代に出している（土橋家文書）。

現在のところ開墾状況や開墾者などはわからないが、上記の山科氏は有力な資金提供者であったようで、明治七年九月二八日の「開墾地定約」によれば開墾地の一〇%を得ることになっている。四〇%は「引受人」（保証人）青森県士族太田広城に、五〇%が「開墾之上山科郷へ御引渡可申事」である。この「定約」には「先般山科郷へ御下地之内東京第八大区三小区大久保百人町元組屋敷地弐萬六千弐百七拾弐坪余之場所……開墾之儀今般拙者御引受申候処実正也、右は当戌年中無相違開墾可致候」とある。この「拙者」のところに山科からの開墾希望者名が入る開拓契約書の雛形ではないかと考えられる。現在のところ「定約」した氏名はわからない。

ここまでの動きを年欠の、正式報告のための控えかと考えられる「諸入用金訳帳」でみよう。まず明治三年三月から九月までの地所払い下げ請願のための延べ一一人の滞在費など一五〇円、次いで同九月に書類提出のため二人が東上、宮内省へ、さらに東京都府へ提出、一〇月に帰村する、この間の「道中往復入費並びに滞在中諸入費」が六〇円。五年八月一日地所引渡のため東上、一〇月二四日まで滞在の交通費・滞在諸費八五円、境界棒杭二〇本・人足代など九円五〇銭もある。なお「地所開墾下拵《したごしらえ》」のため四人が東上、一一月二〇日まで滞在している（交通費・滞在諸費九五円）。このように順調に滑り出したかにみえるが、翌六年七月から一二月までは「残り町歩被下願」のための交通費・滞在費一八〇円（「前願続きニ付一二月七日今一人当（到）着」とあり、別に二〇円が計上されている）、さらに明治七年六月からは「御府下近傍並びに近県下地所探索先々ニ於テ土地委敷者《くわしきもの》相頼取調候道中諸入用」が八年一二月まで一四〇円も出てくる。『山科郷史』のいう政府の動きに対応する支出であろう。

結局、新宿の土地は期待したほどの面積でなく、着手後の開墾費用もかさんだとみられる。総額はわからないが明治七年八月分の内藤新宿区入費一三円七二銭八厘と記録されている。山科から遠く離れた東京郊外での開拓事業は行き詰ったようである。残された史料から明治九年五月の一部売却が判明する。持ち主大野木半治、比留田鉄太郎の二口、三八二二坪が一七一円九九銭で山科元行に譲渡されている。他の入植者の持ち分も処分されていったとみられる。なお数次の『新宿区史』をみたかぎりでは山科郷士の開拓の事業はその後忘れられたのか指摘されていない。ただし『東京市史稿』市街篇五三には「法令類纂」から引用した、東京府や京都府宛の通達がのっていて、『資料京都の歴史』山科区がのせる「京都府史料」政治部戸口類の引用と一致する。細かなことだが、明治五年五月二八日付の払い下げ地は若干変更があり、七月には総計三万一四一五坪になっている。『山科郷史』のいう面積はこちらであろう。

九年一一月一九日には比留田権藤太・四手井新五兵衛が亀岡勝知なる人物から「開墾入用金」一二〇円を月一分五厘利で借用している。明治九年五月六日付けの岩倉あて嘆願からみても、開墾の対象が東山科村になったことがわかる。先述のようにその土地は四手井佐太郎外一九名に下げ渡された。外一九名の氏名は佐貫伍一郎氏が『山科郷竹鼻村史』で探索の努力を重ねておられるが、現在のところわからない。ただ、西野山村の羽田家関係の人物が開拓に参加したと語り伝えられていることが確かめられている。郷士以外に百姓層のなかからも参加者がいたのではないかと推定されるが、こちらもまったくわかっていない。

千葉の東山科の開墾状況もほとんどわからない。明治一〇年三月の山科開墾場と表紙に記載された「諸入費簿」が残されているが、銭単位のこまごまとした食品や諸用具購入記録で、そこから開墾状況をうかがうことは困難である。ただ人力車賃や舟賃あるいは千葉・船橋・行徳・新宿角筈などの地名が散見され、東京や新宿開墾地との関係が続いていたことを推測させる。一点だけだが「下総国千葉郡東山科村開墾場木植付記」があり、明治一〇年から一二年にかけて桐・栗・柿・茶・孟宗竹を「畑地」に、「荒地」に松を植えていることがわかる。

先にみたように『山科郷史』は幕末期以来の郷債や開墾関係の負債金額を端数まで詳細にあげている。その根拠や返済をめぐって生じたであろう諸問題についてもまだ確認できていない。分からないことがいっぱいあるという状態である。この状態を少しでも埋められればという期待も込めて、二〇一六（平成二八）年九月一五・一六両日の日程で、先の募集に応募された二〇名ほどの方々と千葉市緑区平山町東山科へ行ってきた。九月二四日付けの地元紙『千葉日報』は東山科町と京都の山科区の有志が「開拓が縁で住民交流」し、「一四〇年の絆強める」と報じた。地元の方々の歓待に心から御礼申し上げたい。現地見学の様子や交流会での情報交換などの結果はその後の報告会で若干ふれることができた。入植者二〇名の氏名が判明したというような目覚ましい成果はなかったが、入植の事実が現地でも語り継がれていることがわかった。

下総国の、明治一〇年に東山科と命名されたところはどのような場所か。緩やかに起伏する丘陵が連なり、丘陵と丘陵の間には細い水流があり、それがやがて海に面した平野部に続いていく、その丘陵部に東山科はある。ところどころ灌木の林で区切られて畑や宅地が広がり、水田はない。山科のように盆地の平地部は水田であったという光景は望めない。集落のなかに金毘羅神社がある。奉納された板額には最初の開拓者としての山科郷士への言及があり、なぜ金毘羅かはわからないが、彼らが勧請したとされている。また板額に書かれている文章中に「四作」なる文字があり、それが四カ所の水田をさしているが、現在ではいずれも水田でないことも現地見学でわかった。前にみたように山科郷士の払い下げ請願の趣旨は、天皇への「御膳米」献上などである。入植者たちは当然のごとく水田開田に努力したと考えられる。彼らにとっては開拓・開墾とは水田を開き、米を生産すること以外には考えられなかったともいえる。現地は江戸期には三カ村の入会《いりあい》秣場《まぐさば》であって、入会の権利をめぐる境界争いがあった事実が確かめられている。秣場として存続したということは耕地化が困難な、少なくとも水田化の可能性の低い土地であったことを示している。上記の「植付記」によれば桐苗三〇〇〇本、栗苗四〇〇〇本、柿苗一〇〇〇本、茶八反、竹二反を畑地に、松苗六〇〇〇本を荒地に、八六〇円を投入して植林する計画だった。どこまで実現したのかはわからないが、畑地をも果樹園や茶畑に、あるいは竹林にしようとしており、開田の困難に直面していたのではないか。また松を植えて防風や土砂崩れ防止を図らなければならなかったのではないか。それだけに開墾の大変さが実感としてわかったように感じた。

山科郷士らの入植・開拓の事実は現地でも記憶され続けて、神社境内の記念碑にもその旨の記述がある。ただ開墾に行き詰った山科郷士らが、開拓地を売却して全員が京都山科に引き上げたのか、少しでも残った者はいな

表33　郷士と士族

持高	郷士	士族1	士族2	非士族
50石〜	3	3		
30〜50	15	11	1	
20〜30	12	7	2	1
15〜20	17	11		
10〜15	39	15	10	3
5〜10	24	14	3	1
1〜5	20	7	1	
〜1	9	2		4
0	24	9	4	
計	163	79	21	9

注　士族1は明治2年郷士戸籍所載氏名と一致する者、士族2は一致する可能性の高い者、非士族は郷士戸籍と一致する士族辞退者。

かったのかなどは判明しなかった。ただし、少なくとも山科郷士らの行き詰まりがそのまま開拓放棄・荒地化ではなかったわけで、開拓自体は新たな担当者（京都府士族藤井希瑛所有）を得て続けられ今日の東山科に連なったと考えられる。『千葉県資料近代編』などをさっとみたかぎりでも、明治初・前期に県下各地で開拓が行われたことがわかる。その中に位置づけられるであろう東山科における明治一四年以降の歴史の解明に期待したい。

　明治前期にさかのぼる出来事とはいえ、現在では入植者の名前もわからなくなっていることについては、入植を試みた郷士らにとって借金を負って撤退せざるを得なかった、いわば負の歴史であったから関係者は沈黙し、入植・開拓を試みたという事実のみが伝えられたのかもしれない。わからないことが多い段階でのこのような理解の当否は容易には判断できないが、撤退によって山科郷士が消滅したというようなことではない。『山科郷史』は入植失敗によって「遂には産を破り、家を廃し、空しく他郷に零落するもの幾何《いくばく》なるを知らず」というが、大半の郷士は、明治一四年六月二四日に京都府士族になっている。ここに山科の近世の一つの終わり方をみることができるといえないだろうか。それは同時に山科の近代の始まりでもあるだろうから、明治一四年の京都府士族について考えてみよう。

　明治政府の戸籍編成の下では、華族・士族・平民に区分されたが、郷士はどちらつかずであった。そのため全国各地で士族への編入を求める運動が繰り広げられた。山科でもそのような動きがあったかどうかは確かめられていないが、いずれにせよ明治二年の郷士戸籍や四年の郷士印鑑帳では一六一〜一六三人が一〇年後の明治一四年には、辞退者一〇名もふくめれば一六九人になっている。これまで史料に出てきた郷士は当主だけでなく子弟も含まれているとみられる。それと『山科郷史』のいう消滅した郷士家との関係はわからないが、明治初年と一四年の人名を比べてみよう。

一〇余年の間隔だから、まだ全面的な世代交代はなかったろうと考えられることを前提に、人名の一致だけを手がかりに、どのくらい土地を持っているかを基準にまとめると表33のようである。前に掲げた表31と比較してみよう。持高二〇石以上の郷士上層はほぼそのまま、二〇石以下層でも多くが士族になっている。一方、五石以下層では、士族名との一致はかなり減少している。山科郷から姿を消した郷士が、土地所有の面からいえばどの階層に属していたかを推測させるといえる。しかし無高の士族が一〇名余も確かめられることにも注目しなければならない。この点は士族になることを辞退した一〇名にもいえる。持高は八名しか対応させられないが、二一石余一名・一〇～一五石層二名・八石余一名のほか、一石以下が四名である。『山科郷史』は「事故あり士籍編入を辞したるもの」としか記さないから、辞退の理由はもう一つはっきりしないが、郷士から士族への移行が、必ずしも土地所有の有無を条件としていないことや、近世から近代への移行を、郷士から士族への移行に求めない動きの存在に注目したい。

二四　近世から近代へ

以上のような郷士層の動向も含む郷全体の推移をみよう。農業を基盤として続いてきた山科郷にとって、近世から近代への移行にあたってもっとも影響のあった出来事は、朝廷との関係の消滅などもその一つであろうが、それ以上に地租改正ではなかったかと考えられる。ご承知のように地租改正は土地を改めて測量しなおし、基準となる米などの収穫量を定め、それを基に地価を算出し、地価に税率（三％）をかけて地租（金納）を徴収する仕組みである。地租は従来のような村単位ではなく土地所有者個人にかかってくる。個人と国家が向き合うことになる。中央集権的な国家体制の確立を目指す明治新政府の意向などの問題はさておいても、この政策の影響の大きさは想像できる。といったが山科郷の改正過程はわからないことが多いのが現状であろう。

地租改正の前に地券の交付が行われた。地券所有者、すなわち土地所有者を明確にする必要があったからである。いわゆる官民有区分（官有地と民有地の区別）が行われたが、飛び地のある村が多い山科では問題は生じなかったのか。飛び地がどうして多いのかも含めてまだ解明されていない。そもそも、村にどんな土地があったか。田畑宅地は当然だが、大宅村では上地宅地・上地林・現在境内・新開畑（鍬下年季中）・御旅所・荒地・一里塚敷地・溜池・墓地が、川田村では藪・林・大縄場開拓地・荒地・池・墓・見捨地が出てくる。これらの土地を丈量（測量）し、地価を定めていくために村に「評価人」（総代人）がおかれ、戸長（近世の庄屋）とともに地租改正にあたった。天正の太閤検地以来、測量も石高の変更もなかった山科でどのように進行したのか。現在のところ大宅村・川田村などについてわずかな史料を集めているだけで、わからないことが多いが概観を試みよう。

改正の前提となる地券交付は明治五年九月に着手された。家に地券証書があるという方もいると思うが、山科では交付自体はスムーズに進行したのかもしれない。明治八年八月から府・郡部の地租改正が始まる。京都府の大蔵省地租改正事務局への報告で、全体状況を確かめておこう。明治一〇年五月一六日付けの「地租改正事務局別報」八一号によれば、「管下山城国八郡丹波国三郡（桑田・船井・何鹿郡）地租改正ノ儀一昨明治八年実地丈量ニ着手、同九年二月中御局官員派出相成候ニ付諸般協議ヲ遂ケ、昨年五月中実地検査相済、引続収穫及ヒ地価調査候処別紙新旧税額比較表並差引書ノ通整理致シ、聊《いささか》モ人民ニ於テ苦情無之（中略）、明治九年ヨリ旧税法相廃シ新税法施行相成度此段相伺候」（読点引用者）とある。出張官員の復命書もみておこう。『該《がい》調査ノ順序タル、土地丈量ノ検査ヨリ村等ノ等級、収穫ノ多寡、利子ノ高低ニ至ルマテ措置宜キヲ得、大要領上ニ於テ間然スル所ナシ（中略）、一村内ノ地位階級ヲ設ルヤ府員実地ニ就キ総代人及ヒ老農ト熟議シ、猶《なお》尽サ《ざ》ル所アレハ必地主一統ヲシテ一地毎ニ其階級ノ意見ヲ投票セシメ、以テ公議与論ニ采《と》リ（中略）、其階級ヲ確定シテ毎級ノ反米《たんまい》モ亦各自陳述スル所ノ数ヲ積算シ、以テ先ノ一村上ヲ概観シテ予定セル所ノ村位ニ参観スルニ、其位置符合スルモノ十ノ九ニ居レリ（後略）」（読点引用者）。

　これらを読むと改租はスムーズに行われたようだがどうだったのだろうか。専門家による土地測量により耕・宅地や山林（藪）の一筆ごとに番号を付けた地引絵図が作成されたと思われるが山科ではみつかっていない。大宅村では田三五九反八畝一九歩、畑一七二反八畝一五歩、宅地三九反二畝二一歩、畑藪成二二八反八畝一九歩、畑林成七四反一畝二歩、合計八七四反九畝二六歩となった。このほか大縄（開墾地）が二　反一畝二七歩あり、その他の土地も加えると改正反別は九一五反六畝四歩であった。これは江戸時代の反別五〇四反四畝二四歩半にくらべて大幅増である。太閤検地は一間＝六尺三寸竿、地租改正では一間＝六尺竿だから、ある程度の増歩は当然と考えられるが、歩延びの存在、開墾の進展なども考慮しなければならないであろう。川田村でも旧反別二二二反一〇歩に対し、改正反別は二八〇反三畝二二歩である。大宅村ほどではないにしてもやはり増加している。

　面積の確定した耕宅地などの収穫をどのようにして決めていったか。郷内の村位等級については不明だが、村位決定の基となった収穫については、これが地価に、ひいては地租に反映するからもっとも関心が集まったであろう。集めた史料の表題は明治九年七月および九月「地位等級収穫宛米取調帳」・同八月「収穫宛米見込書」（大宅村　沢野井（忠）家文書）、同月「収穫米等級取調書」（川田村　茶谷家文書）で、京都府に提出されている。この表題からわかるように地目ごとに等級を決め、等級ごとに収穫米と宛米を決めるという方法がとられた。地価はそのような収穫（利子）を生み出す元本と考えるわけである。等級は大宅村では一～九等で、各等がさらに上・中・下に区分されている。これは川田村でも同じだから、あるいは山科郷各村共通であったのかもしれない。ただし地味は地目により、また村により異なるから、各等級の反当り収穫米・宛米や適用する等級は地目により、村によって様々であったと考えられる。

大宅村の田反当り収穫米は、明治九年七月時点では一等上の一石八斗三升八合から七等上の六斗六升二合まで分布している。ところが翌八月には、一等上は二石三斗一升に増加、七等上も六斗八升に微増、さらに九月四日付けの「取調帳」では、一等上は二石一斗で減少、等級は九等下まで拡大し六斗八升になっている。

わかりにくい書き方で申し訳ないが、これらの数値の意味は近代の山科を考察する基礎になると考えられる。ここでは、山科の近世をどのように終わらせたのかという観点から少し考えてみよう。京都府は地位等級の設定については雛形程度は示したかもしれないが、一律に強制したのではないように思われる。問題は各等級に盛る標準反当収穫米をいくらにするかである。これも最初は村の取り組みにまかせ、その結果が九年七月の数値ではなかったか。提出をうけて府は再検討を命ずる。その結果が八月の数値で、改めて各等級の田の面積に当てはめてみて、高収穫額に驚いたのではないか。そこで府と交渉して引下を図る。収穫増の影響の分散をはかって等級、ランクを増やしたと考えられ、各等級に配分された収穫額は七月と九月ではかなり異なっている。煩雑になるから表にはしないが結果として合計収穫米は増加になっている。

府県があらかじめ予定している地租を得るために、反当収穫米額の受諾を強制し（「押付反米」）、各地で反対運動が広がり、政府も税率三％を二・五％に引き下げざるを得ない状況になり、「槍で突き出す二分五厘」といわれたことはご存知であろう。現在のところ大宅村の等級別反当収穫米や、各等級への配分面積が最終的な数値かどうかがはっきりしないが、近世の村高六三一石三斗九升五合、反別五〇四反四畝二四歩、この貢米（年貢米）三一五石五斗九升七合の体制はなくなった。年貢の内に含まれていた「従前無地ニて村方より弁納仕候」というような負担も消滅した。また川田村では近世の村高、二九五石九斗五升三合・二二二反一〇歩・年貢米一〇九石九斗五升一合が、改正反別二八町三畝二二歩・収穫米合計二六二石四合になった。四宮村では、二六八石三斗五升四合、二〇九反二三歩八、年貢一四八石二斗四合が改正反別三八町一二歩、収穫米四二三石八斗五升一合、宛米二九〇石二斗一升一合となった（明治九年八月改め「等級収穫米取調書」井上家文書）。太閤検地以来、建前として変化のなかった地目区分、上中下の等級区分を改めて、田、畑、宅地、藪、林に区分しなおし、さらに各地目ごとに最大九等級・二七ランクに及ぶ収穫米が割り振られた。誰がどのくらいの土地をもっていたかは、従来からも年貢負担のために明らかであったが、その土地がどの等級・ランクにどのくらいずつ属する土地であるかを、所有者ごとに村内で決定する作業が行われた。四宮村では明治八年まで各人の持地が面積と石高であらわされているが（「田畑高反別名寄帳」）、一〇年六月になれば田・畑・藪・宅地が面積と地価であらわされ、合計地価の二・五％の地租が表示されている（「田畑他名寄帳」共に井上家文書）。

土地が石高ではなく地価で示される体制に変化したが、容易でない作業であったろうと想像される。自分の土地のどこがどの地目のどの等級になるか、それはいくらの地価になるのか、したがっていくらの地租を負担することになるのかに直結するのだから、いろいろな動きがみられたのではないか。大宅村のように面積が大幅増になったところでは、単純に考えれば負担増になったとみられるが、現在のところ反対運動やそれに類するような動きは確かめられていない。要するに、月替わりで増減する収穫米について、村民がある程度納得していたのかもしれない。それを示すのが宛米《あてまい》ではないか。

宛米とはある土地を貸し付けた（借り受けた）とき、その土地が生み出す貸地（借地）料のことと考えられる。小作関係を下作というところでは下作米などといったが、全国的にはいろいろに表現があった。算定された収穫の中に貸地（借地）料が考慮されていることは、地租改正が地主制に基礎を与えたことといえるが、ここでは宛米が生産額の代名詞のような役割を果たしたのではないかということに注目したい。たびたびいうが太閤検地以来、あるいは寛文の名寄帳作成以来、年貢を取り立てる側は土地の収穫（米）の数値を公式には改訂していない。それは上昇してきたであろう現実の収穫とは違ってきていただろうから、歩延びを含んだ個別の土地の生産量（米収穫量）を一番よく知っていたのはまさに生産者・農民だったわけで、彼らはそれを宛米で表現するようになった。「～人手」という生産面での表現も前に紹介したが、より直接に土地の価値を表す指標として、宛米が土地譲渡証文で使用されている。貸し付けたらどのくらいの米収入を生むかという表現は、現実には自然条件によって変化するであろう米生産量そのものであらわすより、はるかに客観的で、長く、広く使用されていくうちにより普遍的になっていったと考えられる。京都府が地租改正で用いているのは山科郷をふくめ山城国で広く生産量の指標となっていたからであろう。

それでは宛米はどのように設定され、上にみた収穫米とどんな関係にあるか。大宅村の明治九年七月「取調帳」では、すべての収穫米に対応して設定されている。たとえば一等上の収穫米は一石八斗三升八合、宛米は一石二斗五升である。収穫米の六八％で設定されていることがわかるが、この比率は以下のすべての等級・ランクに共通である。これが八月の「取調帳」になると対応比率は六二％前後が多いけれども一定していない。等級間の差も規則的ではない。これが九月になると上位等級の収穫米は若干下がるが、下方が九等下まで拡大された。これに対応して宛米も、一等上一石三斗七升から九等下の四斗四升まで、一～三等は三升、以下は四升と規則的な差で設定されている。収穫米にたいする比率も六五％と一定である。川田村では大宅村を少しずつ上回る収穫米が設定されているが、宛米は逆に上位等級では低く、下位等級では高い数値になっている。ただし収穫米に対する比率は五九％から五七％へ下位ほど下がっている。

わかりにくい説明になった。少し具体例をみよう。明治六年だから地券交付が終わって次の地租改正が準備されている時点で、御陵村の農民が各種の土地についてまとめを試みている。田畑宅地など七七筆について、面積・高・地代金・「現畝」・「人手」・宛米を調べている（「田畑地券証」高谷家文書）。任意に拾い出してみると次のようである。

上田　一反三畝　一石八斗二升　二六円七八銭　一反四畝二一歩　六人　二石六斗
中田　一反二〇歩　一石二斗七升九合　八円五一銭　一反三畝二五歩　六人　一石五斗
下田　二反三畝一二歩　二石三斗五升七合　五七円一〇銭　二反七畝二四歩　一〇人　四石一斗五升
上畑　一反一畝六歩　一石二斗　二〇円　五反三畝二六歩　六人　竹二〇駄（代金五円二五銭）
中畑　三畝一〇歩　三斗六升六合　二円七三銭　四畝一六歩　二人　竹二駄半（代金一円九銭）
下畑　七畝七歩　六斗五升一合　二〇円六〇銭　一反三畝二六歩　六人　竹六駄半（三円二〇銭）
上畑　一畝二〇歩　二斗一升六合　一円三五銭　一畝二二歩　屋敷宛米坪五合

まったく任意に抜き出しただけだから、ここから何か傾向をつかもうというのではないが、検地帳あるいは名寄帳の面積と「現畝」＝実際面積は一致せず、いわゆる歩延びがあったことが明らかである。とくに畑で著しい。畑の宛米が竹であることもおもしろい。地代金はその土地の値段で、これがそのまま地価になったのではないが、「現畝」や宛米（竹代金）と対比してみると、検地の上中下の区分と現実の生産量とはあまり対応していない。単に歩延びがあるだけでなく、生産者の努力によって個別の土地の質も変化してきていることがわかる。下田の事例などはその典型であろう。

四宮村の場合をみよう。土地所有は明治八年一月には旧反別・石高で、一〇年六月には新反別・地価で表示されている。村民土地所有者四一名は両年で共通だが、二年余の隔たりの間の土地移動を確かめられないから対比は困難である。ただ土地所有者の旧反別一反当たり石高と新反別一反当たり地価の分布をみると、旧のほうは田畑宅地平均一石二斗〜一石四斗未満に三一名が集中しているのに対し、新のほうは七〇〜八〇円、一八名を中心にその上下に分布していて分散状態になっている。江戸期には検地帳石盛りに覆われていて、その下で進んでいた変化が、地租改正の過程で表れてきたとみることはできないだろうか。四宮村では宛米の状況はわからないが、大宅村では宛米の数値は同村の近世の到達点を保証するものであったと考えられる。収穫米は様々な要素で変化しても、宛米はその六五％前後に設定されて、一般的に受け入れられてきたのである。川田村も同様であろう。

　現在のところ京都府全体しかわからないが、改租は簡単にいえば旧来とくらべて面積は増、税額は減になっている。しかし個別の村の状況は単純ではなかった。例えば近世の村高に対する地租は石当たり一・三七円（東野）から二・四二円（小山）まで分布するが、その状況は近世における村高と年貢の対比による順位と微妙に変化している。その背景には水田の比率を高めていった村（西野、西野山など）の存在などがあったと考えられる。明治一四年に編纂された『宇治郡村

期の山科郷

明治14年		職種		
耕地面積	地租	農	雑他	物産
反 畝 歩	円 銭	戸	戸	
135.2.04	416.20.6	20	3	竹・茶
237.1.23	697.73.9	20	20	竹・茶・茄子
82.4.24	287.67.1	15	4	竹・茶・茄子
467.3.20	1633.01.3	75	25	竹・茶・茄子・菜種
31.8.21	88.34.2	0	9	茄子
214.6.15	754.98.0	43	24	竹・茄子
288.1.12	901.62.6	45	9	〃・越瓜
395.8.00	1461.95.6	80	5	竹・茶
193.7.21	779.76.9	63	17	竹・茶・薪・松茸
?	552.07.0	35	28	竹・茶・菜種
528.7.04	1678.45.2	60	21	竹・茶・菜種・茄子
258.9.03	601.77.9	39	7	竹・茶・菜種・茄子
588.8.24	845.32.2	65	20	竹・茶・瓦・薪
516.5.28	1782.87.9	6	70	竹・茶・茄子
671.7.05	1839.42.8	49	20	竹・茶・茄子・砥の粉
235.1.22	522.90.1	15	46	竹・茶・茄子
132.7.24	302.97.3	0	58	竹・茄子

表34　明治初

村名	明治４年		明治14年		明治４年	
	戸数	人口	戸数	人口	村高	耕地面積
					石　合	反 畝 歩
上花山	16	67	25	110	161.404	129.9.12
北花山	33	105	40	229	306.709	236.6.23
厨子奥	10	38	19	114	101.514	82.4.24
御陵	66	304	100	522	560.06	465.3.09
上野	10	17	9	58	37.995	31.8.20
四宮	38	190	64	299	231.512	206.2.07
竹鼻	28	150	54	256	368.747	249.8.17
音羽	58	287	85	390	513.25	318.1.06
小山	55	266	80	397	227.92	178.2.18
大塚	42	203	64	288	276.849	231.9.26
大宅	47	233	85	412	631.395	504.4.24
椥辻	34	202	46	256	310.838	224.4.06
東野	41	184	53	253	617.466	533.9.04
西野	65	306	76	365	723.26	508.5.07
西野山	50	239	69	352	819.959	581.2.17
川田	54	248	61	255	295.953	222.0.12
日岡	53	206	58	159	169.331	132.2.16

明治４年のデータは宇治郡明細誌、14年は宇治郡村誌による。
数値不整合の項目もあるが、史料のまま。

誌』は明治初期の状況を知るための史料で、『資料京都の歴史』山科区編も山科郷全村のデータを掲げている。各村の地租金額を表34にまとめて補った。

地租改正以降どのような展開をみせるかは新たな究明課題だが、そのためにも、最後に明治一四年の郷の全体状況を同年の戸数、住民（男）の営む「民業」・物産の検討によって概観しよう。明治五年から一四年にむけての戸数の動向は停滞と拡大に二分されている。停滞といっても大半は小規模な集落の現象であり、それ以外の村々はいずれも戸数を増加させている。住民の従事職種を農業とそれ以外（商・工・雑業）に区分し、後者の比率をみると、大塚や四宮を筆頭に、高い比率の村で戸数の増が確かめられ、日岡・上野・川田では農をしのぐ存在になっていることがわかる。それらを支えたのは、ほぼ全村に共通する茶および竹あるいは茄子に代表される野菜類の生産・販売であり、「傭役《ようえき》（日雇い）」を中心とする各種雑業の存在と考えられる。近世が終わり近代が始まっているといえるのではないだろうか。

おわりに

本書の基になったのは、「ふるさとの会」の会報「ふるさと通信」の付録として書き継いだ文章である。目次でわかるように、章・節もなく、「おもしろそう」な文書を任意に選んで紹介しようということで始まった。後に印刷の都合で四頁ないし八頁を原則とするようになったが、はじめは長短さまざまで、内容にも一貫性がなかった。それでもとぎれずに続いたのは会の古文書学習部会の活動によっている。部会に教材を提供するために京都市歴史資料館へ足を運び、比留田家文書を中心に諸家の文書をみる機会を得た。また所蔵する土橋家文書の閲覧を許可された勧修寺にも御礼申し上げる。

本書の成立過程からしても、入門書的な役割をもたざるを得ず、史料を読んで、理解して、考えるという方法を提起したつもりだが、初めて近世文書をみた方にとっては読むこと自体が困難であったかもしれない。まずはできるだけ読み下しをかかげ、次第に少なくしていくなど工夫をしたつもりだが、史料に語らせるというやり方との兼ね合いが難しく成功しているかどうかはわからない。率直な批判を含む意見をいただきたい。

本文中で正直に白状しているが筆者は近世京都のことにはまったく門外漢である。越後の巨大地主諸家（いわゆる千町歩地主）の内にその生成過程で京都の諸問屋と取引をしている家があり、その実態を明らかにしようとしたが不十分に終わったこと、二条御蔵米の払い下げの中の越後米の位置を探ったけれど結論めいた結果は得られなかったことくらいの記憶しかない。まして山科郷については天皇領であったことは知っていたが、自分がそこに住んできたというだけで、天皇領であったことの意味を考えることもなかった。

しかし「ふるさとの会」が「ふるさとの良さをいかし」た活動を目指す以上、山科について知らなくてはならない。まず『京都の歴史』をみたが、山科郷はまさに京都近郊の扱いで、その全体像が明らかになるほどのスペースは与えられていないように思われる。また後藤靖・田端泰子編『洛東探訪　山科の歴史と文化』からは多くを学ばせていただいたが、近世の山科については一つの章が充てられているのみである。

近世の山科郷についての通史はいまだ不十分であるという観点からなんとかまとめられないかと試みたつもりだが、元の構成に引きずられて話があちこちにとび、とても体系的とはいえない終わり方になった。しかも恥ずかしいくらいに、知らない・わからない、まだ明らかになっていないを繰り返している。さらに教えてほしいというお願いも随所で出している。そんな状態だから目的を達成したとはいえないが、「ふるさとの会」の一〇年にわたる活動の一分野の、当面の到達点のまとめとしたい。そのため一般読者とは関係ない会員向けの文章も活動記録の一部として引用した。会員からはいろんな問い合わせや要望があった。的確に答え、応じたとはとてもいえないが、執筆への激励になった。これまた御礼申し上げる。ともにこれからも山科の歴史を明らかにする努力を続けていきたい。

それにしても、なんと地味でくすんだ歴史なんだろうと思われた方もおられるのではないか。もとより英雄豪傑や傾国の美女が山科を舞台に活躍する歴史を期待してはおられないだろうが、天皇領であった山科の近世史を扱うのだから、もっと天皇・朝廷のあり方や動向にふれるべきであると考えられる方もおられるであろう。また年貢徴収を問題にするならば、それを実現する権力の本質の追求が中心になるべきだと考える方もおられるであろう。一方で、農村である山科の歴史を扱うのに、種籾をいつ苗代に蒔いたのかもはっきりさせないで扱いうるのかと考えられる方もおられるであろう。いずれも筆者の能力にかかわる側面を持っており、おもしろいものをおもしろくしてない責任を感じざるをえない。今後はたとえば「ふるさと通信」に一つのコーナーを設けて、確認された事実をみんなのものとして豊富にしていきながら、なにが「おもしろい」のか意見を述べ合うような方向へ進んでいければなどと考えている。

ここまで書いてきて痛感することは、史料探求の圧倒的な不足である。いろいろな要望を持つ会員が構成する市民ボランティア団体の役割はさまざまに考えられるであろうが、地域の歴史を知ることは欠かせない役割の一つであろう。そうならば地域の史料を広範に収集することは絶対に必要である。本書では『京都の歴史』編さん時の収集史料に依拠して考察を進めたが、なお「知らない・わからない・まだ明らかになっていない」を繰り返さざるを得ない結果になっている。幸い「ふるさとの会」の活動を端緒として山科神社蔵文書をみる機会を得たが、あまりの虫食いの状態に息を飲む思いで整理に当っている。本書冒頭にいきなり幕末・明治初年の戸口の項を置いたのも、近代以降人口急増に象徴される山科の変化が、史料の残存状態と関係していることを恐れたからである。今後も会の活動が続くかぎり史料探求の努力も続けなければならないであろう。

最後に、山科には天皇領のほかに寺領の村々（勧修寺村・小野村・安朱村など）がある。境を接する農村として天皇領の村々と同じだったのか、異なっていたのかについても、考察する余裕はなかった。また同じく京都近郊の相給の一つとして天皇領を持つ村々との比較も視野に入っていない。このように不十分な内容であるが、一〇年にわたる活動の、当面のまとめとして試みた、そのような結果として御批正いただければ幸いである。

中山　清

二〇一七年八月一五日

【著者略歴】

中山　清（なかやま　きよし）

1937年　新潟県生まれ
東京都立大学大学院人文科学研究科修士課程修了
元京都女子大学文学部教授
「ふるさとの会」代表世話人
著書
『近世大地主制の成立と展開』（1998年 吉川弘文館）
『巨大地主経営の史的構造』（2001年 岩田書院）
『千町歩地主の研究（正・続・Ⅲ・Ⅳ）』（1985年～2003年 京都女子大学研究叢刊）

近世の山科　山科の近世 ―京都近郊天皇領の記録―

2017年11月13日　第1刷発行

著　者　中山　清

発行者　黒川美富子

発行所　図書出版　文理閣
京都市下京区七条河原町西南角 〒600-8146
電話（075）351-7553　FAX（075）351-7560
http://www.bunrikaku.com

印刷所　亜細亜印刷株式会社

ISBN978-4-89259-813-5